中国社会游资形成与演变过程中的政策影响机制研究

刘晨晖 著

本书受东北财经大学2014年度中央财政支持地方高校发展专项资金项目资助。同时，本书是国家自然科学基金青年项目“中国式‘投机资本过剩–投资资本短缺’配置失衡研究：事实、机理与仿真”（批准号：71503032）的阶段性研究成果。

科学出版社
北京

内 容 简 介

本书围绕“财政与游资之间的关系”以及“房地产投机泡沫”两个论题，从近几年投机行为频现、资本过剩等特殊现象出发，对体制和政策因素与近几年游资扩张之间的影响机制及实证关系进行分析。本书主要基于以下两方面展开论述：一是基于中国的事实和数据展开对游资问题的分析；二是对近期改革所提出的“去杠杆化”和“去泡沫化”要求的积极回应，对于化解宏观经济杠杆风险、解决实体经济投资不足、引导短期资本流向具有重要的实际意义。

本书主要适用于经济学、金融学等社会科学类相关专业的研究生。由于本书并不包含深奥的专业术语和模型推导，所以，本书也适合对游资问题感兴趣的大学生以及其他专业的研究人员阅读。

图书在版编目（CIP）数据

中国社会游资形成与演变过程中的政策影响机制研究 /刘晨晖著. —北京：科学出版社，2017.3

ISBN 978-7-03-052158-3

Ⅰ. ①中…　Ⅱ. ①刘…　Ⅲ.①社会资本–游资–研究–中国

Ⅳ. ①F124.7

中国版本图书馆 CIP 数据核字（2017）第 053659 号

责任编辑：方小丽　李　莉　陶　璇 / 责任校对：郑金红

责任印制：徐晓晨 / 封面设计：无极书装

科学出版社出版

北京东黄城根北街 16 号

邮政编码：100717

http://www.sciencep.com

北京虎彩文化传播有限公司印刷

科学出版社发行　各地新华书店经销

*

2017 年 3 月第　一　版　　开本：720×1000　1/16

2019 年 1 月第三次印刷　　印张：13 1/2

字数：270 000

定价：82.00 元

（如有印装质量问题，我社负责调换）

前　言

当前，活跃于国内各市场的游资已经成为中国宏观经济调控过程中不得不面对的一个难题。从活动规律来看，近几年，中国游资所表现出的流动性非常强，在短期内引发了房地产市场价格暴涨以及“蒜你狠”和“豆你玩”等一系列投机炒作现象，逐渐引起了政府与公众的广泛关注。并且，各个领域此消彼长的投机现象还表明，中国国内已经存在较大规模的游资存量，它们以获取投机收益为目的在各个市场之间高速流动，虽然其还未达到引致泡沫经济的程度，但已经开始对正常的市场秩序产生严重的影响。针对这类投机资本过剩、挤占实体投资的问题，本书提出短期资本在实体投资和投机炒作之间选择而表现出的中国式“投机资本过剩-投资资本短缺”配置失衡的理论命题，并从宏观经济政策的角度对该问题展开系统论述。

在内容上，本书着重研究与游资投机相关的“财政与游资之间的关系”以及“房地产投机泡沫”这两个论题。针对前者，立足于经济体制转轨背景下财政政策作用的广泛性，我们从近几年投机行为频现、资本过剩等特殊现象出发，对财政体制和政策因素与近些年游资扩张之间的影响机制及实证关系进行分析。该内容包括五部分：一是在对游资概念进行准确界定的基础上，介绍近些年积极财政政策的实施轨迹与当前投机频发之间在现象上的关联；二是以中国经济转轨为背景，分析在中国的特殊体制性约束下，财政与社会游资之间的联系和影响途径，构建财政与游资之间互动机制的理论框架；三是应用价格解析法，结合不同投机品市场的特点对中国社会游资总量进行测算；四是通过对 1978 年以来中国财政工具运用情况的梳理，基于对游资变化趋势的分析，提出财政影响游资变化这一理论的经验证据；五是通过计量方法对财政与游资关系所提出的理论假设进行实证分析和检验。

针对后者，自第七章开始本书将游资参与投机的重点领域——房地产投机泡沫单独提炼出来进行分析。该内容包括三部分：一是从较微观的视角初步介绍社会游资在房地产投机领域引发的泡沫现象，并在此基础上对国内外关于房地产投机泡沫的研究文献进行归纳和总结；二是针对宏观经济政策对房地产泡沫的传导机理，分别从实证角度考察财政因素和货币因素对房地产投机泡沫的影响；三是针对当前房地产“去泡沫化”政策，给出防范房地产市场风险的理论与对策建议。

本书的研究意义在于：首先，我们尽力对中国经济转轨过程中游资与投机泡沫问题的研究进行补充。从近些年中国宏观政策的实践来看，包括房地产泡沫等一系列游资问题的集中出现都与新一轮积极财政政策的实施呈现高度相关性，而目前国内学术界对此进行的研究还比较少，也鲜有以数据为基础的实证分析。以此为切入点，不仅能够深入分析转轨经济体中财政政策传导机制的特殊性，也可为下一阶段的政策制定提供新的角度和理论依据。其次，系统地提出中国当前的泡沫与游资问题，对进一步解析中国宏观经济形势、研讨政策方向具有较强的实际意义。从宏观经济发展态势来看，近些年，中国从“资本短缺”转为“局部资本过剩”的趋势非常明显，致使通货膨胀、泡沫经济等问题成为未来经济发展的潜在威胁。从全球的视角来看，作为金融开放和金融自由化过程中出现的一种特殊经济现象，泡沫经济已成为引致大规模经济危机的重要根源之一，包括 1990 年的日本、1994 年的墨西哥及 1997 年的东南亚等在内的多个国家和地区都曾深受其害。庞大的游资正是引发泡沫的直接原因，所以从政策的角度对其进行分析并合理地调控游资是非常必要的，能够有效地防范宏观经济中的泡沫风险。再次，在研究中兼顾对游资一般性和特殊性的分析。例如，由于制度不完善等，房地产市场在近些年成为投机资金青睐的热点，所以，房地产领域既具有游资进行投机的一般性，也存在房地产投机在经济转轨背景下的特殊性。同样，我们在对游资从总量意义进行分析的基础上，又单独对房地产领域的投机资金进行专门研究。这样，既可以考察在游资内部，以及投机性资金在各个领域之间转移的情况，也可以为规范房地产市场健康发展、抑制投机泡沫提出相应的政策建议。最后，本书包含较大篇幅的实证研究，具体来说，涵盖从中国的游资测算到实证检验财政影响的一系列分析。这些基于宏观数据的实证研究，为引入动态视角探讨国内游资近几十年所经历的发展历程以及政策因素影响提供了较好的佐证材料。

目　　录

第一章　宏观经济中的游资

第一节　问题缘起

自 1978 年中国改革开放以来，在经济总量持续增长的背景下，国内逐渐出现了大量游离于实体经济外的剩余资金，这些资金带有强烈的逐利性，逐渐成为影响物价水平、收入分配等宏观态势的重要因素。近几年，游资更是开始呈现泛滥且难以遏制的趋势，它们不仅活跃在金融、房地产、黄金等传统资本市场，甚至涉足钢铁、棉花、绿豆、大蒜等工业原料以及农产品领域，严重影响了正常的经济秩序。并且，随着投机炒作现象的日益增多，在经济社会中已经可以明显看出游资的存在对民众心理预期的改变及其对宏观经济发展状况的干扰。到目前为止，不得不承认，“游资”作为一股强大的资金力量，其可能引发的诸如投机炒作、金融风险等一系列经济问题已初现端倪。

虽然“蒜你狠”和“豆你玩”等形容炒作泛滥的新名词大多是近些年才出现的，但游资作为投机资本参与投机炒作却并不是一个新的经济问题。事实上，投机炒作是市场经济中十分普遍的现象，它与市场交易相伴而生，尤其是在不完全信息和非理性预期等市场不完善的前提下，用于投机炒作的资金更是可以在市场中长期而广泛地存在。然而对于我国而言，从历史的视角来看，投机性资金却并非是一直存在的。由于在改革开放之前，计划经济体制下的投机活动受到严格限制，所以改革开放至今，我国游资实际上经历了一个从无到有的动态过程。具体地说，我国较早的投机炒作现象出现在 20 世纪 80 年代末，其是由价格双轨制等制度性因素所引起的投机泛滥；随后，在 90 年代，海南也出现过一次较严重的房地产泡沫；而在我国经济高速增长的背景下，到 2007 年以后，投机则更加广泛地出现在各个领域。

作为游资投机的结果，宏观经济中以下两个现象日益突出：一是国内短期投机资本更加活跃，它们以逐利性和高流动性为特征，出于行情和政策原因在不同领域间高速流动并参与投机炒作，导致资本市场、房地产、农产品、贵金属和艺术品等领域的投机问题频发；二是在短期投机资本活跃的同时，国内用于实体经济投资的资本仍比较稀缺（这里提到的实体投资，主要指代市场投资而非政府主导的财政投资），实体经济疲软，流动性不足现象突出，市场不断受到来自现金流方面的压力，中小企业依靠高利贷维持生产运营的情况越来越普遍。

在游资投机炒作方面，很容易观察到明显的“一波未平、一波又起”特征。例如，2010年前后我国曾爆发过针对绿豆、大蒜等农产品的炒作现象，随后政府出台了相应的政令措施加以规范；而随着房价上涨，房地产泡沫又成为政府调控的主要目标，“加息”和“限购”等政策纷纷出台；当上述领域投机炒作受到抑制的同时，投机性资金随之转移到艺术品、黄金、玉器和钢铁等其他领域；到2014年下半年房价趋稳以后，股票市场又掀起了一轮市场主导的上涨行情。如果将上述各领域看做一个整体，这一系列现象已不仅仅是某个市场内部的投机炒作问题，而是表明存在过剩的投机资本，它们在不同市场之间流动，从而寻求高额投机利润，并随之引发投机炒作现象在不同领域的此消彼长。在经济生活中，投机炒作已不再是局限于某个特定产业或特殊资本品的个别现象，反而成为一些社会资金获得高额收益的普遍渠道。

上述事实表明，当前我国的“游资”现象已不容忽视，尤其是游资总量的日益加大，更使其成为宏观经济的潜在威胁。对此，虽然已有国内学者对投机行为进行过深入的研究，并着重分析了包括国际热钱（hot money）炒作、投机泡沫、如何规范和监管投机行为等在内的一系列问题，然而，却很少有学者对问题的根源——“游资”进行过系统的研究。我们认为，其主要原因在于，在西方较发达的市场经济体制下，除国际热钱以外，其他非常态化的游资只是处在经济周期中特定阶段的投机资本，难以长期而大量地存在。因此，对国内游资的分析就需要建立在我国经济特殊性的基础上，这极大地限制了该领域研究的深入拓展。

由于中国游资产生与发展本身就伴随着经济转轨中市场经济体制的完善过程，其也就随之具备了市场经济体制下的投机性资金并不存在的诸多特征。正因为如此，中国游资的来源、变动情况和影响因素等，都需要我们以经济转轨为背景来加以分析，相应地，造成游资发展变化的原因也无法用传统的西方经济学理论进行解释。事实上，我们所重点关注的社会游资形成与演变的政策原因以及中国式“投机资本过剩-投资资本短缺”配置失衡难题，都是基于中国作为转轨经济体的特殊性而展开的。

第二节　游资的界定

在对游资的命题进行深入分析之前，我们将率先对游资一词进行界定。基于国内外广泛地将游资等同于国际热钱的观点，其概念被狭义地限定于国与国之间资本流动的范畴。参照国外学者所定义的国际热钱即为追求高额投机利润而在各国间进行积集和炒作的短期流动资金的观点（Edison and Reinhart，2001；Chari and Kehoe，2003），相应地，对于国内游资问题的研究，大部分学者参照“hot money”的定义，将游资界定为辗转于国际市场上追求投机利润的短期资金，并且仅从跨国流动的角度展开分析（吴立振，2008；周建军，2007；李红坤，2005；黄卫华，2009；金雪军等，2006）。然而，虽然随着我国与世界各国经济贸易合作日益密切，国际热钱对我国经济的影响也更加显现，但这种界定方式却忽略了对国内资本本身积累和变化的考虑，仍然不够全面。可以说，与伴随我国经济转轨数十年来生产力的飞速发展而出现的投机性资金量相比，国际流动只是其中的一部分。

正因为单从国际流动性的角度并不足以完全解释我国存在的投机问题，很多学者又提出了更广义的游资范畴。其中，夏斌和郑耀东（1997）率先提出了具体到某一国家的游资；冷兆松和赵尚梅（1997）则认为，游资是唯暴利是图的短期资本，即投机资本，而游资与普通资本的区别则在于其甘冒巨大风险去追求短期高额暴利的本性，包括流动性、安全性[①]和营利性在内的资本“三性”的极端化促成了游资的形成。随后，马才华等（1999）认为，游资是一种人们对短线投机资金的俗称，从学术角度上讲，它应称作投机资本更适宜。更具体地，刘志高（1999）又将游资按广义和狭义进行了区分，并对游资进行了比较精确的界定。他认为，狭义地讲，游资是指跨国界流动的短期资金，即在固定汇率制度下，资金持有者或者出于对货币预期贬值（或升值）的投机心理，或者受国际利率差收益明显高于外汇风险的刺激，在国际上大规模流动的短期资本，也称国际游资；广义地说，游资是指从生产中游离出来的，没有用于扩大再生产的资金，即资金持有者逃避资金管制，寻求高额利润或非法利润，在国内或国际的非生产领域从事投资、投机和套利等活动的资金。

刘邦驰等（2000）在对上述界定方式进行总结时指出，在我国理论界，一种观点认为，游资是一股计划外或者说是统计外的资金力量追逐高额利润，在各个新兴市场上兴风作浪，对市场秩序产生一系列干扰，可以将之称为非制度化和准制度化的投资。另一种观点认为，游资即热钱，是指为追求高额投机利润，从一个金融市场向另一个金融市场流动、积集和炒作的短期资金。刘超（2006）同样认为，具体到某一国家，游资现象的存在是不容忽视的，他提出：按照市场可将游资划分为国际游资和国内游资，若将其视为一国的银行、证券、保险及房地产

① 安全性是指游资具有极高的政治经济敏感性，一旦出现政局动荡、预期汇率下降、战争、股市低迷等任何不利于投机的苗头，巨额游资就会很快转移或逃逸。

等不同市场，所分析的游资就是指一国国内的社会游资，即在不同的市场中不断流动，通过在短期内利用大量资金制造局部优势的办法过度投机，获取高额利润的资金。

总的来说，大部分学者认为，对一国而言，广义上的游资就是指国内的投机性资金，即那些没有固定投资领域，且以追逐高额短期利润而在各市场之间流动的短期资本。从特征来看，与普通的资金相比，它具有以下几方面特殊性：①虚拟性。游资通常不是投资于实业，而是通过窥测市场时机，利用局部的资金优势，通过投机来获取高额利润。②高流动性。游资存在非常不稳定的特征，可以迅速地从一个市场转移到另一个市场或从一个地区转移到另一个地区。③非规范性。游资进行投机往往极具隐蔽性，以利用制度漏洞等非规范性方式规避政府的监管，宏观调控也很难对其加以控制。

根据中国关于实体经济和虚拟经济的一些典型事实（例如，企业主动放弃制造业转而炒房，投资者倾向于在股市赚取价差而非长期持有分红，等等）可以发现，按投向实体经济还是虚拟经济来划分资本属性仍不完全准确。例如，农产品属于典型的实体经济领域，但用于炒作绿豆、大蒜的资本仍应被归类为投机资本，而股票市场中也存在可归为投资资本的长期价值投资。基于上述分析，本书将采用广义上游资的界定方式，主要研究存在于国内市场中用于投机炒作的资金，并采用“资本是否遵循价值原则”作为划分标准来界定其具有的投资或投机属性，而不再以领域作为划分资本属性的标准。通过将其界定为投机资本，游资具体指代从生产中游离出来的，没有用于扩大再生产的资金，即资金持有者为寻求短期高额利润，在国内或国际的非生产领域从事投机、套利等活动的资金。

如果将游资的界定广义化，它实际上比较类似于西方经济学中的“泡沫”（bubbles）一词，即不考虑来源，而只是以资金最终的去向来表明它的投机属性。然而，“泡沫”仍无法完全涵盖游资这一概念，因为投机泡沫虽可以表明资金参与投机的程度，然而当投机市场本身的吸引力不足时，可能还存在一部分这样性质的资金，它并没有参与投机炒作，却以流动性较强的形式等待机会。从泡沫的定义上说，这些资金并不构成泡沫，却仍是对经济体发展存在潜在威胁的剩余资金，从这个角度而言，我们所研究的游资又比较类似于“闲置资金”（idle money）的范畴。

事实上，在市场经济的发展过程中，游资本身具有典型的两面性特征：一方面，游资的存在对于市场繁荣具有较强的合理性和必要性，没有游资参与的市场经济必然是缺乏活力和低效的；另一方面，大量的游资可能引发的负面影响同样不容忽视。因而，对游资既要充分发挥其促进市场繁荣的正面作用，也要严格防范它的宏观经济风险。其中，比较重要的问题是，这些资金如果参与投机炒作，它们就会成为虚拟资本参与获益，并构成宏观经济的潜在威胁；反之，如果它们投向实业，可能会为我国产业升级、结构调整提供大量的资金保证。从这个角度而言，游资实质上是我国经济发展中一个非常重要的宏观经济变量。

第三节　历史上游资引发的投机泡沫

人类社会经济发展经历了多次游资的冲击，每一次游资泛滥引起的投机泡沫现象都给社会政治、经济、文化等方面带来了极其深远的负面影响。其中，历史上比较典型的泡沫事件包括 17 世纪和 18 世纪的三大著名泡沫①、20 世纪 30 年代的美国股市泡沫以及 20 世纪 80 年代的日本股市和房地产泡沫等。尽管出现在不同时期和不同地区，但其过程却存在惊人的相似性。首先，一些利好消息或汇率变动影响了投机收益的预期，引发资产价格的上涨；其次，资产价格的上升吸引银行信贷、外资流入、民间游资等不断加入，使泡沫越来越大；最后，游资的撤离引起泡沫的崩溃，比较严重的则会引发经济的长期衰退。实际上，日本在 20 世纪 90 年代所经历的长期衰退、1997 年的东南亚金融危机都与游资的冲击密切相关。

一、日本经济泡沫

1985~1990 年，日本经历了一次严重的经济泡沫膨胀以及泡沫崩溃的过程，企业、金融机构乃至普通民众纷纷卷入其中，并在随后陷入了长期的经济衰退，其中，游资在泡沫的产生、积累直至破裂的整个过程中都起到了决定性的作用。

自 1985 年以后，日本各类资产价格迅速上涨。在股市方面，据统计，其股票市场价格由 1985 年的 682.47 日元上升到 1990 年的 1 579.99 日元，而其市场价格与理论价格（价值）的偏差倍数则从 1985 年的 6.44 倍增长到 1990 年的 13.1 倍。类似地，房价与地价的泡沫也迅速膨胀，在日本 1993 年的《经济白皮书》中，1985~1990 年，东京、大阪、名古屋三地的住宅市场价格上涨了 167.3%，同期，商业用地的市场价格上涨了 164.7%。在 1987 年左右，大约有五分之一的国民加入了投机行列，企业也希望在股票与房地产上投机获利，从而进一步带动了股价与地价的暴涨。

然而，到 1990 年 8 月，由于外资突然撤出以及紧缩的货币政策，早已敏感的资产价格开始暴跌，“泡沫”破裂。从数据上看，到 1999 年地价已连续九年下跌，甚至跌破了 20 世纪 80 年代初泡沫经济前的水平，与此相应的是，银行、企业和个人的大量破产，日本经济也随之陷入了长达十余年的严重衰退。

---

① 即荷兰“郁金香热”、法国密西西比股市泡沫和英国南海泡沫（Garber，1990）。

通常认为，20 世纪 80 年代后期日本经济“泡沫”的产生与日元升值所引发的国际游资流入有关，并且，较为宽松的货币政策以及创纪录的低利率也导致经济体系内出现了过剩的流动性。其中，学术界广泛认为，起初是涌入日本的国际游资相当比例地投资到股市、土地市场以及住宅市场，成为炒高其资本品价格、引发经济泡沫的重要力量；而当国际游资大举进攻股市和楼市时，又吸引了大量本土游资的加入，随后，国际游资伺机获利撤出，导致泡沫破裂。

二、东南亚金融危机

1997 年的东南亚金融危机，不仅使本地区经济受到影响，对世界经济也带来了冲击。而股市泡沫和房地产泡沫的破裂正是这场危机的直接原因。

对于股票市场来说，20 世纪 90 年代，东南亚各国股市价格指数在 1994 年年初达到最高峰，相当于 1992 年的 2~3 倍。对于房地产市场来说，资金的不断流入也使房地产价格迅速上升。在 1988~1992 年，几个东南亚国家的房屋价格剧烈上涨，其中印度尼西亚上涨了约 4 倍，马来西亚上涨了 3 倍，菲律宾上涨了 3 倍，泰国也上涨了约 3 倍。这种股市和房地产市场的繁荣极大地增加了其对国际游资的吸引力。据统计，仅在 1990 年，向东南亚国家注入的国际游资总量高达 750 亿美元，并且，这部分热钱找不到合适的投资场所，大多都投向了房地产业，导致房地产泡沫迅速膨胀。随后，房地产滞销使利润下降，银行呆账也大幅增加，严重影响了投资者的信心，大量国际游资外逃。随着恐慌在东南亚国家蔓延，泡沫也随之破裂。

与日本的经济泡沫比较类似的是，东南亚金融危机也是国际游资大量进入股市和房地产市场，当泡沫达到顶峰而投机资本难以获得更高的收益时的资本外流而直接引发的。从上述两个典型的由游资引发的泡沫经济现象可以发现，对于一国而言，泡沫经济大都是因游资涌入而出现的，随后，国际游资在带动市场繁荣的同时也激发了民众的投机狂潮，将用于实体经济的资金或投资资金转变为具有较强投机属性的游资，使资产价格在暴涨的同时，价格本身的脆弱性也更加显现，最终泡沫的崩溃引发经济的持久衰退。

第四节　中国式“投机资本过剩–投资资本短缺”配置失衡

近几年来，在经济增速趋缓的背景下，实体经济“空心化”，资本脱“实”向“虚”问题正变得更加严重，经济体中“投机过剩–投资短缺”配置失衡也越来越多地被宏观现象和经济数据所证实。从实体投资角度，私营经济尤其是中小企业融资成本较高，根据最近发布的《中国家庭金融调查》报告，2013 年，中国民间借贷平均利率为 23.5%，远高于银行 7%的平均贷款利率。近期商业银行频现的惜贷、慎贷现象也侧面证实了实体经济融资难度的增加和资本的稀缺性。从投机资本角度，则容易观察到明显的“一波未平、一波又起”特征。资本市场、房地产、农产品和艺术品等领域投机炒作问题频现。结合上述典型事实，本书将资本在进行实体投资和投机炒作之间选择而表现出的投机倾向性，称为中国式“投机资本过剩–投资资本短缺”资本配置失衡。

在中国，投机和投资之间存在的资金争夺矛盾已不容忽视，这不仅表现在居民将手中的闲置资金投向炒股、炒房、放高利贷而非进行价值投资，更是因为出现了企业家将资本从制造业、服务业这样的实体转移至虚拟经济的趋势。2014 年，针对辽宁省企业经营者进行的一次访谈中，一位经营矿石加工的企业主谈道：“每加工一批矿石可得到 20 元利润，但市场行情好的时候，每个月价格能涨四五十元，只囤货就能挣到更多，而行情不好时，成品每月下跌几十元，甚至连加工成本都收不回。所以，有不少企业都是借着加工名义，低吸高抛，赚市场的价差。”而另一位经营者在接受访谈时则说：“如果仅依靠实体赚钱，我已经破产了。”他经营着一家健身中心，正常营业不仅不盈利，还偶有亏损。但其另有获利途径——把健身中心和地产抵押给银行，从银行获得利率为 5%~7%的贷款，再以 10%~30%的年息借给其他急需资金的企业。事实上，上述情况只是冰山一角，在调研中我们发现，还存在小企业因效益不佳而停产，又将全部资金用来炒房的情况。同样，2010 年浙江省乐清市政协所做的一项调查也显示，“低压电器之都”柳市镇规模以上企业 70%以上利润不再投资原产业，而是用于开发房地产，或把企业作为融资平台，拿信贷资金去炒房、炒地。

但迄今为止，专门从“投机资本过剩–投资资本短缺”角度研究投资者行为和资本配置的国内研究还比较少。虽然已经有很多学者注意到我国投机炒作和实体投资不足的现象，但大多是割裂的，系统剖析两种现象互动机理的还并不多见。在西方经济理论框架下，资本持有者无论是通过持有金融资产获得长期收益，还是根据短期价格预期进行投机交易，或是单纯的噪声交易者，均属投资者行为理论的范畴。对于同一笔资金，它的投向主要取决于资本所有者对于风险、收益等的偏好。例如，股票、期货等金融领域存在较大的风险，也具有较高的投机属性。因此，他们较少关注同类型交易中投资属性和投机属性的区分。

对中国而言，按领域进行划分的相关理论还不足以分析当前经济步入“新常态”所面临的诸多问题，其原因在于：

（1）西方经济理论也包含对经济虚拟化问题的研究，认为当前全球经济中已出现了企业更偏好金融资产而非实体资产的倾向，并提出经济虚拟化已成为未来全球经济面临的重要问题。但我们认为，对于中国实体经济“空心化”所表现出的“投机过剩–投资短缺”资本配置失衡来说，全球性的经济虚拟化趋势并非主因，反而是中国特殊的发展阶段和体制安排所引起的过渡性问题。

（2）西方国家并未经历类似于中国的经济体制改革过程，其资本积累是随着市场经济长期稳定的发展而进行的，经济体内部的投机资本总量相对稳定，通常只有国际资本流动能够大范围地影响投机资本总量变化，以此为前提出发的理论框架，自然对中国资本配置问题的解释力有所不足。而对中国来说，除国际热钱外，居民和企业的闲置资金也属于投机资本的重要来源，在特殊情形下，实体资本还会以银行信贷为杠杆向投机资本转化。

（3）在标准经济学框架下，投资和投机资本之间通常不是相互争夺的关系。从已有研究来看，金融发展与实体经济之间的相互促进关系已经被学者广泛证实（Kaplan and Zingales，1997），投机资本通常随着市场的繁荣而增加，随其衰退而下降，但上述一般性理论却很难适用于解释中国现阶段的资本配置。例如，投机炒作现象在经济增速放缓的背景下不降反增，这就很难用现有的理论框架来解释。

受制于资本市场制度建设滞后、经济发展遇到瓶颈等约束，在经济发展逐渐步入“新常态”的背景下，过去几年在资本市场、房地产市场、要素市场甚至农产品市场进行投机炒作的收益率明显高于投资于实体经济的收益率，并且，这种收益率的差距已经导致大量资本从实体经济中抽离，成为用于投机炒作的短期资本，由此而产生的“投机资本过剩–投资资本短缺”配置失衡已成为未来中国经济发展和产业升级面临的主要资金矛盾。如果资本受到利益的驱使，集中性地投入关系国计民生的重点领域，不仅会影响相关行业的健康发展，严重的还会引起实体经济虚拟化、泡沫化的趋势，极大地削弱经济持续发展的动力。此外，在政策的有效性方面，受资本配置失衡影响，当货币政策放松时，所释放的流动性更偏好于投向虚拟经济参与投机，而当政策收紧时，又会直接引起实体经济投资收缩。这不仅严重制约了实体经济的发展，也对宏观政策有效性产生了较大的威胁。

当前，游资存量的剧增已对整个宏观经济形成了极大的潜在威胁。由于新增的投机性资金有很大部分本应在实体经济中流转，这种资金向虚拟经济的转移不仅增加了实体经济中的资本价格（对于中小企业尤为明显），而且，它也造成虚拟经济投资回报率与实体经济投资回报率之间的差距越来越大，进一步制约了实体经济的发展。另外，由于游资所具有的短期流动和逐利性特征，它一旦在短期内集中流向实体经济的某个特定领域进行现货炒作，将为这些领域带来极其严重的打击。所以，当前的巨额游资必须要引起我们的足够警惕。对于中国这样一个大国来说，实体经济是国民经济长期稳定发展的根本，无论是资本的过度投机，还是投资资本的不足，均不利于实体经济的稳定增长，资本长期游离于实业之外，必将侵蚀经济健康发展的根基。

第二章　宏观经济政策与社会游资相关研究综述

第一节　社会游资、投机行为与政策影响

一、社会游资研究综述

国内学者对游资问题的研究，大多是基于将游资界定为国际热钱所进行的分析（李红坤，2005；周建军，2007）。相比之下，只有少数学者从游资的广义界定方式出发，对游资的形成、变化、影响及其治理等问题展开了研究。

具体来说，冷兆松和赵尚梅（1997）主要分析了我国国内游资的治理，他们认为，在股票、债券、期货和房地产等极富投机性的市场上，巨额游资可以轻易地在较短时间内吹起经济泡沫，并有可能对经济带来较大冲击甚至是破坏性影响，因此，对游资若仅采取“堵”的对策不利于市场经济的发展；而若对游资仅仅采取“疏”的政策，又难以避免巨额游资的破坏性影响。因此，就当时我国经济环境和市场发育状况来看，对游资应采取以“堵”为主，谨慎疏导的政策。

刘邦驰等（2000）则着重分析了游资形成的渠道，他们将我国游资形成的途径归纳为四条：一是国有企业、集体企业或私营企业将银行信贷资金通过各种方法转化成投机资金；二是上市公司或股份公司的募集资金被转移为游资；三是证券公司和信托投资公司通过国债回购将银行资金引入投机市场；四是证券公司挪用顾客保证金用于炒买股票。在以上四条形成游资的途径中，他们认为，信贷资金通过各种形式转化为游资，是游资产生的最基本渠道。

随后，刘超（2006）采用货币比率的方法对我国社会游资的绝对量与相对量进行了度量。张利庠等（2010）又基于产业链的理论分析，研究了游资对农产品价格产生的影响。张军立（2011）则着重讨论了我国游资的法律监管问题，通过分析游资的含义、运行轨迹以及游资的来源，得出了国内游资规制不足的结论，并认为应当采取多种措施对其进行引导和规范。

还有学者着重研究了中国社会游资的规模，其中，夏斌和郑耀东（1997）就以流通中的超额现金作为游资的替代变量进行估算，并在此基础上分析了大量社会游资的成因。翁士增（2012）则以浙江省为例，对社会游资量进行测算得出全省社会游资总量在 1 万亿元左右，同时，该研究认为，加强社会游资监管要从加强游资监管体系建设、完善社会游资监管预警机制、完善外汇管理体制三个方面入手。此外，吕炜和刘晨晖（2012）还从资金流向角度对中国游资量进行了测算与汇总，结果发现游资的变动轨迹存在较大的异常，并且，结合中国经济转轨进程的进一步分析还发现，在国际金融危机爆发前，热钱流入与实体经济投机化是引发游资第一轮扩张的重要原因，而随着各项政府干预政策的实施，政策因素逐渐成为游资积累的推动力。

在四部门经济模型中，国内外大量研究都是围绕国际游资的流动而展开的。关于这方面的研究可以分为以下两类：一是研究国际游资流动的原因和影响因素；二是研究国际游资对一国或一个地区可能造成的经济影响和后果。

具体来说，关于国际资本流动的原因，很多学者认为，利率是非常重要的影响因素（Fischer，1975；Dornbusch，1983），他们的研究指出，如果一个国家的利率高于其他国家，那么该国家会有游资流入，而利率低的国家则会有资本流出。还有一些学者则比较强调外汇储备、实际汇率等因素对国际游资流动的重要性（Calvo et al.，1992）。除此之外，Dooley（1997）和 Krugman（1998）的研究则比较强调道德风险对国际游资冲击形成的作用。在国内学者的研究中，王信（2003）通过实证分析发现人民币和美元利差、人民币汇率预期、证券资产价格三者与短期资本流动的关系比较密切。

而在游资的宏观经济风险方面，Krugman（1979）和 Flood 等（1984）认为，政府的扩张性财政政策与固定汇率制度之间存在不可调和的矛盾，这种矛盾必然会引致国际游资的冲击，最终将导致外汇储备枯竭以及固定汇率制度崩溃。Krugman（1998）的研究主要从资产负债表的资产分析入手，通过对信心下降与投资下降恶性加速整个过程进行分析，认为资产价格泡沫的崩溃将导致金融危机。

事实上，还有许多国内学者对流入中国的国际游资进行了比较系统的分析。其中，李红坤（2005）总结了国际游资进入中国的数条渠道，具体如下：通过企业虚报利润获取外资，在中国建立子公司或合资公司对游资进行包装，购买中国企业与政府债券，国内外汇贷款通过银行离岸业务变相结汇，以合格境外机构投资者和基金名义进入市场，通过个人外汇业务流入国内，等等。姜德增（2006）在研究国际游资涌入中国的原因时发现，近些年，持续扩张的贸易顺差所形成的人民币升值预期是国际游资涌入中国的根本原因。另外，他还发现，外资持续涌入通过两种途径催生了中国的房地产泡沫：一是外资直接投资于房地产市场，抬高了房地产价格；二是间接途径，即外资的涌入放大了货币供给、压低了利率水平，低利率进一步加剧了房地产的炒作之风。

二、投机行为与投机泡沫理论

日本、东南亚等地区的泡沫经济现象表明，虽然游资只是资金的一种存在形式，但其可能引发的宏观经济问题却不容忽视。如果对游资所引发的经济泡沫处理不得当，不仅会使宏观经济陷入低迷，甚至可能极大地损害一国经济发展的基础。因此，研究宏观经济中的游资问题，实际上在很大程度上也是为了规避宏观经济中的泡沫经济风险。根据第一章对“游资”的界定，市场层面的游资与投机泡沫在概念和范围上是比较接近的。由于国外的文献主要是对投机行为与投机泡沫的研究，对“游资”一词提及较少，所以，在对游资相关的理论及文献进行梳理时，本小节主要对投机泡沫相关的研究文献进行归纳总结。

国内外对投机泡沫的研究，从研究内容上划分，主要集中在以下三个方面：一是研究投机泡沫的存在性及其性质，包括投机泡沫形成的原因和影响因素（环境、心理、行为、信息和制度等）、膨胀的过程和破裂的时机，并试图给出其经验上的证据（Tirole，1982；Blanchard and Fischer，1989；Leach，1991；袁志刚和樊潇彦，2003）；二是研究投机泡沫的动态演变过程、稳定性及对经济的影响，如投机泡沫是否会导致金融危机等（Shleifer and Summers，1990；Abreu and Brunnermeier，2003）；三是着重分析投机泡沫的历史事件，即主要针对不同的事件，研究投机泡沫的特点以及形成的具体原因，分析投机泡沫的危害，总结经验教训并找出防范投机泡沫的对策（Ribstein，2003；瞿强，2001）。由于本节的核心是影响游资的因素，所以本小节我们仅对研究投机泡沫的形成、性质和影响因素的相关文献进行简要总结。

国内外对于投机泡沫形成机理的研究，基于参与者是否具有理性预期的前提假设而形成了投机泡沫理论的两大分野。其中，较为成熟的研究框架是基于理性预期泡沫并由 Blanchard（1979）等学者首先提出的。理性预期泡沫也称为“理性泡沫”，正如 Blanchard（1979）所说，虽然人们对资产价格具有理性预期，并认为在长期，资产价格终将回归于资产本身的基础价值，但在短期，由于预期可从价格变化中获利，仍可能产生资产价格泡沫。基于上述前提，在 Blanchard 和 Watson（1982）较早开始的关于理性泡沫的理论与实证研究中，他们提出了资产价格的理性预期方程，并将资产的市场价格超过其基础价值的鞅过程称为“理性泡沫”。

就理性预期泡沫的形成来说，具有一定代表性的研究如下：Allen 和 Gorton（1991）在其研究中证明了，即使所有的参与者都是理性的，投资者和资产组合管理者之间的代理问题也会产生泡沫；Allen 和 Gale（1999）的模型还指出，资产市场的信息不对称使价格操纵成为可能，并最终导致资产的价格泡沫；袁志刚和樊潇彦（2003）构造了一个中国房地产市场的局部均衡模型，并给出了地产均衡价格中理性泡沫产生和存在的条件，以及导致泡沫破裂的相应条件；Garino 和 Sarno（2004）则采用代际交叠模型（overlapping generation model，OLG）阐述了房地产市场中理性泡沫的生成机制，并且运用最近发展起来的计量方法检验了英国房地产价格中理性泡沫的存在。

然而，随着人们对泡沫理解的不断深入，理性预期模型解释的局限性逐渐凸显，由于理性泡沫对交易者的个体因素和心理因素考虑不足，所以，很多学者对投机泡沫的理性假设提出了质疑，并认为泡沫并不都是在经济主体理性预期下产生的。由于市场并不总是有效的，出于信息的可得性和投资者的能力差异，还可能存在大量的非理性投资者（Kindleberger，1978）。对此，Shiller（1984）、Camerer（1989）等学者做了大量关于非理性预期泡沫的研究。其中，时尚模型给出了泡沫形成的一种解释，认为投资者在社会变动和心理力量的作用下会产生对某种资产的狂热追求，支付过高的价格，出现“时尚”引致的投机泡沫（Shiller，1984）；类似地，Camerer（1989）同样认为时尚泡沫是因为社会力量和心理作用才产生的，他还提出，增长型泡沫是理性的，而时尚泡沫是非理性的。随后，Black（1986）提出了较具代表性的股票市场噪声交易者模型，通过将市场有效性和噪声结合起来，且认为噪声交易使资产价格不能充分反映市场信息，造成股价越来越偏离它的内在价值，形成股市泡沫。

此后，学者们又根据不同的心理因素，提出了更加多样化的非理性泡沫形成的原因。在非理性预期的假设下，还有学者认为，非理性投资者由于存在认知偏差（Kahneman and Riepe，1998），在投资时不采用标准的经济模型进行分析，从而可能会存在“盲从”和“跟风”等正反馈行为（de Bondt and Werner，1998；Richards，2005），即根据消息决定交易策略，没有消息的投资者从当前价格变动中推测信息，在价格上涨时买入、下跌时抛出。

正反馈交易也被认为是泡沫形成的重要原因之一。其中，理性和非理性投资者均可能表现为正反馈交易者。在信息不对称的前提下，如散户跟庄行为和机构投资者技术分析策略等投机所引发的正反馈交易往往是个体理性的（Jones et al.，1993）。实际上，正反馈所导致的泡沫是典型的信息泡沫。正反馈理论的一个观点是建立在适应性预期基础上的，这种观点认为，发生反馈是由于过去的价格上涨产生了对价格进一步上涨的预期（Barberis et al.，1998）。另一种观点认为，正反馈主要是投资者对价格上涨模式的反映，发生反馈的原因是过去的价格上涨使投资者信心增加（Shiller，2000）。还有学者认为，当前期交易者的决策和收益的变化作为一个共同信念出现时，就出现了反馈交易（Nofsinger and Sias，1999）。另外，Shefrin（2000）还发现，由于恐惧的情绪比贪婪更加强烈，所以资产价格下跌过程中的正反馈往往更加剧烈。

另外，随着 Banerjee（1992）等学者发现了市场中存在模仿或追随其他人的决定而忽略自己私人信息的投资者，关于羊群投资者的分析开始被广泛关注。Avery 和 Zemsky（1998）把羊群投资者定义如下：某个拥有私人信息的投资者尽管在期初已经做出了买卖资产的决定，但当观察到其他投资者的买卖行为时，也决定做出与其他投资者同样的行为。Wong（2001）以泰国地产泡沫为背景发展了一个动态模型，提出了在经济过热、国际资本流入背景下，"羊群效应"引至泡沫的产生和膨胀的机制。

与国外相似的是，国内也有很多学者展开了关于特定领域投机泡沫的研究，并详细分析了房地产和股市等投机泡沫的形成原因、影响因素等（史永东和陈日清，2006；李巍和张志超，2011；郑忠华和邸俊鹏，2012）。例如，史永东和陈日清（2006）分析了在信息不对称的情况下房地产市场中羊群行为的形成机制、羊群行为如何导致房地产泡沫的生成以及经济状况恶化时泡沫破裂后居民破产的可能性；王永钦和包特（2011）在 de Long 等（1991）经典模型的基础上，建立了一个包含普通消费者、理性投机者和追涨杀跌交易者的房地产泡沫模型，分析了不同市场房地产泡沫的生成问题；吕炜和刘晨晖（2012）对中国投机资本的总量和房地产泡沫大小分别进行了测算，发现中国投机泡沫在 2007 年以后出现了两次大幅增长。类似的研究还有吴世农等（2002）、张晓蓉等（2005）、李捷瑜（2008）、况伟大（2010）和陆铭等（2014）。

根据上述投机泡沫理论，总的来说，这些泡沫模型均从不同角度分析了资产泡沫形成的原因，并对一些典型的泡沫经济现象做出了相应的解释。其中，投资者心理、预期和信息不对称等是泡沫形成的重要原因，然而，学者们对此所构建的理论模型却几乎都要以完善的市场环境为前提，还有的理论模型要以市场出清为假设，对分析环境的要求非常严格。

三、资本属性、经济虚拟化及其政策因素

根据 Kindleberger 和 Manias（1989）对"投机者"与"投资者"的区分，投资者较关注资产本身的使用和盈利能力，而投机者的目标是通过买卖牟取利润，从资产价格变动中获利。事实上，无论是国外还是国内学者，在区分资本的投机和投资属性时，大多以特定的市场为前提，研究某个领域内部（如房地产、股票和外汇）资本的投机与投资倾向。在宏观进程方面，也有学者察觉到了实体经济虚拟化倾向的提升，Dore（2002）认为，虚拟化是金融资本在总资产中的支配权、各种资本运作（包括财务转移、风险管理、公司重组、资产证券化、衍生交易和其他形式的金融化包装）稳步取代实体生产（制造、扩张和运输活动）的过程。

Fligstein 和 Markowitz（1993）提出了相似的观点，认为企业会根据可赚取的短期回报率重新配置资产，从而导致了非金融企业管理者的短期行为和虚拟化。戈拉德和温爱莲（2007）则系统地论述了包括企业金融化在内的虚拟化后果，认为企业金融化将极大地影响全球经济运行，导致国民收入分配有利于金融机构和金融资产持有者——食利者，导致工人的工资和福利被削减，制造并放大了金融市场泡沫，引发了新兴市场的金融危机。

由于中国的事实与全球性经济虚拟化具有不同的特征和原因，所以国内学者在关于资本属性、经济虚拟化研究方面也具有不同的侧重点。叶祥松和晏宗新（2012）的研究认为，发达国家利用在虚拟经济中的主导地位，控制全球产业链中的高附加值环节，制约了包括中国在内的发展中国家的产业结构优化和升级。蒋昌力（2014）立足于中国实体经济与虚拟经济脱节的问题，在分析日美泡沫经济破裂的基础上，指出了过度发展虚拟经济的危害，并从提高预警、加强监管、调整结构、引导消费等方面提出了相应的对策建议，以促使中国虚拟经济与实体经济均衡发展。王少梅（2013）发现近年来中国投机资本市场脱离实体经济过度膨胀导致投机资本市场和投资资本市场失衡、实体经济泡沫化，并据此提出了抑制过度投机、促进投机资本市场和投资资本市场一般均衡的思路与对策。怀仁和李建伟（2014）发现中国实体经济面临内需基础弱化、外需力度下降、生产成本上涨、税负偏重和投资收益率降低等问题，企业家投资实体经济意愿下降。房地产泡沫化吸引了大量社会资源，增加了融资成本和实体经济生产成本，削弱了居民消费能力和企业竞争力。

另外，在关于影响资本属性和经济虚拟化的政策因素方面，大多数学者都支持过剩的流动性是资产投机泡沫增加的重要原因（Allen and Gale，1999；Blanchard，2000；Bordo and Jeanne，2002；Lapavitsas，2008）。根据 Goodhart 和 Hofmann（2001）的研究，货币政策会通过套利效应和预期股利折现的方式来影响房地产与股票等资产价格。因此，Filardo（2001）以及 Bernanke 和 Gertler（2001）的研究提出，在货币政策的制定中需考虑到泡沫因素的存在。Tschoegl（1993）则将 20 世纪 80 年代末日本所经历的泡沫及其破裂均归因于政府所实施的货币政策。然而，也有学者提出了相反的意见，如 Bernanke（2010）在分析 2008 年国际金融危机之后认为，货币政策宽松对房地产价格上涨作用有限，宏观金融监管的放松应负有更大的责任。

研究还发现，银行作为资本的主要来源，其信贷行为也会对投机泡沫产生重要影响。例如，Herring 和 Wachter（2003）认为，房地产泡沫和银行信贷支持正向相关，房地产价格的上涨会使拥有房地产的银行资产价值增加，同时增加了银行的风险，加剧了泡沫的出现。Koh 等（2005）对亚洲房地产泡沫进行研究，认为金融中介对房地产泡沫的形成与破裂产生了一定的影响。还有一些研究发现，政府外在或内在的担保会导致风险分散行为或高的资产价格，这种政策可能会加剧泡沫问题（Krugman，1998）。

结合中国的实际情况，还有一些国内文献研究了可能影响投机资本的国内政策因素，其中，张晓蓉等（2005）提出，政府可以通过影响基本面或影响市场机制来影响股市泡沫。陈燕嵩和余建国（2002）发现，在经济体制转型时期，金融业承担了大量的改革成本，其研究认为，正是税收、会计处理等金融财税政策的负面影响，才导致金融业积累了大量的资产泡沫和盈利泡沫。张涛等（2007）的研究发现财政因素可能由于异质性信念而导致房地产投机泡沫的生成；吕炜和刘晨晖（2012）在对我国不同地区的房地产市场投机泡沫进行测算的基础上，采用系统 GMM 方法分析了财政因素对房地产投机泡沫的影响，发现财政政策也是我国房地产泡沫积累的重要原因。

总的来说，国外的理论分析通常是以成熟的市场经济体制为前提的，其研究多是在市场层面，从投资者心理、预期和情绪等微观角度出发，研究某种典型资产（如房地产、股票）的投机与投资交易的市场影响，由于在发达的金融市场上，与投机相关的资产价格异常波动现象非常普遍，但投机资本挤占实体投资最终引致泡沫经济的情形却并不太多，所以，国外学者较少把较微观的投资者行为与宏观经济整体联系起来。但对中国而言，投机资本和投资资本的资金争夺矛盾已经形成了对实体经济领域的冲击，这已不是股票、房地产等单个领域能解决的问题，所以，需要从宏观角度研究资本配置，进而剖析中国国内的游资问题，解决实体经济发展的资金困境。

第二节　货币、金融政策与游资投机

与研究投机泡沫本身的产生与转化机制的文献相比，对于政府行为和宏观经济政策与游资之间关系的研究相对要少一些。尽管如此，国内外学者仍对货币、金融和财税等政策均有所涉及，本节率先介绍货币、金融政策与投机泡沫的相关研究情况。

在研究影响投机性资金政策因素的国内外文献中，学者较普遍地认为货币政策能够对游资变化产生较大的影响，甚至有学者将 20 世纪 80 年代末日本所经历的泡沫及其破裂均归因于政府所实施的货币政策（Tschoegl，1993）。相应地，Filardo（2001）以及 Bernanke 和 Gertler（2001）也提出，在货币政策的制定中需考虑到泡沫因素的存在。随后，Bernanke（2010）着重分析了美国次贷危机爆发之前货币政策与房地产泡沫的关系。

具体来说，对货币政策与投机泡沫的研究可分为两类：一是研究货币政策是否影响游资或泡沫的积累和变化；二是研究是否应将游资量或泡沫大小作为制定货币政策时的目标。事实上，对于前一个问题，学者大都支持过剩的流动性是泡沫膨胀的重要原因（Allen and Gale，1999；Blanchard，2000；Bordo and Jeanne，2002；Lapavitsas，2008），因此，对货币政策与投机性资金进行研究的争论焦点主要在于，中央银行是否应在货币政策的制定与设计中考虑到游资或投机泡沫的变化。

对此，哈耶克的货币经济周期理论认为，过于强调价格稳定的货币政策忽视了经济周期中的信贷过度增长和资产价格波动，如果短期利率定得太低，将引发信贷人为过度扩张，导致过多信贷资金集中于周期长和资金密集的资产投资项目，造成过度投资，进而在金融市场上催生资产价格泡沫。Cecchetti 等（2000）同样认为泡沫破裂往往会给实体经济造成巨大冲击，所以，他们明确主张中央银行应该直接干预资产价格泡沫，并且认为这样做可以改善宏观经济的长期运行状况。

Goodhart 和 Hofmann（2001）的研究考虑了纳入资产价格与忽略资产价格两种情况下的货币政策反应函数，发现忽略资产价格的货币政策反应函数使中央银行的政策损失更大，因此，他们认为，中央银行的目标应加入资产价格波动情况，根据这个思路，他们在 MCI①的基础上，加入了房地产价格和股票价格构造了金融条件指数（financial condition index，FCI），以探索对资产价格做出反应的货币政策能否更好地实现中央银行的最终目标。

然而，也有很多学者对此持不同的观点。例如，Mishkin 和 White（2002）通过研究发现，在美国历史上，很多股票泡沫的破裂并未引起金融的不稳定，因此他们并不建议货币政策对资产价格泡沫做出反应。Greenspan（2004）也指出，货币政策不应该以任何直接的方式将股价等资产价格波动纳入目标体系。Bernanke 和 Gertler（2001）也认为，即使中央银行确切地知道目前经济内充斥着泡沫，如果中央银行对于资产价格的变化反应强烈，也会对国民经济和通货膨胀带来更为严重的后果，所以说，货币政策不应该对资产价格泡沫做出反应，除非这些变化预示着未来通货膨胀的变化。

除货币政策因素以外，许多研究还认为金融和信贷的宽松也是致使泡沫加速形成与破裂的关键。其中，Renaud（1997）在对 1985~1994 年全球房地产周期的研究中认为，在金融自由化和放松金融管制的情况下，金融机构违规借贷以及金融风险的累加，加速了房地产泡沫的形成与破裂。还有一些研究发现，政府外在或内在的担保会导致风险分散行为或高的资产价格，这种政策可能会加剧泡沫问

① MCI，monetary condition index，即货币条件指数，是短期利率和汇率的加权平均数。

题。此外，信用工具创新的多样性所导致的金融中介代理问题，是资产泡沫得以形成的关键（Mckinnon and Pill，1998；Krugman，1998）。

第三节　财政政策与游资投机

一、三部门经济中的财政与游资

国内外对于财政与游资之间关系的研究文献更多的是研究在投机泡沫膨胀或是破裂以后，财政能否适时地发挥带动经济的作用，实质上其出发点仍是对财政政策工具性效果的分析（邵学峰，2007；贡慧和陈建安，2012）。另外，一些将财政因素与游资问题联系起来的文献，其关注的重点也主要在于财政对国际资本流动的影响上（Melitz，2002）。

事实上，除国际资本流动以外，游资的规模主要依赖于市场主体是否将剩余资金用于投机炒作的群体决策，而做出这种决策则主要取决于预期的投机收益、是否存在套利机会、时尚等因素（Shiller，1984；Santoni，1987）。从政策的角度，如果说宽松的货币和金融环境能够引致投机泡沫的膨胀，导致游资泛滥情况的出现，那么，财政因素则缺乏类似的作用渠道。由于国外的研究并不需要考虑财政政策在特殊制度背景下的变异，所以，从财政作用的普遍路径来看，投资扩张直接带来总产出与总收入的增加，并通过乘数效应进一步带动消费和投资，在该过程中，它既不能增加投机炒作的收益，也难以提高非投机性资金的持有成本。虽然张晓蓉等（2005）曾提出，政府干预市场的各项政策措施可能通过投资者心理对投机产生影响，但财政究竟能否成功地改变市场预期，这仍有待证实。因此，结合财政政策的普遍作用机理，遵从凯恩斯主义传导机制的财政政策实际上是较难直接影响到泡沫的发展与变化的。

尽管如此，由于财政手段不仅包括扩大投资，还包括各项税收、补贴等多样化措施。而这些都可以成为政府对游资或投机泡沫产生影响的方式。因此，仍有少数学者在对游资或泡沫经济的研究中发现了财政的影响。例如，王朝才和封北麟（2008）在研究日本泡沫经济时提出，除了国际因素和扩张性货币因素以外，扩张的财政政策也促成了日本泡沫经济的发展。王朝才和封北麟（2008）认为，对日本泡沫经济起到推动作用的财税政策包括两类：一是 1986 年日本政府提出的追加 1 127 万亿日元用于公共事业投资的综合经济对策，以及 1987 年再次出台的总量规模高达 7 135 万亿日元的公共事业支出政策；二是包括降低个人所得税税率、法人税基本税率、利息税以及减少所得税税率层级等税收政策。他们发现，这类财税措施激发了私人资本大量流向资本市场，推动了泡沫的膨胀。另外，李宏舟（2008）的研究也发现，税制安排形成了引发日本泡沫经济的背景原因之一，认为在日本当时的税制下，企业和个人的投资收益税很容易诱发对房地产的投机，并且，日本财务省和金融厅导入一项会计制度，即企业通过信托投资机构进行股票或国债投资，在满足一定的条件下可以获得税收优惠，此类制度也促进了信托投资的发展和企业对证券的投资。

此外，虽然关于财政与总量意义上游资的国外文献较少，但却有大量的研究指向财政与某种特定领域的资产泡沫或资产价格剧烈波动。许多文献发现，税收等财政因素对资产价格以及特定市场的投机泡沫等可以产生较大的影响。Werner（1997）认为，证券交易税以及资本利得税都可以对游资进行投机产生较直接的干预作用。Elton 和 Gruber（1970）、Miller（1986）、Scholte（2002）等学者也发现，课税能够对金融资产的收益、证券的价格、证券种类、证券交易的时机产生较大的影响。Spahn（1996）在对国际游资的研究中也认为，应对所有的金融交易适用低税率，以免妨害资本流动性，同时还应在此基础上再针对异常资本流动课征临时惩罚性的高税收，以威慑国际游资的投机性攻击。

二、与中国现实情况相适应的相关研究

由于大多数国外研究均建立在完善的市场经济体制假设下，所以，虽然有文献认为投资扩张和税收等财政因素确实是可以直接或间接地影响到游资的积累与变化的，但在较发达的市场经济中，财政对游资的作用与货币、汇率因素相比，仍显得比较微弱。但显然，以完善的市场经济环境为假设并不适用于对中国游资的分析。所以，接下来我们主要总结了考虑到中国国情特殊性而展开的关于游资的研究文献。

通过上文的分析，在发达市场经济的前提下，财政影响游资的渠道比较有限，然而在我国，由于我国财政体制还不够完善，财政政策的实施与传导路径也不完全与西方市场经济国家的情形相同，所以，受制于特定的发展阶段与体制安排，无论是体制层面还是政策层面，财政在我国都表现出较强的特殊性。以此为背景，财政才可能成为与游资变化具有密切关系的因素之一。

相应地，国内的一部分学者就是从我国转轨经济体的特殊性出发，对影响游资变动的财政因素进行了分析。其中，刘志高（1999）在研究当前我国社会游资的形成渠道时发现，除信贷资金、居民闲置资金以外，通过投机市场流失的国有资产以及预算资金都是社会游资形成的重要渠道。同时他分析发现，不仅预算外资金绕开资金管制，可以直接向社会游资转化，还有一部分建设项目专用的预算资金也会非法参与套利、投机活动。并且，根据简单估算，刘志高（1999）发现，

当时我国约有200亿元预算资金充当社会游资，在期货、证券、房地产等市场进行套利和投机活动。陈燕嵩和余建国（2002）发现，在经济体制转型时期，金融业承担了大量的改革成本，他们认为，正是税收、会计处理等金融财税政策的负面影响，才导致金融业积累了大量的资产泡沫和盈利泡沫。

此外，虽然关于财政与总量意义上的游资的研究文献较少，但却有大量的研究指向财政与某种特定领域的资产泡沫或资产价格剧烈波动。其中，最为典型的是在房地产投机领域，许多学者都提出，财政是影响我国房地产投机泡沫的重要因素。

袁志刚和樊潇彦（2003）在对房地产投机泡沫进行研究时发现，优惠的土地和财政税收政策会刺激地产泡沫的产生，考虑到我国的实际情况，地方政府往往在“投资冲动”和“增长冲动”的驱使下采取过激的房地产政策。例如，1992~1993年海南和北海的地产泡沫就与当地政府“以地生财”的思想及错误的地产政策有直接关系。张涛等（2007）的研究也发现，财政因素可能由于异质性信念而导致房地产投机泡沫的生成。在昌忠泽（2010）的研究中，信贷扩张、土地财政及住房预售制度是中国房地产泡沫形成的三大根源，而财政风险则是我国房地产泡沫隐藏的巨大风险之一。

刘峰和李斌（2011）研究认为中国房地产市场泡沫的出现与分税制改革密不可分，他们发现，自1994年中国进行税制改革以后，房地产业进入了一个高速发展的时期，呈现泡沫式发展，且分税制改革对中央和地方政府关系的影响是房地产市场泡沫形成的重要原因。曾五一和李想（2011）的研究同样认为分税制改革后地方政府的财政行为是形成房地产泡沫的原因，他们的分析发现，分税制的实施造成中国地方政府的事权和财权很不匹配，于是地方政府只能利用自己掌握的资源去增加财政收入，形成了颇具中国特色的“土地财政”，因此，地方政府不仅没有积极地执行中央政府的房地产调控政策，甚至在利益的驱动下，还会或明或暗地助推房地产价格的上涨。

除了上述将财政当做房地产泡沫形成原因的文献以外，有的研究认为可以采用财税政策方式来抑制房地产投机泡沫。其中，曾红霞等（2004）在研究我国房地产投机时就提到，可以通过税制来控制房地产投机的行为，具体措施包括征收空地税、土地保有税、土地增值税等。类似地，郑恒（2004）在描述房地产炒作行为的波动特性和运行规律后，也提出可以通过实施购房累进制税率的方式来遏止炒房投机行为。杜兆瑜和吴奉刚（2011）同样在分析房地产市场泡沫的特征后认为，如果地方政府高价出让土地的“土地财政”问题得不到解决，房地产价格上涨的预期也就无法从根本上消除。

除关于财政与房地产泡沫的文献之外，还有文献是关于财政与股票市场的投机泡沫方面的。张玉棉等（2008）在分析日本泡沫经济的案例时发现，财政政策变动会影响股市的波动，其具体的影响路径如下：当政府采取扩张性财政政策时，在心理预期作用下，股市会开始上涨，随着经济增长和人均收入水平的提高，消费需求逐步增加，物价水平开始上涨，人们为了保值进行股票投资，股市会进一步上涨；反之，当政府为了控制经济过热和抑制通货膨胀而采取紧缩性财政政策时，一些经济指标开始出现下降，投资者预期经济形势走坏，股市就会开始下跌。翟伟峰（2008）也着重分析了股票价格泡沫以及它与财政政策的关系，提出财政政策可以通过税收、公共支出及救助制度对股票价格产生影响，还可以利用财政政策的方式来抑制股票价格泡沫。

第四节　研究现状评述

本章总结了关于游资与投机泡沫的相关研究进展，并着重回顾了宏观经济中政府政策与游资关系的研究。通过对相关领域的文献进行梳理可以看出，无论是基于投机泡沫与投资者行为的研究，还是金融经济领域的政策分析，都处于高速发展过程中，存在较大的研究空间。但需要注意的是，国外文献在解决中国实际问题时往往存在适用性偏差，而国内文献对该领域的研究还并不丰富。

一、游资与特定领域投机的区别

国内外研究很少把较微观的投机泡沫与较宏观的游资问题结合起来。事实上，在发达的金融市场上，与泡沫相关的资产价格异常波动现象是非常普遍的，但投机泡沫过度膨胀直到最终引致泡沫经济的情形却并不太多。通常来说，投机泡沫的载体通常是一种或一系列资产，这些资产一般来说属于流通性强、易于交易的某种虚拟资本，如股票、债券、期货、外汇和金融衍生产品，或者是具有稀缺性的某种资源，如土地、房地产和收藏品等。在这些资产形成泡沫时，必然伴随资产价格偏离其基础价值的现象，大多数研究也正是以此类资产价格的泡沫现象为基础所展开的；而在总量意义上，对游资的研究则不完全与资产价格泡沫相类似。具体地，游资总量的过剩往往表现为泡沫的普遍性，即在某一段时期内人们对资产的投机性需求急剧增加，甚至用于实体经济的资金也用来投机，最终导致大量资金都以投机或等待投机的形式存在。因此，我们认为，某种特殊资产本身的泡沫现象并不必然伴随着整个经济体的游资泛滥，也不必然会引致泡沫经济的出现，但反过来，游资的泛滥却必然伴随着某种或一系列资产的价格泡沫。

在美、欧等市场经济国家，金融市场比较发达，其民间资本以存款、投资资金或投机资金等多种属性存在，但从总量上来说，其经济体内的投机性资金变化通常呈现周期性的波动态势。对于中国的游资来说，由于处在一个市场经济逐步建立完善的过程之中，大部分游资都是在经济增长中积累起来的民间资本，直到目前为止，可以说，我国还没有经历过一个完整的投机泡沫周期。

在完善的市场经济体制下，游资大约相当于整个社会的剩余资金，随着泡沫的变化而呈现周期性的增减。但在我国却并不是如此，目前我国的问题也不单纯是房地产等某个领域的泡沫问题，从个体行为的角度，在制度的非规范性等约束下，各类现象都表明社会中已存在数额庞大的闲置资金，它们没有合适的投资渠道，甚至并不一定正在参与投机炒作，但却形成了我国各个领域投机泡沫形成的隐患与压力。

二、资本配置失衡现象的提炼

虽然很多学者注意到了中国的“投机资本过剩-投资资本短缺”配置失衡，并从抑制投机泡沫、促进实体经济与虚拟经济均衡发展的角度进行了论证，但已有研究大多是对现象进行的评述和解释，还没有真正构建起该问题的理论框架。类似地，国内关于经济虚拟化和企业金融化的研究也主要是以概括、归纳现象为主，鲜有对微观机理的理论分析和以数据为基础的实证分析。中国式“投机资本过剩-投资资本短缺”失衡实际属于经济步入“新常态”的过渡性问题，但不可否认的是，2008 年以后，这一问题不但没有缓解反而出现了加剧的趋势，不仅直接影响到经济发展，也干扰了货币政策的有效性。可以预期的是，关于实体资本和投机资本在资金争夺上的矛盾，不仅将影响到未来十余年中国实体经济发展基础的构建，也将影响到经济结构的优化和转型。但从目前的研究现状来看，将资本配置失衡单独提炼为一个理论问题的研究还比较少，亟待展开深入系统的研究。

三、财政与游资的关系

关于财政与投机泡沫两者交叉的理论研究并不多见。其中，国外的理论分析通常是以成熟的市场经济体制为前提的，因而，其研究多是基于两部门经济模型，从消费者心理、预期、市场环境等微观角度出发，研究某种典型资产（如房地产、股票）的价格泡沫。而在国内的研究文献中，虽然有很多学者注意到财政是游资的一个影响因素，却较少有单独以财政为重点的分析，尤其是相关的实证研究更是比较少见。我们注意到，正是由于财政影响和调控游资的渠道在完善市场经济环境下的非常态特征，更多的研究都是对“土地财政”和税制不完善等具体问题的分析。

四、本书研究的政策重点

1. 财政与游资总量

通常来说，国外对于游资的研究大多是建立在两部门或四部门经济模型基础上的。在两部门经济中，游资是从消费和储蓄中分离出来的一部分，市场中消费者与投资者的决策直接决定了其进行投机的金额，此时，游资的形成、变动及其影响都是典型的市场行为；在将两部门经济扩展为三部门经济以后，政府的行为（如货币和税收等政策）则成为可能直接或间接影响游资的重要因素；随后，四部门经济中则更多地包含了对国际资本流动的分析。

在三部门经济模型中，虽然学术界更多的是对货币政策与投机资本进行研究，然而，我们基于在研究中对国内游资变动情况①（吕炜和刘晨晖，2012）（图 2-1）的总结，却发现我国游资具有与西方泡沫经济理论完全不符的特征，并随之发现了另一类可能影响我国游资变化的重要政策因素——财政。

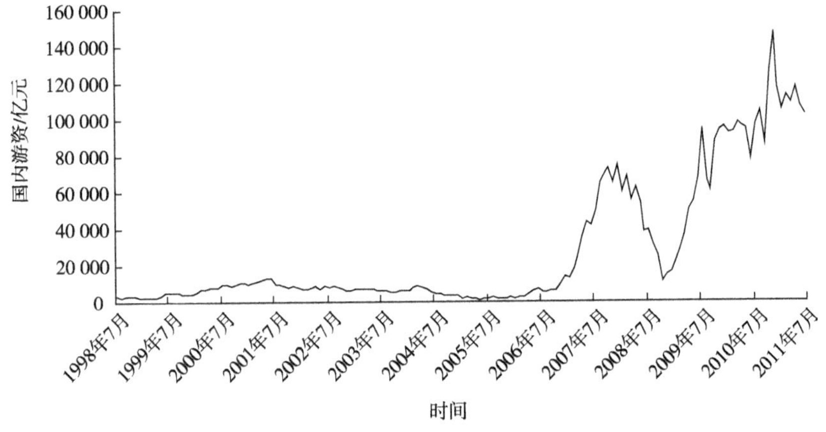

图 2-1　1998~2011 年国内游资规模变动情况

从图 2-1 可以发现，我国游资并未表现出投机性资金通常存在的循环性升降周期②，而且，在 2008 年国际金融危机对国内经济产生不利影响后，游资规模在经历了短暂下降之后反而开始剧增，且其增长轨迹同 2008 年开始实施的积极财政政策呈现高度的一致性。事实上，这些表现都无法以现有的泡沫经济理论进行解释，尤其是在国际金融危机影响未退的背景下，与经济增速放缓相伴随的游资剧增则更加表明当前国内游资已出现了极为异常的情形。

而游资规模与财政政策之间存在非常微妙的联系，这从我国游资变动的轨迹

---

① 详细计算过程见本书第四章。

② 通常认为，投机泡沫会遵从周期性的繁荣与破裂（boom-bust cycle）。

中同样可以观察到。具体来说，自20世纪90年代中期以来，我国财政政策的方向与力度曾数次调整，按时间顺序依次来看，1998~2003年是财政投资的首次大规模扩张时期；到2004年，积极的财政政策开始有所调整；2005~2007年，我国开始实施稳健的财政政策；到2008年年底，财政政策又再次转为扩张取向。而相应的，从图2-1中可以同步发现，政府投资的扩张阶段通常伴随着游资规模的上升，而在政府投资政策的淡出期，游资总额则相应地呈现较稳定或略有下降的趋势。具体地，在1998年到2011年的测算期间，国内游资规模出现了大约三次升降周期，分别为1999~2004年、2007~2008年以及2009~2011年。其中，除在2007年前后本币升值带来的国际资本流动异常可能对游资总量产生一定干扰外，其余的游资变化周期都非常契合我国财政政策的实施轨迹。尤其是在2008年，积极财政政策的出台和实施与游资扩张的起始点几乎完全重合。

从历史的视角，同样可以发现财政与游资变动之间的联系。事实上，改革开放以后，正是计划经济下政府财政的退出带来了活跃的市场经济，随后，民间的剩余资金才得以出现，从这个角度来说，正是财政为我国游资的形成提供了必要的条件。

在中国整体改革进程中，财政始终处于联系其他诸项改革的枢纽位置。纵观财政发展改革历程：一方面，其成功起到了推动经济转轨、调控经济运行的作用；另一方面，在整个转轨进程中，财政自身也经历了一系列改革，初步实现了向市场经济体制下公共财政取向的转化。在这一过程中，财政已成为政府进行宏观调控最重要的工具，尤其是在20世纪90年代以后，随着我国逐渐成为以需求约束为主导的经济体，财政工具的重要性更加无可替代。作为调控宏观经济、干预资源配置和规范市场秩序的重要手段，财政本身也可以成为政府影响游资行为的政策工具。

因此，我们认为，财政很可能已经成为我国社会游资在形成与变化时一个非常重要的影响因素。然而，与预期不同的是，这种游资与财政之间的联系却很难在国内外的文献中得到解释。由于国外的研究并不需要考虑财政作用在特殊制度背景下的变异，在发达的市场经济体制下，财政工具实际上很难直接增加投机炒作的收益，也难以提高非投机性资金的持有成本。虽然国外学者曾提出，积极的财政政策需要政府发行债券进行融资，其可以通过影响债券价格而改变微观主体的投资决策。这可能成为财政影响到游资总量的一个途径，然而，即使财政因素确实是可以直接或间接地影响到游资的积累与变化的，在较发达的市场经济中，财政对游资的影响力与货币、汇率因素相比，仍显得比较微弱。

但目前，中国还不能称作完善的市场经济体，并不拥有高度发达的资本市场，政府在宏观经济中所发挥的主导作用也与市场经济国家有所不同，因而，针对日益突出的游资问题，我们并不能以完善的市场经济为前提进行分析。基于上述原因，我们将财政对游资总量上的影响作为研究重点之一，以可能引致投机泡沫的游资现象为线索，系统地研究财政影响游资变动的机理与过程，具体来说：第一，以游资的形成和发展变化为线索，探讨财政因素可能作用于游资变动的传导机理与途径；第二，采用计量分析的方法，检验我国游资的存在性、规模及其变动情况；第三，结合我国改革开放以来财政制度改革和扩张性财政政策的实施历程，对财政因素作用于游资的理论途径给出经验上的证据；第四，根据计量数据，对所提出的财政对游资产生影响的理论假设进行实证检验；第五，以宏观经济的长期稳定发展为目标，从财政作用的角度，提出合理控制游资、削弱游资负面影响的建议。

2. 房地产投机泡沫

除了从总量意义上研究游资问题以外，更具体地，我们还需要考虑在游资的内部，投机性资金的流动情况。众所周知，当前房地产泡沫已成为与中国宏观经济发展密切相关的现实问题。2008 年国际金融危机之后，随着中国实体经济逐渐进入发展瓶颈期，始于 1998 年经济增长模式的弊端日渐凸显，投资收益回报率水平持续下滑，私营中小企业面临前所未有的转型压力。在上述背景下，如果大量资本以投机资金的形式进入房地产市场，那么它将不仅关系到市场自身的发展，还会进一步影响到整个经济发展和产业升级态势。可以说，这已不是房地产市场内部的问题，而是涉及投机泡沫通过占用资金，进而形成了对产业升级和消费阻碍的链式传导。因此，房地产泡沫的负面影响，已不止于泡沫破裂所蕴含的潜在风险可能引发的经济衰退，更在于房地产泡沫对实体经济在多重维度上的绑架。历史经验表明，对于中国这样以制造业为本的发展中国家来说，实体经济是国民经济长期稳定发展的根本，如果房地产泡沫的积累会影响到实体经济，那么，即使泡沫还没有达到破裂的程度，也应受到广泛重视。因此，本书将房地产投机泡沫及相关政策影响作为一个重点来展开分析。

虽然房地产一直是中国经济学研究的热点问题，但囿于现实的复杂性与理论研究的薄弱，大部分文献关于中国房地产泡沫问题的研究难以实现与现代经济学研究工具的有效对接，而本书则将在以下两方面做出一些尝试。

首先，已有的实证研究大多忽略了房价与房地产泡沫之间的区别，将房价作为泡沫的替代指标进行分析。实际上，以房价作为房地产泡沫的替代指标需要满足一个基本前提，即房屋基础价值是相对稳定的。由于西方国家大多已完成了城镇化进程，满足上述前提，所以，国外学者在讨论本国房地产市场泡沫时，不需要刻意对基础价值与投机价格两者进行区分。而对处于高速城镇化进程中的中国来说，房价与房地产泡沫两者之间差异是非常明显的。其主要原因是，随着城镇化的推进与居民收入水平的增长，消费者住房需求也在不断增加，这必然导致房屋基础价值的持续上升。事实上，对房地产市场存在泡沫持否定观点的理论依据大多来源于此，部分学者认为，房价上涨并非是由市场投机所引起的，而是房屋基础价值增长造成的。但国内大多数研究在选取房地产泡沫实证指标时仍普遍参照国外的做法，直接采用价格变动指标来度量房价泡沫，忽略了房屋基础价值的上涨，这极大地影响到了实证结论的有效性。

其次，本书将从游资投机的视角系统地提出房地产泡沫对实体经济的绑架，并从动态视角研究当前经济增长模式下中国房地产市场的政策调控与泡沫治理问题。当前，在国家推进城镇化建设的背景下，房地产市场已成为资本争相进入的重点领域，吸引着各类资金进入。通过上述过程，大量资本被固化在房地产当中，为房地产泡沫的形成奠定了流动性基础。这无疑会对中国经济增长产生深远的影响。所以，我们将基于上述现象，探讨房地产泡沫波动与实体经济之间的相互作用机制，以及房地产市场的调控政策对房地产市场乃至整个宏观经济的影响。

第三章 财政对游资的影响机理

在我国游资的产生和变动过程中，由于国情和体制安排上的特殊性，财政因素在其中的作用并不仅仅是 1998 年之后我国两次大规模实施扩张性财政政策才出现的，事实上，在整个游资发展变化的过程中我们都能够发现财政因素的影响。我们认为，这种财政的影响主要体现在三个方面：首先，游资本身的产生与计划经济体制下财政的退出密切相关。从经济转轨的特殊过程来看，计划经济体制下的财政呈现出“全能型”特点，使本该由市场来调节的均交给财政来计划和管理，在市场机制和流通领域缺失的背景下，以投机炒作为特征的“游资”完全没有存在的空间，因而，正是计划经济体制下“全能型”财政的退出启动了市场经济的出现和游资的形成。其次，在财政体制层面，我国的财政体制安排具有较强的过渡特征，存在诸多不规范和不完善的地方，其所导致的政府行为、资源配置扭曲等都可能直接或间接地形成游资变化。最后，近年来我国两轮扩张性财政政策的实施与游资投机行为的集中爆发出现了现象上的关联，理论分析也认为，在我国特殊的体制约束下，财政政策对宏观经济增长的带动并不完全遵循西方经济理论所描述的轨迹，反而呈现更广泛化的影响，因而，其很可能已成为我国游资变化的重要影响因素。综上，为了更具体地分析财政可能传导至游资变化的作用机理，本章将从以上三个方面分别展开研究。

第一节 财政体制因素作用于国内游资的理论机制

作为分配形式和调控手段，财政制度是一国经济体制的重要组成部分，与政府职能、资源配置方式密不可分。从财政自身来看，其体现着满足市场经济运行和政府运转的双重要求，充当着市场和政府之间的调和与平衡，是实现市场与政府之间沟通的桥梁。在转轨背景下，由于政府又承担着主导转轨进程的职能，这种政府职能的定位决定了财政职能、范围的变动，并对财政自身也提出了相应的改革要求。一方面，体制转轨进程需要以财政措施作为推动力；另一方面，财政也需要不断改革自身从而与体制转轨相适应。这种财政制度的动态性使我们对财政向游资传导理论的研究并不能从静态的视角展开分析，因此，引入动态的视角，我们的研究也就相应地体现为转轨背景下财政的职能、范围、手段等的变化，以及游资所经历的由无到有、规模由小到大的特殊过程之间的联系。

另外，本节的核心是财政体制因素对游资影响机理的研究，随后，我们结合财政的动态性，将财政体制因素分为宏观和微观两个层次。在转轨的背景下，首先，从宏观趋势性的角度，财政所体现出的是与计划经济体制相适应的统收统支框架，以及与市场经济体制相适应的收支框架——税制及公共支出体制转换。由于计划经济体制下财政无所不包，呈现“全能型”的特征，而成熟市场经济体制下的财政则表现为公共财政。我们认为，在时间轴上，这种财政框架趋势的转变与国内游资的产生之间实际上出现了一条“计划经济体制下全能型的退出→市场经济体制的逐步建立完善→经济体内出现剩余资金→资金形成投机性质的游资”的联动路径，它所对应的是改革开放后整个游资从无到有的形成过程。其次，以较微观的视角，从财政体制自身的特点来看，它直接表现为中央、地方、企业等主体之间的利益分配格局。这样，受制于我国近几年比较特殊的财政体制安排，经济体内不仅形成了比较特殊的资源配置局面，也产生了对地方政府、企业、居民等主体激励机制的扭曲，我们发现，这些都能够直接或间接地促进游资的滋生和变化，相应地，则又出现了“财政体制改革→中央与地方的分权格局转变→激励机制转变→地方政府催生游资”这样一条新的作用路径。下文将对这两条理论路径分别进行详细分析。

一、“全能型”财政的退出与游资的产生

1978年，政府决定开始实施改革开放政策、改善国民经济状况时，无论是政府还是民众都没有能力支付改革的成本。在这种情况下，政府只能通过财政放权让利来激起民众参与改革和发展生产的积极性，以财政收入超分配来促进家庭企业部门收入水平的结构性调整，引入计划外的剩余生产力，逐渐打破计划经济体制下的低效循环。因而，从转轨一开始，财政就处于联系其他诸项改革的枢纽位置，为推动制度变迁掌握资源配置权限与范围的进退尺度，在市场培育和市场弥补两方面发挥作用，并在随后成功地启动了整个经济转轨进程。

以财政的退出启动经济转轨为起始点，直到20世纪90年代中期市场经济体制基本确立，实际上存在三个相互联系的过程：一是计划经济体制向市场经济体制的转变；二是经济体内部的资本稀缺向资本局部过剩转化；三是游资从无到有的形成。这三个过程均以计划经济体制下“全能型”财政的退出为起点和动因。

1. 财政的放权让利启动了从计划经济体制向市场经济体制的转轨

我们所描述的第一个过程是，财政的放权让利启动了从计划经济体制向市场经济体制的转轨。理论上，财政通过放权让利启动和支撑改革的逻辑顺序如下："财政让利在分配领域的突破带来了国民收入分配格局的调整→个人、企业的利益得到认可和增长，脱离计划控制的货币剩余增多，由此孕育了利益主体多元化格局的出现，并自动创造了资金的供给与需求→储蓄动机与投资动机导致金融地位凸显，金融的成长又反过来推动'储蓄—投资'机制的转化→由分配领域发动的这一系列改革。"在计划经济体制下，财政呈现出"全能型"特点，由于财政管理过严、范围过宽，极大地限制了经济效率的提升。随着财政的退出在分配领域发动的改革，政府的计划控制随着其退出市场领域的步伐而逐渐削弱，市场化的价格机制逐渐形成，商品流通领域也重建起来。随后，这些因素综合起来再反作用于生产过程，使经济运行的商品化、货币化程度不断提高，最终实现了对深化改革和经济增长的双重带动。

在时间上，以放权让利为核心的财政改革措施集中出现在 20 世纪 80 年代，直到 1994 年的分税制改革后我国形成了比较稳定的财政分权格局。我们可以把它分为三个阶段来分析：第一阶段为 1978~1984 年，我国开始以"财政包干制"取代过去"统收统支"的财政格局，并承认了中央和地方财政各自的利益与地位。在分权与激励方面，"划分收支，分灶吃饭"的财政收入分享的安排，以及分级包干的预算管理体制，不仅扩大了地方的财权，同时强化了地方的经济责任，在扩大地方财力的基础上使地方可以根据自己的情况安排财政收支，并赋予地方一定剩余控制权，为地方发展本地区生产建设事业提供了内在经济动力和能力，也使地方具有了努力挖掘本地区生产、物资和资金潜力的动机。在该阶段，随着地方和企业的积极性被调动起来，非国有经济有了快速的发展，市场主体多元化局面开始形成。其间，农村联产承包经营责任制的全面推行、粮食等主要农产品征购方式调整、收购价格的大幅提高，均有力地推动了农业商品化进程。第二阶段是 1984~1988 年，这一时期，较此前财政的放权又进了一步，开始实行具有过渡性质的"划分税种，核定收支，分级包干"的财政管理体制，随着第二步利改税使税制建设逐渐推进，在价格双轨制的体制环境下，包括生活资料、生产资料、金融资产等在内的各项要素均开始出现集中性地由旧体制向新体制流动的商业化过程。在这一过程中，市场机制迅速形成，经济增长势头仍然明显，但与此同时，也出现了大量的过渡性商业行为和"寻租"行为，因此，这一阶段的经济运行既存在剧烈的波动特征，又呈现一定的混乱局面。第三阶段是 1988~1993 年，在此阶段，财政体制的变动异常频繁，给各级地方政府造成了不稳定的预期，使地方政府难以着眼于长期发展经济、统筹安排。同时，财政包干制的弊端也日益显现，我国逐渐步入了一个结构调整和治理整顿的时期。在宏观经济发展方面，经济增长速度较前两个阶段略有下降，由于产业结构调整缓慢，供需错位，产品积压增多，企业经济效益下降，国民经济出现了一段较严重的通货膨胀时期。之后，随着政府出台了相关治理整顿措施和进行制度建设，整个国民经济又开始有所好转，通货膨胀水平也随之受到了控制。

2. 资本稀缺向资本局部过剩转变

在转轨之初，由于历史和经济发展水平的原因，我国处于资本极度稀缺的状态。大量的经济资源都被低效使用，企业的盈利能力弱，金融机构的数量非常少，此时，无论是政府部门，还是企业或家庭，几乎都不存在可供投资的闲置资金，尤其是居民消费品还处在供不应求的状态，甚至企业的正常生产和居民的生活都缺乏基本保证。在这种背景下，我国经济体内实际上出现了资本稀缺和经济效率不足之间的恶性循环（图 3-1）。

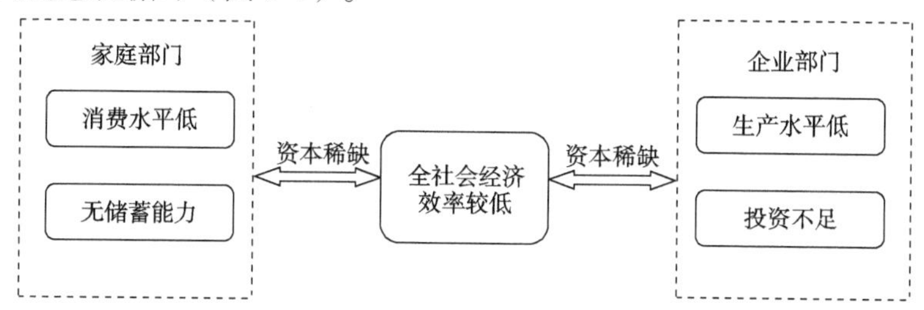

图 3-1　转轨初期我国资本稀缺与经济效率的恶性循环

随后，正是财政的放权让利所启动的转轨进程打破了这一僵局。在转轨启动之前，计划经济体制极大地限制了经济效率的提升。因而，这种资本稀缺在很大程度上是由于经济发展水平低。从数据上看，在 1977 年，我国还属于比较贫穷的发展中国家，80%以上都是农村人口，人均国内生产总值（GDP）不超过 250 美元。在收入方面，当时我国城镇居民人均可支配收入仅为 316 元，而农村居民人均纯收入仅为 133.6 元。而转轨的启动和改革的深化则逐渐引发了微观层面主体积极性的提升，经济也随之高速发展。数据显示，在转轨启动的十年间，国民经济年平均增长率高达 10%，即使此后经济增速有所趋缓，但国民经济仍按照 8%左右的速度增长。

在整个过程中，资本稀缺的态势逐渐得到了改观。如图 3-2 所示，在财政放权让利以后，企业的积极性被调动起来，随着市场和流通领域的重建，新的增量资本终于出现了流动的渠道，企业得以扩大投资和生产，而社会产品的丰富也使转轨初期供不应求的局面得到了缓解。相应地，金融部门的发展极大地提升了资本循环的效率，如信贷、债券和股票等融资方式的完善都为企业的发展提供了大量资金。随着整个社会经济效率的提升，资本也逐渐流动起来，资本流动与经济效率的良性循环态势开始形成。

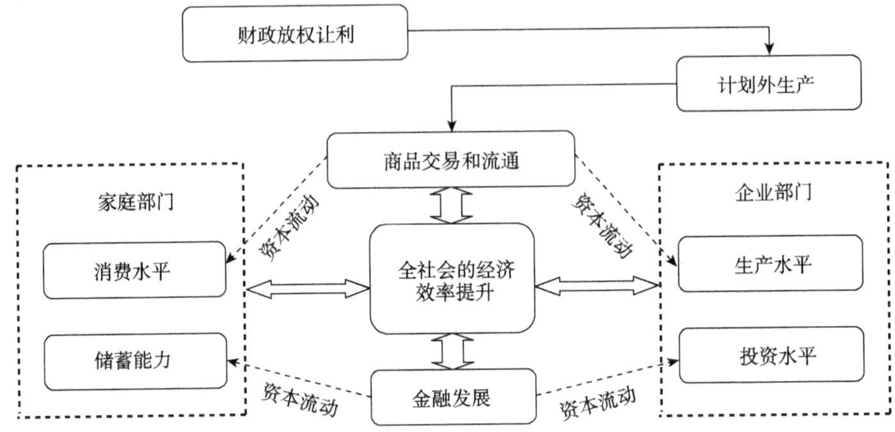

图 3-2　转轨启动后我国资本流动与经济效率的良性循环

伴随着经济效率的提升和资本稀缺的改善，到 20 世纪 90 年代中期，我国开始基本告别了短缺，并进入需求约束主导的时期。然而，1998 年至今，我国经济社会中又开始出现诸多资本过剩的现象，如存款余额增长过快、部分领域产能过剩等问题逐渐显现。事实上，由于转轨中各领域、地区之间的渐近改革次序安排，改革开放后，在发展的比较优势下，大量经济资源由西部向东部、由农村向城市流动，造成了我国长期存在多重二元经济。同样，在资本领域也是如此，在一些领域资本充盈的同时，另一些领域的相对资本存量依然较低。

所以说，虽然近些年很多地区和行业都出现了资本过剩的情形，但是，这种过剩却并不是总量意义上的，时至今日，我国进行产业升级和结构调整仍缺乏足够的资金供应，因此，总的来说，转轨初期的资本稀缺只是在非平衡发展的约束下转变成了资本的局部过剩。

3. 游资从无到有

游资从无到有的过程是与以上两个过程密不可分的，它正是在计划经济体制向市场经济体制转轨的背景下，伴随着资本的局部过剩而出现的。

在计划经济体制下，投机活动受到严格的限制。由于最初我国的投机活动都是以“投机倒把罪”的形式，被认定为犯罪行为，而当时宏观经济体中也几乎不存在多余的可供投机的资金，所以，以投机炒作为特征的“游资”完全没有存在的空间。

随着各项改革的深入，到了 20 世纪 90 年代，我们可以发现，经济中同时出现了两类与游资的出现密切相关的现象：一方面，计划放权和财政让利使政府的计划权力受到限制与分解，国家财力向企业和家庭部门转移。它在遏制了旧体制下低效率供给的同时，使民间资本迅速增加，资本稀缺的问题逐渐好转。并且，随着价格改革、企业经营机制改革的渐次推进，价格的理性回归形成了对经济主体积极性的激励，使地方政府、居民和企业都出现了剩余资金。另一方面，在从计划经济下的低效率向市场经济下高效率发展的过程中，现代部门的发展十分艰难，很多渐近的改革措施都不能起到一步到位的结果，造成了实体经济中投资渠道不足、体制漏洞较多等一系列过渡问题。

这中间就会出现大量剩余资金无处安置的现象。此时，除了通常伴随着市场风险偏好而出现的一部分游资以外，更重要的是，大部分家庭和企业所拥有的剩余资金都难以与投资渠道实现顺利对接，只能转向带有投机属性的市场寻求利润。与此同时，转轨的背景下又存在很多具有过渡性质的体制漏洞，很容易出现套利的机会。其中最为典型的是，在实行价格双轨制时期，对于同一种商品，在计划内部分实行国家统配价，同时企业超计划自销产品按市场价格出售，这种同一产品有两个价格的状况使在体制之间进行投机能够获得高额的利润，这也直接造成了我国改革开放之后第一批投机风潮的出现。

二、财政体制的不完善性

事实上，美、欧等发达国家也曾在经济繁荣时期出现过实体经济与虚拟经济之间的回报率差距，即投机的回报率高于实业投资的现象，但其之所以未曾出现财政资金直接注入虚拟经济或是诱发投机风潮的情况，最关键的就是，在这些发达的市场经济国家，已经形成了非常完善的财政资金运用与监督机制，极大地降低了滥用财政资金的可能性。而在我国，财政体制还正处在向公共财政逐渐完善的过程中，迄今为止，还没有形成比较规范的财政资金运用和监督机制。

1. 监管不严致使预算外资金直接参与投机形成游资

随着我国进入全面体制改革的关键时期，中央与地方的财政分权情况产生了变化，地方预算自主权不断扩大，相应地，预算外资金的增长明显，并逐渐成为转轨初期我国经济运行的重要特点。在此阶段，预算外资金与预算内资金相互配合，对转轨初期中央与地方深化各个领域改革、调节经济运行起到了非常明显的效果。

然而，与预算内财政资金不同的是，预算外资金还具有一些特点，更容易出现被非规范使用的情况。首先，在资金结构方面，预算外资金的很大部分是由行政事业单位管理和使用的，还有另外一些由地方财政来管理，涉及的部门较多，而且地方一层的财政监督通常不如中央一层的严格和规范；其次，在管理体制方面，与预算内资金相比，政府对预算外资金的管理相对较宽松，也缺乏有效的监管。由于预算外资金具有上述两个特点，所以，预算外资金非常容易转化为企业或个人的私有资金。相应地，对于预算外资金的非规范使用则很容易成为财政资金转变成游资的一条重要途径。

通常来说，预算外资金的收入项目包括部分地方财政收入、政府性基金收入、国有企业收入、行政事业性收费和乡镇自筹统筹资金等；而预算外资金的支出则主要用于基本建设支出、城市维护费支出、行政事业费支出、乡镇自筹统筹支出和专项支出等，其中，行政事业费支出一直在预算外资金中占较大的比重。由于缺乏比较规范的监管，这类支出尤其是行政事业费等更易引发行政消费、腐败等现象。当预算外资金非法转变为个人或企业的财产，成为地方官员、企业拥有的闲置资金，显然，他们会将一部分资金用于生产和消费，而剩下的那部分很可能被用于炒股、炒房等投机市场。并且，在转轨初期，我国还曾经出现过价格双轨制等制度漏洞，也出现了股票权证、期货等诸多新生的炒作对象，非常容易吸引这些从财政领域流出的不法资金。尤其是在价格双轨制时期，体制内和体制外存在极大的利差，更强化了对投机的吸引力。

因此，我们认为，由于预算外资金管理的非规范性，这部分财政资金会以一定比例直接流入投机领域，而这种财政资金流入虚拟经济的难易程度实际上与预算外资金管理和监督机制的完善程度高度相关。事实上，自 1978 年以来，我国预算外资金的使用和监管体制都处于不断变动之中，所以，这也使不同时期预算外资金转化为游资的程度随着时间的推移而发生了变化。

如图 3-3 所示，预算外资金向游资的转化属于我国转轨时期具有较强过渡特征的现象。在 1978 年之后，直到 1996 年左右，预算外资金都以超出预算资金的程度迅速增长，其增长速度均高于同年 GDP 和预算内收入的增长速度，并逐渐发展成为国家的“第二预算”。1978~1996 年，为了加强预算外资金的管理，国务院曾于 1986 年下发过《关于加强预算外资金管理的通知》，要求对预算外资金实行规范管理，各级政府和财政部门也相继实行了“计划管理，财政审批，专户储存，银行监督”的办法。但此后，随着改革的不断深入，已有的预算外资金管理制度很快就不能完全适应市场经济发展和政府宏观调控的需要，也不能满足防范腐败和廉政建设的要求。因而，1978~1996 年，预算外资金在总量增长极为迅速的同时，其监管水平实际上并不严格，相应地，也就有越来越多的预算外资金被非规范地转移为游资。

随着预算外资金的问题越来越突出，1996 年颁布了《国务院关于加强预算外资金管理的决定》，系统地规定了预算外资金管理的政策措施，使我国预算外资金管理工作进入了一个新的阶段。此后，政府又展开了一系列清理、检查预算外

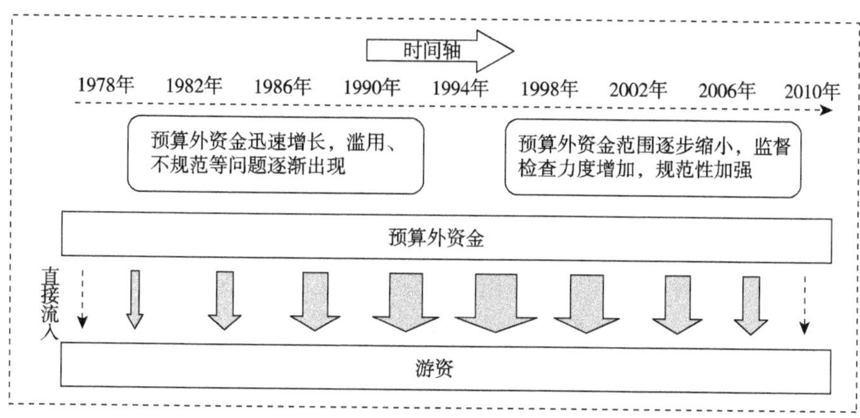

图 3-3　1978~2010 年我国预算外资金转化为游资的程度变化

资金的活动。随着财政预算制度趋于完善，预算外资金的问题逐步得到解决，直到 2010 年《财政部关于将按预算外资金管理的收入纳入预算管理的通知》决定，除教育收费纳入财政专户管理外，其他预算外资金全部纳入预算管理，这表明，从 2011 年开始，预算外资金彻底成为历史，预算外资金非法转为游资的问题也随之得到了解决（图 3-4）。

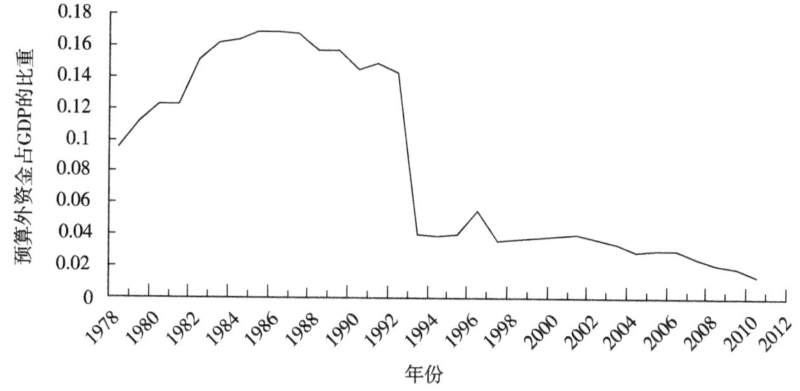

图 3-4　1978~2010 年我国预算外资金占 GDP 的比重

2. 财政监督机制不完善

只有在监督机制不完善的情形下，财政资金本身才会存在注入游资的可能，因而，财政监督机制所存在的问题对于游资的变化来说也非常重要。在转轨的背景下，我国财政监督机制存在以下几个方面的问题。

第一，财政监督的职责定位不科学。在财政资金的运行中，各个部门各司其职、各行其是的状况非常普遍。一直以来，我国政府对预算编制、预算执行和决算等财政管理体制都比较重视，而往往忽略了监督机制的重要性，造成了在实际的财政监督工作中，“缺位”与“越位”现象十分普遍。同时，财政部门、税务部门与审计机关大都把工作重点放在事后的检查审计，而缺乏相应的事前与事中监督。此外，各个监督机构之间缺乏明确分工，实际监督中既存在针对同一项目的重复监督和越位监督，又会出现对某些项目的监管“缺位”。

第二，监督理念不够合理。财政监督通常被当做一种增收节支的临时措施和整顿经济秩序的特殊手段，往往没有被视作财政管理体制中的核心部分，因而，在实际工作中重分配、轻监督，重收入监督、轻支出监督等现象普遍存在。受这种监督理念的影响，财政监督工作更多的是停留在“行为”监督的层次上，财政监督的广度、深度、力度都受到了较大的限制。我国财政监督机制也长期处于低水平，无法满足建立公共财政体系的要求。

第三，财政监督的事前、事中监督不足。近几年，虽然我国的监督方法已由专项监督转向日常监督，也加大了事前、事中监督的工作力度。但在实践过程中，我国对财政资金使用与绩效等方面的监督仍主要是通过事后检查的方式，仍然是主要通过对被监督单位的报表、报告的检查来具体执行，财政部门更多地注重支出预算的编制下达，而疏于对预算执行情况的监督。

除了上述预算外资金和财政监督两个因素以外，现行的收入分配、税收等制度的不完善性也都可能在缺乏投资渠道的前提下构成鼓励或抑制投机的因素。总的来说，财政制度的规范性越强，监督管理体制越完善，财政资金就越难直接流入虚拟经济形成游资。

三、现行财政体制下的地方政府行为与游资转化

改革开放以来我国经历了数次财政体制改革，如改革开放初期中央与地方之间的包干制改革、分税制改革等，逐渐形成了中央与地方、政府与企业之间资源配置的格局。其中，现行的中央与地方的分权框架基本是由 1994 年的分税制改革确立起来的，而正是具有集权倾向的财政收入垂直分配关系及政绩考核制度，造成了当前“地方性投资冲动”“土地财政”等多种非常态的现象，不仅影响了居民和企业的预期，而且还直接或间接地影响实体经济与虚拟经济的回报率和游资的转化。

1. 地方政府的利益导向

地方政府不同于企业，并不以营利为根本目的，但在现实中却具有明显的利益取向。传统观点认为，在利益实现过程上，地方政府应以适应和满足地方利益增长的需求为导向，提供社会公共服务，实现地方经济社会福利最大化。但这种观点随后受到了诸多挑战，很多学者对地方政府的偏好提出了不同的观点，普遍

认为地方政府行为具有明显的利益倾向性，虽然地方利益的最大化是地方政府行为的合理化目标，但现实中，由于制度安排的缺陷和政府官员的经济人属性驱使，地方政府行为的利益回报会分化为地方利益、官员利益等更具体的内容。

改革开放之后，我国以财政权力下放为主的地方分权的发展，使中央与地方之间摆脱了计划经济体制下单纯的行政隶属关系，使中央政府和地方政府具有了契约关系的性质，并在一定程度上成为具有不同权力、利益和行为目标的平等的经济主体，在这个过程中，地方政府作为经济人、政治人的属性日渐趋强，逐渐形成了明确而相对独立的经济利益和行为目标。综合考虑特定阶段地方政府的行为动机可以发现，它取决于对地方政府的激励机制以及地方政府资源配置权限的约束机制。

在传统的计划体制下，地方政府作为中央政府的派出机构和代理机构，所追求的主要表现是“无条件地服从中央经济计划”和“通过服从中央的宏观经济计划而追求自身的功名地位”（毛传新，2001）。而转轨进程启动后，中央政府观念的变化改变了官员产生和晋升的方式，也改变了对地方政府的激励。在当前居民投票机制缺失的制度环境下，受经济分权以及来自中央层面晋升激励模式的制约，地方政府并不能称为地方公众的代理人，而是更多地表现为中央政府代理人的形式。

目前，中央政府对地方政府的考察主要通过当地的经济增长速度、就业率等具体经济指标进行考核，赵成根（2000）的研究也发现，在实践中地方政府官员晋升的可能性与当地经济的发展成正比，即政绩已经被非常细致地纳入干部考核与晋升制度中。只有发展经济，尤其是地方经济，同时提高人民生活水平，才能达到在当前制度环境中的官员利益最大化。

2. 地方投资冲动中的游资转化

改革开放以后，经济效率一直都被当做经济社会发展的重要目标，并且，长期以来，我国对于地方官员的政绩考核制度都偏重于经济增长方面，十分关注地方官员任职期间的招商引资、财政收入和 GDP 增长等指标。在这种制度背景下，地方政府普遍把增加 GDP 以及税源作为头等大事。这种具有过渡性质的财政体制安排与地方政府的经济增长偏好结合起来，实际上造成了地方政府的投资冲动，以及一系列非常容易滋生游资的政府行为。

首先，转轨期的财政安排形成了对地方政府的激励，并影响各阶段地方政府的动机。从财税包干到分税制的确立和形成，地方政府逐渐获得了自身内在逐利动机，其经济人的属性日益明显。而分税制改革后，中国形成了实质上的财政分权体制，虽然改革的初衷是提高财政的“两个比重”，而分税制的实施也起到了立竿见影的效果，但分权体制下地方政府的积极性也被极大地调动起来，地方政府扩大投资、增加税收、发展经济的意愿强烈，这样，履行公共服务职能被逐渐淡化，政府的投资冲动反而更加强烈，从而造成了重复建设、产能过剩、低效投资等问题的出现。这引起了两方面的问题：一方面，随着大批资金进入投资领域，却没有大量的实体经济项目来容纳这些资金，因而，地方政府的投资资金就转而形成了游资的重要来源之一；另一方面，地方的投资冲动还使房地产及其相关产业形成了良好的获利预期，使大量资金涌入相关的钢铁和水泥等行业，形成投机风潮。

其次，除了晋升机制所带来的政治激励以外，分权还将地方公共支出和地方的财政收入紧密联系起来，地方政府只有增加财政收入才能扩大公共开支，其经济利益和地方的经济繁荣紧密联系在一起，在支持地方经济增长方面形成了对地方政府很强的财政激励。分税制体制下，财力上移、事权下放，导致基层财政十分困难，使地方政府不得不从预算外寻找财源，用以弥补事权支出，从而造成预算外收入和非税收入的膨胀。与过去计划体制下的过度投资及预算软约束问题不同的是，当前我国的市场经济体制已经基本建立起来，但政府职能和体制改革却并未得到完善，因此，政府对投资的偏好就并不必然以政府预算内资金的扩张为实施方式，它还可能表现为民营、外资等企业投资和银行信贷资金的扩张。随着政府投资冲动与地方财力不足等问题相叠加，地方债务也迅速激增，此时，上马重大项目、扩大债务规模，从而导致产能过剩、债务加剧也就成为这一体制下的行为必然。地方通过负债来扩张的方式，实际上极大地打破了原有的预算约束，也使转化为游资的财政资金不再局限于政府本身的财政收入。

3. 财政体制安排下的土地财政与房地产投机

实际上，财政体制对游资更为直接的影响出现在房地产领域。起初，财政包干制是中央与地方进行财权配置的主要形式，由于“放权让利”是转轨初期我国财政体制改革的核心，中央赋予了地方财政较大的自主权，并且，中央与地方财政收入的分配通常是由谈判所确定的，因此，在 1994 年我国实行分税制改革以前，地方一直都比中央更具有财源的优势。然而，随着分税制改革措施的出台，原有的财政和事权的分配格局被彻底转变。中央财权上收，而地方政府支出任务则没有相应调整，这极大地影响了中央和地方两级政府的行为。

在实行财政分税制后，中央财政收入迅速增长，与此同时，地方政府则承担了过重的财政支出责任，具体来说，中央财政收入约占全国总财政收入的七成，地方仅占收入的三成，而地方却要负担大部分公共支出。这种事权与财权不相匹配的现象与经济转轨中政府公共支出的日益增长结合起来，为地方政府带来了极大的财政压力。

在此前提下，地方政府不得不从各种渠道争取资金，而土地出让收入显然成为地方政府最青睐的方式。从特征上看，利用土地出让获得财政收入对地方政府而言具有许多优势：首先，地方政府不需要投入就能够得到财政收入，并且政府还可以用征收和储存的土地向银行抵押融资，以扩充财源；其次，除了获得非税收入土地出让金以外，房地产企业在得到土地后进行开发，又能够增加房地产税、建筑税等税收；最后，房地产开发投资本身又是 GDP 的一部分，房地产业的扩张还能够满足地方政府对政绩的偏好。总之，投资少（甚至不需要投资）、见效快、效率高使地方政府有很强的动机通过土地财政方式解决财政收入不足的难题，而现行土地管理中允许政府经营土地的体制，也为这种地方政府行为提供了可行性。

不得不承认，在中国工业化、城市化的进程中，土地财政对于地方政府补充财政收入，以及提供地方公共支出与促进经济发展都曾发挥过重要、积极的作用。但随着地方对土地的依赖性越来越强，其制度弊端也日益明显。近些年，在引致房地产价格上升的诸多因素中，地方政府已经成为一个主要的推手，张双长和李稻葵（2010）的研究也发现，地方政府对土地财政的依赖程度越高，在其他条件相同的情况下，相应城市的房价指数也越高，也就是说，土地财政已经对房价上涨产生了显著的推动作用。

为了使土地财政能够带来更多收入，地方政府具有充分地推动房价上涨的动机，即使这可能会引致投机性资金涌入房地产市场。此时，由于投机炒作更容易带动房价的上升，相应地，土地也能够以更高的价格出售，所以，地方不仅不会控制针对房地产进行的游资投机，反而会采取各种措施维持房价的涨势。具体而言，从方法上，有的是引入新的题材，通过炒作旅游、公园等概念增加房地产对投机者的吸引力；有的采用市场化的方法，通过购房优惠等措施提高房地产市场吸引力；有的是通过落户等方式吸引外地投资者；甚至还有的地区通过行政机构搬迁来带动区域的房价和地价。

从总量上看，虽然地方政府只能通过一些市场或行政方式维持房价的涨势，本身并不足以带动整个地区的房价上涨，然而，这种地方政府推高房价和地价的动机却会给企业、家庭等微观主体带来房价不会下降的预期，所以房地产的投机风险几乎被政府行为完全抵消。因此，房地产市场不仅会吸引已经存在的游资，还会对本身并不属于游资的剩余资金形成吸引力，引起资金从实体经济向房地产投机领域流动。

第二节　财政投资流入投机领域的路径

在 1994 年分税制改革以后，政府的财政能力有了很大的提升，随后，我国开始具备了大规模利用财政政策工具进行宏观调控的基础条件，因而，在 1997 年东南亚金融危机以及 2008 年国际金融危机对宏观经济产生不利影响时，我国都采取了财政扩张的方式加以应对。其中，扩张性的财政措施包括加大财政投资、减税等，但从我国实施积极财政政策的情况来看，公共投资扩张是我国比较常用的方式，所以，本节以财政投资为重点研究在政策层面财政对游资的影响。

一、经济转轨进程中财政投资的特殊性

自 1978 年至今，中国宏观经济一直运行在以计划经济为起点、以完善的市场经济为目标和终点的转轨进程中，随着计划经济的束缚被打破，市场经济体制逐步建立起来。1978 年至今的转轨期间，对于中国经济社会的各项活动而言，转轨都是最重要的约束条件。此时，主导中国宏观经济运行的不再是最初的计划经济体制，但也不是成熟的市场经济体制，而是介于两者之间的一种状态。在这个大背景下，财政政策的实施与传导同样受制于这种特殊的经济组织方式。因此，对于财政政策在转轨经济体中传导情况和影响的分析，首先要做的就是放松西方财政政策理论中关于完善的市场机制的假设。

在成熟的市场经济中，积极财政政策的传导机理如下：当经济未能达到充分就业的均衡时，政府以增支减收等扩张性政策实现对总产出与总收入的拉动，并通过乘数效应进一步带动消费和投资，最终恢复经济的自主增长。其中，政府公共投资扩张的措施，其政策的传导就是相应的基于对其产出的直接带动及其乘数效应，经过图 3-5 所示的链式结构来实现经济自主增长动力的恢复。

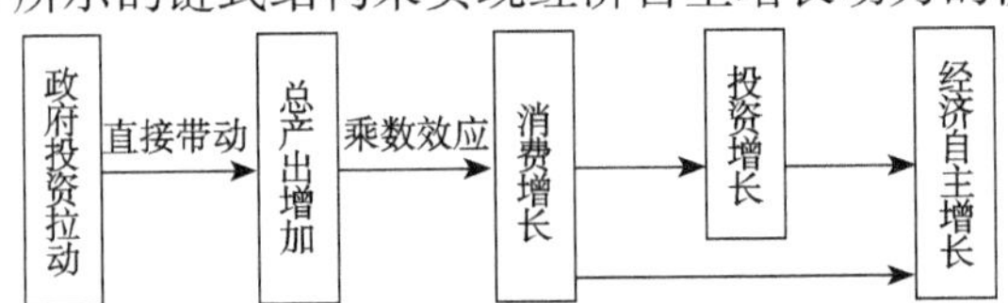

图 3-5　市场经济体制下政府投资扩张政策的传导机制

若忽略政策的体制背景可以明显地看出，该链式结构的有效传导事实上需要满足以下几个基本前提：其一，在首个传导环节，新增的政府公共投资要有效地转化为产出的增加；其二，总产出增加需相应地体现为可支配收入的增长，并且收入增长还应通过边际消费倾向起到带动消费的作用，这样才能保证乘数效应的有效发挥；其三，由于政府投资所存在的利率效应有可能会对民间投资造成挤出，

所以较低的挤出效应也是扩张性财政政策有效的必要条件。基于此，在转轨的背景下考虑财政投资政策经由微观反应机制进而作用在总需求上的链条发现，其传导环节所需的条件无一不受制于转轨经济体中的体制性约束。

在转轨的背景下，财政政策的传导在首个环节即表现出了与西方不同的情形，一部分公共投资实际上在未转化为产出时就已经损耗掉了。在国民核算体系中，由于投资本身就属于总产出的组成部分，公共投资扩张与总产出增加之间本应是一个并不存在中间环节的联动过程，但由于政策实施机制不够完善，即使在这一环节仍难以避免中间损耗的出现。这主要是因为扩张性财政政策最终需由地方政府、企业等主体来具体实施，而这些主体执行政策的规范性却受到转轨阶段性的制约。目前，我国正处于逐步建立公共财政体制的进程当中，虽然随着转轨的层层深入，财政管理体制的规范性有所提升，但至今为止，公共财政仍尚未建立健全。所以在不够完善的财政管理制度下，就会出现一部分纳入投资规划的政府支出未能顺利进入产出环节的情形。这样，在政府投资扩张转化为总产出增加的过程中，就很容易出现实际的产出增加小于政府投资总额的情形。

随后，我们分析产出通过乘数效应而产生倍数效果这个环节。在西方经济理论中，乘数效应能否有效发挥主要取决于有多少政策扩张导致的总收入能够再次转化为消费，也就是边际消费倾向的值。对市场经济国家来说，居民的边际消费倾向通常取决于利率、财产等因素。相比之下，对转轨经济体内居民消费意愿的判断则较为复杂。由于新旧体制转换的过程实质也是一个社会成本与收益重新配置的过程，实际影响消费的因素同样受制于转轨过程中的资源配置。基于转轨期的利益分配状况可以发现，改革的非均衡性实际上使劳动要素报酬长期以来被过分压低，同时，市场经济所带来的大部分收益更倾向于国有部门或是资本、土地等要素的所有者，使居民收入增速一直低于经济发展的速度；而对于转轨过程顺利推进所必须支付的社会成本而言，其中却有很大一部分以社会保障缺失、物价上涨等形式间接转移给家庭部门，迫使居民以增加储蓄、缩减即期消费来应对。基于这种资源配置的双重制约：一是居民收入很难随着总产出的增加而上升，反而会造成国有部门以及并不依赖劳动报酬的高收入群体的财富迅速增长，由于高收入者的边际消费倾向本身就较低，其收入上升较难起到促进消费的作用；二是它显著地强化了居民的储蓄意愿，而过强的储蓄意愿又使作为关键传导变量的边际消费倾向难以提高。这样，长期以来我国所存在的需求不足都可以被归结为体制性现象，所以说，立足于扩大总需求的政府投资扩张，即使能够直接带动总产出的增加，也很难相应带来消费的链式增长，反而经过转轨约束下的传导链条加大了收入分配的失衡。这也说明，在西方市场经济体中起到重要作用的乘数效应无法在我国发挥同样的作用。

另外，对于政府投资是否会对民间投资产生挤出的问题，在理论上，挤出效应是指政府通过实行扩张性政策引起利率上升，导致民间投资减少，抵消财政支出的扩张效果。在这一反应机制中，值得注意的是，我国利率并未市场化，可以说并不存在“政府投资扩张—利率上升—民间投资被挤出”这一链条。但这却并不能说明我国政府投资无法通过其他渠道挤出民间投资。在融资市场上，在利率无法市场化调节的前提下，非国有经济尤其是中小企业普遍缺乏正常的融资渠道，而当政府投资扩张使得对信贷的需求增加时，民企融资难度则会进一步加剧，虽然它并不通过利率作为挤出机制，却通过融资成本变相加大等其他方式表现出来。这种以行政命令方式对民间资本的“挤出”，实质上比西方普遍存在的“利率挤出”对民间投资的资金需求制约更强。

从上述三个传导环节的实际运行可以看出，当前扩张性财政政策的传导机制在转轨的特殊背景下产生了异化，并使政策效果不再依赖于一些市场中的基础性要素，反而与市场机制的不完善性密切相关。在目前的体制性约束下，只要收入分配、民生保障等体制问题没有很好地得到解决，存在于这些环节中的障碍就无法破除，以投资扩张带动经济恢复自主增长也就失去了其重要的传导媒介。因此，基于转轨对消费与投资环节的重重制约，财政投资政策在效果上必然无法与西方理论所描述的相一致，不仅传导不畅将使财政政策难以实现预期的增长效果，其传导链条的异化还会使财政政策影响到经济结构、市场效率等其他方面，形成对原有资源配置方式的扭曲。事实上，这种对转轨背景下财政政策传导机制的特殊性的理解，正是我们进行下一步分析的前提。

二、财政投资政策实施的非规范化——政策实施阶段的游资转化路径

结合转轨经济体的特殊性，我们首先分析财政扩张直接带动产出的环节。在政策实施过程中，财政投资扩张引致总产出增加的有效程度依赖于政策实施的主体以及各主体之间的关系。具体来说，我国政府投资扩张政策的实施，通常是由地方或企业向中央进行项目申请，经由审批之后，向地方拨款并由地方政府统筹规划，再通过企业招标的形式来执行。在这一过程中，当处于财政投资的扩张阶段，政策的实施通常是由各级地方政府及国有企业来具体执行的，而国有部门在资金使用、监督等方面则往往存在效率低下的问题。例如，在公共投资扩张时期，为了完成财政拨款额度，中央对投资项目的审核力度通常有所松动。相应地，其也赋予了地方与企业较大的扩张空间，加之我国财政监管体制还不是十分完善，这样，在政策实施阶段，财政资金使用的规范性实际上非常难以保证。

具体地说，在财政资金进入市场的过程中，首先，地方或企业在申请项目时往往希望通过虚增项目规模与建设成本，尽可能多地获得建设资金；其次，在企业层面，由于国有企业改制后，其开始采用自负盈亏的机制并以利润最大化为目

标，所以很难以社会整体利益为导向。当政策目标与企业目标发生冲突时，相应的政策则很难落到实处。由于基础设施建设通常是财政投资扩张的重心，通过将市场中的企业区分为国有和民营两种类型可以发现，与民营企业相比，国有企业更容易在财政投资的扩张中积累资本。尤其是当企业采取融资的方式获取资金时，由于国有企业具有规模大、技术成熟、融资风险低等优势，它更容易以较低的成本向银行融资，所以，在市场中的融资风险因素作用下，原有的资金配置差距会被进一步扩大。基于此种机制，在财政资金进入市场的过程中，国有企业既能够直接获得财政投资资金，又具有融资的优势，这样，实际上财政扩张中的大部分资金都直接或间接地投向了国有企业或部门。

随后，一部分财政资金因监管不善成为政策的损耗，间接形成了企业、个人的非规范收入。而对于另一部分进入市场环节的资金来说，另外一个关键因素则开始发挥作用，即实体经济与虚拟经济所存在的收益回报差。事实上，随着财政投资力度的增强，国有企业与民营企业的资金差距也会进一步扩大，使国有企业拥有大量的剩余资金。此时，资本的集中将使其进行投资的边际收益非常低，而国有资产又面临严峻的保值增值要求，所以，只要虚拟经济的投机回报率能够高于其进行投资或经营的边际回报率，那么，国有企业就有很强的动机将剩余的资金转化为游资，从投机炒作中获利。并且，在这些实施环节产生的政策损耗还会形成对地方、企业甚至个人的转移支付，成为一部分高收入群体手中的闲置资金。

基于以上分析，从利益主体及资金流动角度，我们将政府投资扩张时期财政资金向游资的传导情况绘成图 3-6，并认为，对于地方政府和大企业来说，只要实体经济与虚拟经济之间存在边际回报率的差距，其就具备将剩余资金转化为游资的条件和动机。

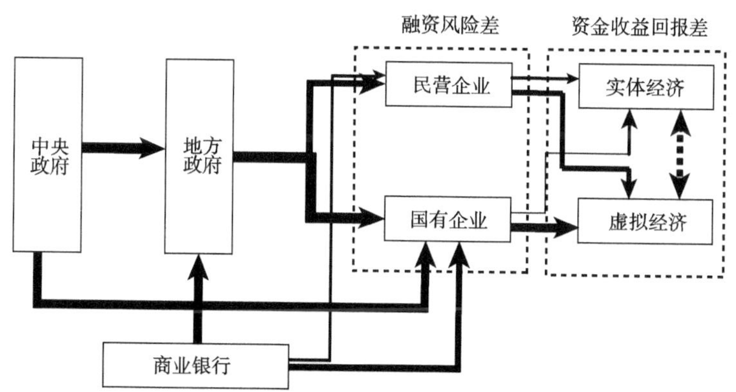

图 3-6　财政投资扩张政策在实施阶段的传导路径

通过箭头粗细，我们对资金规模进行了粗略区分

三、体制性约束下公共投资的漏损——政策传导阶段的游资转化路径

由于我国财政政策的传导存在不同于成熟市场经济的特殊性，所以在政策传导阶段，财政投资也会出现比较特殊的政策效应，进而影响游资的变动情况。

随着财政投资的扩张，除在具体执行中因非规范性而产生的损耗之外，还会有另一部分投资形成总产出并进入政策传导阶段。在对西方财政政策传导的分析中，一般来说，政府投资扩张的措施是相应地基于对产出的直接带动及其乘数效应，经过“产出→消费→投资→经济增长”的链式结构来实现自主增长动力的恢复。其中，乘数效应的有效发挥主要取决于边际消费倾向的值。当边际消费倾向较高时，总收入的增长能够带动更多消费，相应的乘数倍数就越大。而在转轨的背景下，对于这部分产出，我们发现，实际上总收入的增长很难引起消费的大幅增加。其在较低的边际消费倾向作用下不仅很难相应地体现为消费的增长，反而会如图 3-6 所示，经由“漏损”[①]更多地流向储蓄一端。

对于市场经济较为完善的国家来说，边际消费倾向比较固定，一般取决于利率、财产和社会保障等因素；而在转轨经济体中，通过上文对乘数效应有效性的分析发现，因受到体制的约束，我国居民的边际消费倾向本身就比较低，所以财政政策的工具性作用很难得以充分发挥，其并不是依靠乘数效应，反而是通过直接带动的方式促进经济增长的恢复。这就说明，要达到同样的增长效果，实际上所需的投资力度更强，涉及的财政资金也更多。

通常情况下，未转化为消费的这部分资金会以储蓄的形式存在。然而，自改革开放以来，我国价格总水平一直处于上升的趋势中，尤其是近几年来，通胀态势更加明显。若将通胀水平与非市场化的利率结合起来考虑，实际利率为负的情况在我国十分常见，这也说明，无风险的银行储蓄会造成财产的缩水。在这个前提下，居民的储蓄意愿就会因持有成本较高而相应地转化为对财产进行保值的动机。此时，如果预期的实际利率为负，并且投机的风险更加容易控制，居民进行投机的意愿就会随之被强化，进而形成财政投资转化为游资的第二个途径（图 3-7）。

---

① 在积极的财政政策实施后，根据市场经济的一般原理，任何实际产出的增加总会创造出同样数量的可支配收入，当收入没有全部用于消费而是一部分用于储蓄时，就认为收入–支出的恒等式中出现了“储蓄漏损”（吕炜，2004）。

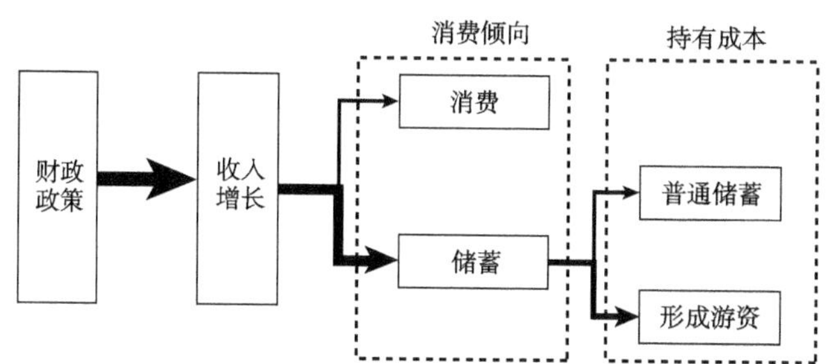

图 3-7 积极的财政政策在传导阶段的游资转化路径

通过箭头粗细，我们对资金规模进行了粗略区分

第三节 税制安排与游资变化

与财政投资政策相同，税收也是我国财政政策实施的重要方式。虽然在实践中，政府更偏好采用增加公共投资等财政支出的工具。但理论上，税收具有针对性强的特点，也是采用财政手段进行宏观调控的重要政策工具之一，因此，财政收入措施对宏观经济发展的影响也不容忽视，同样，税制安排对游资也存在理论上的影响路径。

一、中国游资变化与税制的不完善密切相关

我国现行的税制主要是随着 1994 年的分税制改革而建立起来的。自这次分税制改革形成了中央与地方财政收入的分配框架以后，我国转轨初期税制混乱的态势得到了控制，形成了相对比较规范的分税格局。然而，按照改革的规划，分税制改革仍遗留了很多严重的问题，还需要通过继续深化改革来解决。但在接下来的十几年，税制改革的进程却非常缓慢，以至于我国税制仍在一定程度上存在不完善之处。所以，在理论上，一些税制安排间接造成了滋生游资或是抑制游资的因素。

第一，税制的累退性能够从两个方面影响到游资的变化。

长期以来，我国的税制安排都具有比较明显的累退特征，在 2000 年以后，虽然政府分别对所得税、增值税等税种进行了调整，但仍然没有改变整体上的累退局面。在我国，以增值税和营业税为代表的间接税覆盖了绝大多数商品和劳务，并且普遍实行比例税率。经济理论认为，中低收入人群的边际消费倾向高于高收入者，所以，通常来说，实行比例税率的间接税会使低收入阶层交纳的税收占收入的比重高于高收入阶层，即增值税和营业税具有累退性。而对于累进税代表的

个人所得税来说，在我国不仅个人所得税占总税收收入的比重不高，对它的征收也不够完善。因此，从我国税制结构特点来判断，税制具有较强的累退性。

这种累退的税制表示，我国的实际税率是随着应税收入的增加而降低的，对于家庭而言，它意味着低收入家庭要比高收入家庭以其收入的更大比例来交税，承受更大的负担。而且，在这种税制设计下，企业交纳的税款较多，但一些存在垄断性质或是处于优势的大企业却很容易通过税负转嫁的形式将税负转嫁给居民部门，因此，累退税制本身很容易引起微观主体的两极分化，使占优势的部门存在极大的资金优势。

相应地，累退税制下的资金分配不均衡就会从两个方向影响到游资的变化：其一，原本应形成消费或投资的那部分资金最终将从优势部门的手中直接注入虚拟经济，这会起到滋生游资的效果；其二，对于劣势部门来说，累退税制造成的分配问题实际上还限制了这类经济主体的活力，从这个角度，累退税制也对游资规模产生了一定的抑制作用。因此，累退税制对游资变化存在的总效应，则取决于从优势部门中流出资金量的大小以及对劣势部门进行投资、消费等活动的冲击情况。

第二，重复征税的普遍性造成了实体经济和虚拟经济之间回报率差距逐渐被拉开。

重复征税是指对同一纳税主体、同一征税对象进行多次征税。从世界各国的税收来看，重复征税现象几乎是普遍存在的，只是程度有所不同。在我国，重复征税比较典型的是以下两个方面：一是营业税与增值税之间的重复征税；二是对小规模纳税人的重复征税。

在营业税与增值税的问题上，1994 年税制改革后，我国开始大规模实施增值税制度，此后，增值税一直是我国的第一大税种，但物流业、建筑业、邮电通信业、农业、转让商标权、专利权和著作权等都是征收营业税。事实上，增值税是发达国家通行的税种，由于营业税是按销售额全值征税，而增值税只对销售额全值中增值部分征税，所以，增值税是优于营业税的，尤其是当商品需经过很多环节时，营业税在执行过程中会把中间环节的企业当成终端消费者征收营业税，而增值税则只是对每个销售环节的增值部分征税，并且在具体操作中采用发票抵扣的办法，避免了对中间环节重复征税的情况。

然而，增值税与营业税的并存却无法发挥增值税本身的优势，由于营业税的纳税人无法抵扣购进应税货物和劳务的增值税进项税额，而当增值税纳税人购买营业税纳税人的商品，又无法从营业税纳税人那里取得进项额抵扣凭证，所以，实行营业税行业的重复征税又会转移到实行增值税的行业中来。比较乐观的是，随着 2011 年财政部和国家税务总局发布《营业税改征增值税试点方案》，逐步启动营改增改革试点，到 2016 年，绝大多数行业的营改增改革已基本完成，营业税与增值税重复征税的问题已得到极大的缓解。

此外，小规模纳税人制度也是导致我国重复征税的一个原因。税法将增值税纳税人按规模分为一般纳税人和小规模纳税人，其中，小企业被划为小规模纳税人，目前的税率为3%，但无权抵扣外购项目的进项税额。这实际上就会导致小规模纳税人的产品会被多重征税。不仅如此，小规模纳税人制度还人为地将市场割裂开来，阻碍了小规模企业与大规模企业之间的业务往来，扭曲了市场的资源配置机制。

由于我国过去重复征税的问题比较严重，并且，重复征税更多的是针对实体经济中的企业生产、销售环节，实际上极大地增加了企业的经营成本；尤其是现行的税制还不利于小企业的发展，它在约束企业成长的同时，也降低了投资于实体经济应有的利润率。与之相对比的是，虚拟经济由于并未真正参与生产环节，并不会面临重复征税的问题，这样，实体经济的投资回报率和虚拟经济回报率就被人为地扭曲了，更加大了资本向虚拟经济流动的动机。

二、财政政策周期里的税收变化与游资变动

在财政政策的实施周期里，增支减收的赤字政策是财政扩张的主要方式，本节就将立足于刺激经济的减税政策，来分析积极财政政策周期中的游资变动。

与财政投资扩张政策比较类似，西方经济理论中减税政策同样是通过增加家庭部门和企业部门的收入，再通过乘数效应来带动经济增长。与增加公共投资的财政措施相同，当边际消费倾向较高时，总收入的增长就能够带动更多消费，促进经济恢复自主增长。虽然西方经济理论普遍认为，由于税收本身并不直接带动经济增长，所以，税收乘数的值是要小于投资乘数的，但实际上，减税政策能否有效地带动经济增长，仍然取决于乘数的大小，也就是边际消费倾向。针对该传导路径，我们将减税对经济增长的作用及其可能对游资的影响绘成了图3-8。

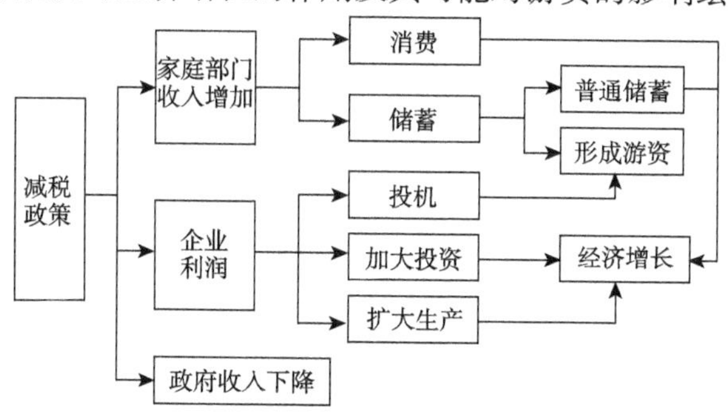

图3-8　减税政策向宏观经济的一般传导路径

根据图3-8我们发现，减税的政策通过提高家庭部门与企业部门的实际收入，所以家庭能够有更多的可支配收入用于消费，而企业有更多的盈利来实现促进投资，随后，消费和投资的上升则相应地体现在经济增长上，引起总收入再次增长

的链式效应。其中，减税政策可能影响到游资变动的，则是在家庭部门的储蓄和企业部门的投机方面，也就是说，能够影响到游资规模的，正是受到减税政策影响的家庭和企业等主体所拥有的剩余资金变化情况。事实上，与财政投资政策相类似，如果减税的政策可以实现向经济增长的顺利传导，那么，随着实体经济的好转和投资回报率的增长，此类政策实际上更有助于控制游资规模的膨胀。

然而，在我国积极的财政政策周期中，减税的措施却远不足以弥补税收增长的程度。近些年，虽然提高所得税起征点等减税措施都在积极的财政政策周期中得以实施，但从总的效果来看，实施积极财政政策中扩张的公共投资等项目还需要以税收来弥补财政赤字，实际上，税收不降反增。另外，在我国，边际消费倾向较低导致的政策乘数效应不足，即使家庭收入有所增长，也很难引起消费的大幅增加，因此，在现行我国体制性约束下的政策传导则演变成了如图 3-9 所示的情况。

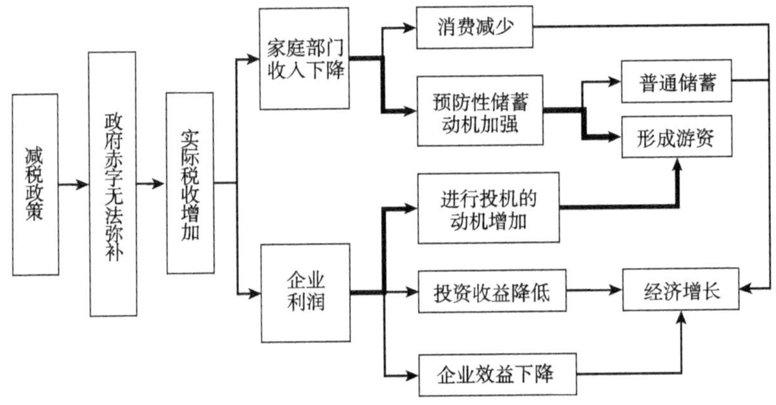

图 3-9　体制性约束下税收政策向宏观经济的传导路径

通过箭头粗细，我们对资金规模进行了粗略区分

增支与增收的并存所体现出的是积极财政政策的工具性约束。显然，税负的增长会降低企业的利润，也就相应地降低了实体经济的回报率。此时，如果企业还存在闲置的资金，则很可能不会选择用来扩大生产，反而可能会进行房地产投机、炒股等。家庭部门实际收入的下降则将增强预防性储蓄的动机。所以，总的来说，在我国积极财政政策的实施周期中，由于实际税收的增长，更加剧了实体经济资金向游资的转化。

三、其他资本税收对游资的影响

上文我们都是从比较宏观的层面对影响游资的税收因素进行的分析，接下来，由于税收本身还可以在较微观的层面上产生作用，尤其是与资本市场相关的税收，经常成为政府用来抑制投机、规范资本市场行为的重要政策工具，所以，本小节主要从微观层面的税种、税率设置方面考察相关资本税种对游资的直接影响。

1. 资本税与游资的关系

在以往的研究中，学者普遍认为，对企业与居民的投资收益或其他收入进行课税能够显著地影响经济体内的投机行为。例如，Werner（1997）就认为，证券交易税和资本利得税都可以对游资进行投机产生较直接的干预作用。Elton 和 Gruber（1970）、Miller（1986）、Scholte（2002）等学者也发现，课税能够对金融资产的收益、证券的价格、证券种类、证券交易的时机产生较大的影响。Spahn（1996）在对游资的研究中则认为，应对所有的金融交易适用低税率，以免妨害资本流动性。除此以外，从历史经验角度，还有学者也发现了税收与游资的直接关系，如王朝才和封北麟（2008）在研究日本泡沫经济时就发现，降低个人所得税税率、法人税基本税率、利息税以及减少所得税税率层级等几项税收政策是推动泡沫膨胀的原因之一。而同样以日本的泡沫经济为研究对象，李宏舟（2008）的研究则主要提到了企业和个人的投资收益税对游资的影响。

很明显，税制的安排是可以直接干预到资本流向的，如果对证券交易等的投资收益征税较高，那么就会限制私人资本大量流向资本市场，并在抑制投机行为的同时，也降低了资本市场的活跃度；而如果对这种投机资本收益征税较低，虽然可以促进资本市场的繁荣，但也可能会导致游资的过度投机。这样，从资本市场健康发展以及合理引导游资的角度，投机收益课税与游资情况的关系可以绘成一条倒 U 形曲线。

具体地说，如图 3-10 所示，当实际的投资税小于最优税率 R 时，此时，资本市场的活跃程度较高，由于对收益征税少，所以很容易激起居民和企业进行投资或投机的积极性，大量资金涌入投机市场，容易出现投机泡沫的过度扩张；而如果实际的税率大于最优值 R 时，虽然会抑制投机泡沫的出现，但是经济体内原本存在的游资很可能会因收益不足而转移到其他现货市场、房地产等领域，对实体经济形成冲击，同时资本市场的活跃程度不足也会造成整个经济缺乏活力。

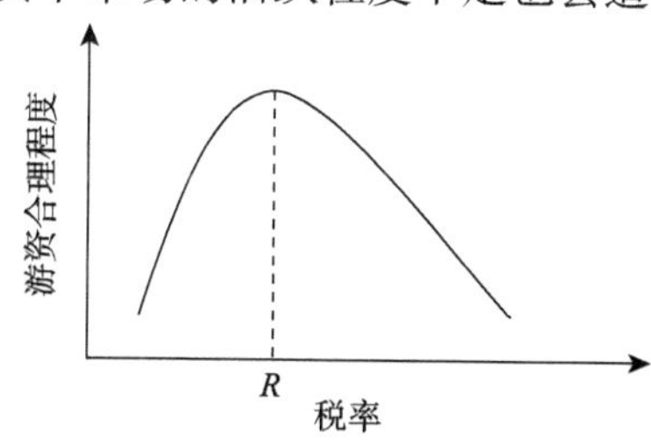

图 3-10　虚拟经济收益的税率与游资曲线

2. 中国现行资本税制安排使游资从证券领域向房地产领域流动

目前，我国用来调节游资及其投机行为时主要涉及的税种包括证券流转税、所得税和利息（股息）税等。其中，证券流转税包括印花税、证券交易税，是对股票的发行和流通所征收的税；而证券投资所得税则属于个人所得税和公司所得税的范畴，是对股票或其他投机交易所产生的股息、红利、利息所得课征的税。

在各类所得中，我国对于股息与红利的所得重复征税比较严重，大约先后被三次征税。从生产经营环节来看，个人的股息和红利这部收入来自商品销售过程中的利润，这部分利润在商品流转过程都被征过增值税或营业税，这是第一次征税。当企业留下这部分税后利润后，会被再征收一次企业所得税，这是它第二次被征税。然后，当这部分利润被当做股息或红利发给相应的股东时，根据《中华人民共和国个人所得税法》，这些利润又会被征收税率为20%的个人所得税。由于重复征税的存在，实际上证券市场的有效税率非常高。根据对2000~2007年数据的估计，我国资本有效税率约为22.51%，而劳动和消费的有效税率分别约为7.3%与12.84%。另外，证券交易印花税税率过高，税负过重，也严重影响了证券市场的发展和投资者利益。并且，直到现在，我国仍实行双向征收的股票交易税，极大地损害了投资者利益。

然而，与证券市场的高税负形成鲜明对比的是，进入房地产市场进行投机面临的低税负。西方关于房产税的理论认为，对于房屋交易征税具有较强的转嫁性，因而很多国家都是对房地产的保有环节进行征税，并以财产的价值为计税依据。例如，美国房产税税率是0.8%~3%，通常为1.5%；中国香港将房产保有税称为“物业税”，且其税率约为房屋租金收入的15%；德国的房产税则在房屋价值的3.5%左右。

相反，我国长期以来都没有对房地产的保有环节进行征税，虽然自2011年开始，重庆、上海两市的房产税正式试点，但从税率上看，重庆税率为0.5%~1.2%，上海税率约为0.6%。事实上，不仅税率明显低于发达国家的水平，而且税基也比较小，如重庆就仅仅对“独栋商品住宅、新购的高档住房”等非常规的住房征税。

而实际上，我国对房地产的税收更多的是在交易环节征收的。考虑到我国的现实情况，土地供给不足与城镇化建设本身就加剧了房地产业的供求矛盾，使我国商品房一直处于典型的卖方市场，显然，对交易环节征税更容易转嫁到买方，成为房屋价格的一部分，实际上很难起到抑制投机的效果。

这样，与证券等资本领域相比，房地产或其他现货市场明显具有更强的吸引力，因此，对于经济体中已经存在的游资，以上税负特征就会极大地影响到游资在不同领域之间的流动。此时，如果不考虑其他因素的影响，那么，游资就会适时地从证券等资本市场流出，并流入房地产市场进行投机。

第四节　本 章 小 结

本章我们分析了财政可能影响到游资的路径，并详细地论述了财政体制、财政投资和税制安排等因素影响游资的传导机理，得出了以下几个结论。第一，游资的产生及其变动都与财政体制性因素密不可分，起初，是财政的放权让利启动了我国经济转轨的进程，使家庭部门和企业部门都逐渐拥有了可供投机的剩余资金；当游资出现以后，财政体制的不规范性和不完善性又使财政资金本身就可能流入投机领域形成游资。第二，积极的财政政策也能够引起游资的膨胀，这体现在两个方面：一是以投资扩张为核心的积极财政政策无法在经济体内实现顺利传导，所以在政策的实施和传导中，都存在可形成游资的政策“漏损”，使相当比例的财政投资资金注入了虚拟经济；二是除直接注入以外，财政扩张政策更加剧了地方政府的投资冲动与土地依赖，其行为还直接或间接地改变着微观主体对于投机回报率的预期，使原本应投向实体经济的民营资金和信贷资金转化为游资，投向了房地产等领域。第三，我国现行的税制安排也存在一系列滋生游资的特征。它主要体现在分税制后地方政府为弥补财政收入而依赖土地财政推动房地产泡沫扩张、实体经济税负过重导致虚拟经济的相对回报率提高，以及资本税种与税制的安排导致游资内部由证券领域向房地产投机领域流动这几个方面。

与国外市场经济中的投机性资金不同，结合中国经济转轨进程的分析认为，国内游资的变化轨迹已远远超出市场经济运行中周期性波动的范畴，成为经济转轨过程中比较特殊的体制与政策现象。其中，在我国游资变动的诸多影响因素中，财政在其中的作用是不容忽视的。按时间顺序来说，起初，财政对游资的影响比较间接，财政体制通过作用于宏观经济中的预期、激励等机制影响到游资的产生；随着政府财政能力的逐渐提升，游资变动中政府财政因素的作用逐渐转移到政策层面，经济体中出现了财政资金流入虚拟经济的渠道；到国际金融危机爆发后，随着政府财政政策的再次扩张，财政政策因素已经成为近期游资积累的重要推动力。

我们的理论研究表明，在转轨的初期，游资的产生与财政密切相关。具体地，财政体制因素是基于两条路径间接地作用于游资形成的：一是游资的出现遵循“计划经济体制下全能型财政的退出→市场经济体制的逐步建立与完善→经济体内出现剩余资金→资金形成投机性质的游资”这个过程；二是通过“财政体制改革→中央与地方的分权格局转变→激励机制扭曲→地方政府催生游资”的路径来传导。并且，结合我国转轨初期游资投机现象的经验证据，我们还认为，价格双轨制等制度原因形成的预期收益差距并不是游资出现的根本原因，它仅仅是提供了一个投机资金的套利渠道，事实上，游资形成最根本的原因仍然是经济体内大量剩余资金的出现。

第四章　国内游资规模的动态测算

事实上，要对我国的游资问题进行系统的实证分析，就必须率先解决一个难题，即估算出我国国内究竟存在多大规模的游资。上文通过将国内游资定义为游离于正常生产流通之外，主要用于投机买卖的资金总和，可以发现，我国游资的总规模及其变动实际上与经济体制转轨密切相关。在计划经济体制下，投机活动受到严格的限制，而随着市场经济体制的逐步建立和完善，投机性资金也随之经历了一个从无到有的特殊过程，因此，从静态意义上衡量特定时点的游资规模，必然会出现对不同时期经济体内是否存在投机性泡沫不一致的论断。基于此种认识，引入一个动态的视角，将对游资规模的估算角度从时点转向过程是非常必要的，只有了解到国内游资规模经历了怎样的发展变化过程，才能对财政因素对游资的影响进行系统的量化分析。

第一节　测算方法概述

一、游资测算的前提

对于中国究竟存在多少游资这个论题，曾有部分学者从其来源进行过定量分析，如夏斌和郑耀东（1997）就以流通中的超额现金作为游资的替代变量，用固定比率法估算了1985~1997年的中国游资绝对量；而李扬（1998）则采用现金比率法对1984~1997年中国的游资相对量进行了分析；随后，刘超（2006）在对上述两个文献的测算方法进行总结与比较的基础上，重新估算了1997~2005年中国的社会游资总量。然而，这类基于计算流通中超额现金的游资估计方法，虽然在中国经济转轨初期市场仍以现金为主要交易媒介时，它存在一定的合理性，但随着中国金融中的信贷交易更加发达，游资逐渐不再局限于“现金”本身，这使现金比率法进行游资测算的合理性逐渐消失。这也正是刘超（2006）在分析中得出了中国自 1997 年以来游资逐年下降并且后来变成负数这一明显与现实不符的结论的原因。

随着国内外经济形势日趋复杂，从其他单一来源测度游资规模的局限性也日益增加，当前，不仅国际热钱流入流出变动频繁，而且在体制性约束与各项政策的作用下，各类现金、居民存款等都有可能在特殊条件下转变为投机性资金，使单从数量上很难区分多大比例资金最终流向虚拟经济。在这个背景下，从资金来源的角度进行游资规模的度量必然会出现较大的误差。但是，考虑到游资所具有的逐利性和短期炒作的特征却可以发现，无论资金来源如何，它们最终都将投入具有投机属性的市场进行交易。这样，从资金流向角度，对游资规模的测算也可转化为对经济体内投机性资金总额的度量。

总体上看，用于炒作的游资在去向上可分为炒房地产资本、炒股票资本、炒期货资本、炒外汇资本和炒现货资本等不同类别，也就是说，当国内游资完全投入炒作时，就会分而投向这些投机领域，并以投机泡沫的形式表现出来；反之，当投机风险较高、游资并未完全参与投机时，那么其也可能以短期存款的形式存在。因此，只要能够准确地度量各个领域的投机泡沫大小，再与我国银行存款余额变动状况相结合，就能够大致分析出我国国内游资的规模与投向的情况。

具体地，由于具有流动强的特点，中国游资活跃的市场所涵盖的范围比较广泛，其存在于股票市场、房地产市场、期货市场以及农产品、工业原材料等众多领域，由于这些市场在产品特性、交易频率和交易方式等方面的特点不尽相同，所以，我们首先按照游资的进入门槛、交易周期、游资规模和政府监管四项标准，对当前存在游资炒作现象的市场进行了划分。通过对不同类型市场的特点进行分析和总结（表 4-1）可以发现，股票市场、房地产市场和期货市场中涉及游资规模较大。

表 4-1 游资活跃市场的特点描述

市场类型	衡量指标			
	进入门槛高	交易周期短	游资规模大	政府监管强
股票市场		√	√	
房地产市场			√	√（2011 年后）
外汇市场	√	√		√
贵金属市场	√	√		
期货市场		√	√	
艺术品市场	√			
现货市场	√			√

综合起来，本章将着重测算涉及游资规模较大的股票、房地产和期货三个主要领域。其中，在房地产市场及金融市场上的投机资本具有资金总量大且集中的

特点，与炒作现货的零散资金相比，存在于房地产与金融市场的游资更容易被分离和估算。另外，由于炒作外汇是我国明令禁止的，这里就不再考虑外汇的炒作游资；而对于现货炒作来说，它涵盖面非常广，包括炒作原材料（如煤炭、铁等）、贵金属、农产品和艺术品等种类繁多的商品。基于此，这里将在主要测算存在于房地产和金融领域的游资之后，仅将现货市场作为参考，并进行简要的分析以进行补充。虽然准确地估计所有市场中存在的游资规模从技术上说是难以实现的，但仍可以将所测算的三个主要领域的游资额进行汇总，得出游资的大致规模和变化趋势。

二、测算方法介绍

在测算过程中，如何区分用于投机炒作的游资和正常的投资与消费是进行投机性资金规模测度的关键。通常来说，在具有投资、投机双重属性的市场内，炒作行为会改变商品交易价格的性质，使投机炒作的资金从市场交易资金中分离出来。在《新帕尔格雷夫经济学大辞典》中，投机被定义为“为了再出售（或购买）而不是使用而暂时买进（或售出）商品，以期从价格变化中获利”的经济行为。事实上，这种界定暗含投机行为异于普通的消费和投资行为的特殊性，即投机与否主要是取决于价格变化的预期而非商品本身的价值。Kindleberger 和 Manias（1989）同样指出投机泡沫是“一种或一系列资产在一个连续过程中陡然上涨，开始的价格上升会使人们预期价格还会上涨，于是又吸引了新的买主——这些人一般只是想通过买卖牟取利润，而对资产本身的使用和产生盈利的能力是不感兴趣的”。Stiglitz（1990）也认为，如果价格高的原因仅仅是因为交易者相信将来的价格会更高，而市场中的基础因素似乎又不能证明其合理性时就存在投机泡沫。基于这些定义可以发现，投机行为以价格变动的预期为依据，它作为扰动因素的存在，客观上造成了商品投机价格与内在价值的偏离。在该理念的指导下，从商品（或资产）[①]价格中分离出投机成分的价格解析法也就成为学术界测度投机泡沫的基本方法。

通过详细分析投机的成因，国内外学者还将投机泡沫划分为理性预期泡沫、正反馈交易泡沫和时尚泡沫等类别，并相应建立了更为细化的分析模型，但总体来说，对泡沫程度的定量分析都仍是延续着上述思路，其商品价格的解析式都主要包含投机成分和价值成分两部分。至此，对投机泡沫的测算也就相应地转化为对投机商品基础价值的估量。

从已有的文献来看，对投机和商品基础价值的度量方法可分为两类：一是主

① 下文所有的“商品（或资产）”简写为“商品”。

要采用计量的方式判断商品价格中的价值和泡沫成分。例如，Shiller（1981）依据资产价格变动进行的泡沫存在性检验；Abraham 和 Hendershott（1994）对1977~1992年美国30个城市住宅价格所进行的基本价值和泡沫的分解；等等。二是遵循商品市场的微观机理，构建相应领域的基本价值评估模型，再通过比较价格相对于价值的偏离来度量投机泡沫的大小。其中，在房地产领域，较典型的是通过建立供求模型估算房地产的基本价值，如袁志刚和樊潇彦（2003）基于消费者需求函数与开发商供给函数，对房地产价值和泡沫的分析，以及 Garino 和 Sarno（2004）基于代际模型对1983~2002年英国房价的泡沫进行的检验；对股票而言，其价值评估模型则更为成熟，比较经典的是基于股利贴现和净资产等财务指标的价值评估法。此后，随着国内学者愈加注重西方价值判断在中国的适用性，更多考虑中国特殊性的股票价值估算方法被用来进行股市泡沫的分析，如吴世农等（2002）和葛新权（2005）通过发展资产定价模型确定股票的基本价值，并应用实际价格与基本价值之差对股市投机泡沫进行衡量；刘煜松（2005）引入投资者有限认知的假设，改进了基于账面价值和未来收益估价模型测度股市泡沫等。综合分析两类研究方法可以发现，计量的方法比较注重对数据的挖掘与分析，对商品价值决定影响变量的数据选择存在一定要求；而后一类度量方法则比较强调投机品市场的微观机理，需要对相关市场内的商品交易与投机情况进行准确的描述。

基于投机性资金所存在的各领域的不同特征，下文我们将综合这两类估算方法，对不同领域的具体情况分别考虑。值得注意的是，与其他领域相比，期货的交易机制比较特殊，作为一个以风险为交易对象的典型投机市场，由于期货的价值并不等于与其相联系的现货价值，并且对风险的价值又无法进行准确界定，所以，我们仅将价格解析法应用于除期货市场以外的其他投机领域。

三、价格解析法在转轨经济体中的适用性

对于处在转轨期的中国来说，除了西方学者普遍研究的理性预期投机、时尚泡沫以外，还广泛存在着体制和政策作用下的非理性预期引发的投机行为。它一方面源于转轨经济体中微观主体的特殊预期，如转轨初期流通领域重建过程中曾出现较高收益所导致的对投机风险性认识不足等；另一方面，渐近式改革也使部分群体在资源、要素和信息等方面具有优势，使其有可能获得远高于一般水平的投机收益，而处于劣势者则容易出现盲目跟风的情形。在此背景下，我国各领域的投机泡沫都严重依赖于转轨经济体的特殊性。因而，理论上讲，对我国投机性资金的测算需选择较具一般性的方法。由于我们将应用价格解析法分析房地产与股票市场的游资，在此，将进一步考虑两个市场各自的特征。

就房地产领域而言，与普通商品相比，房地产具有单位价值高、使用周期长、

供给弹性小等特征，十分符合资本实现自我升值的目标。无论是发达国家，或是新兴国家，房地产市场都是投机的重点领域，一国经济繁荣或过热几乎都会伴随房地产市场投机泡沫的出现。同样，中国房地产市场过热现象也时有发生。它们之间的区别在于，发达国家的房地产投机几乎是纯粹的市场行为，其投机泡沫的产生、变化和破裂都是由投资者、消费者与投机者等市场主体的行为决定的，因此，在完美市场的假定下，建立基于房屋供给和需求的模型，就可以较准确地测定房屋基础价值；而对中国来说，基于近年来住房价格膨胀的现象，虽然我们也可以做出中国房地产价格中包含投机成分的大致判断，但它却并不完全是由市场自身所决定的。改革开放以后，中国福利分房制度延续了相当长的时间，直到 1998 年国务院出台《关于进一步深化城镇住房制度改革，加快住房建设的通知》开始进一步推进住房商品化改革，住房实物分配制才宣告结束。时至今日，由于房地产市场对宏观经济、民生状况可能产生重大影响，它仍属于宏观调控涉及的重点领域，市场化程度仍远低于普通商品市场，而与房地产密切相关的土地市场则还没有完全实现市场化交易。基于此，对房地产市场内投机性资金的估算式就需要满足以下两个要求：第一，不能以完善的供求市场作为前提假设；第二，需要以动态性为前提。从房地产市场的特殊性出发，以计量为主要方法的价格解析可以很好地规避市场完善性的假设，显然更适用于中国的情形。

相比之下，中国股票市场的不完善性则主要体现在发展阶段、成熟程度和规范化等几个方面。其中，股票市场自 1990 年发展至今，信息披露不规范、投机过度等问题时有发生，基于公司资产和盈利能力进行投资不仅难以获利，反而会承担更大风险的异常现象广泛存在。由于监管不力，公司发放股利往往并不能基于其获利的真实水平，粉饰报表也非常普遍。这些都使完全基于股利或现金流的价值评估出现较大误差，而使用净资产作为公司价值的替代变量又会低估股票的实际价值。因此，适用于转轨时期的股票市场投机性资金测算方法也必须是较具一般性的，且不能以完善的市场机制为隐含假设。但同时，鉴于国内外文献关于股票基础价值的评估方法已经非常成熟，对于股票市场投机泡沫测算也可率先估计其投资价值，再通过计量的方法加以修正。

与资金较为集中的上述两个领域相比，同样，价格解析法也可度量其他现货市场中投机性资金的总量。例如，贵金属、艺术品和农产品等，即使它们并不属于“资产”的范畴，但投机资金的介入炒作也会造成交易价格相对于基础价值的偏离。然而，虽然从理论上讲，存在于现货市场中的游资是可计量的，但由于现货包含的品种极多，不同现货之间的差异非常大，且每种现货的基础价值都与其自身的特殊性密切相关，如农产品的基础价值就取决于气候、市场等因素，而艺术品的价值则可能与艺术家、珍稀程度有关，这些大都是无法完全体现在数学计算中的。因此，虽然对现货市场中存在的游资进行度量非常重要，但鉴于可操作性，我们只能通过选取一些典型市场作为代表加以简要分析。

第二节　房地产市场游资测算

一、计量模型、指标选取与数据

基于前面的分析，我们认为具有一般性特征的价格解析计量模型更适用于测算我国各个领域的投机性资金，尤其是在房地产市场上，位于下游的交易环节市场化程度远高于其他环节，以交易价格为主要测算依据则可以有效地规避房地产市场中的非市场化情形，因此，本节将通过计量方法，基于房屋的单位售价对基本价值和投机泡沫进行分离与测算。

1. 模型

在理论分析基础上，要构建房地产的基础价值和投机泡沫测算的模型，需要依据房地产的特点对房价进行解析。首先，考虑房地产交易环节，可以认为，消费者和投资者的行为是遵守一般商品供求定律的，即需求量会随着价格的上升而下降。与其相反的是，由于投机者购买的目的不是满足使用或投资需要，而是从价格上升中获利，所以当价格持续上涨，投机者预期未来的价格会更高，不仅不会降低需求，反而会加大购进量。如果将满足使用或投资需要的部分定义为真实需求，而真实需求下的房地产价格定义为基础价值，则当房地产不存在投机时，房地产销售价格会近似等于其基础价值。此时，投机的存在会造成价格相对于价值的偏离及剧烈变动。

本节对房地产投机泡沫的测算借鉴了 Blanchard 和 Fischer（1989）将投机性商品价格表示为基本价值与随机误差两部分的基本思路，并认为基本价值是由不包含投机成分的外生因素线性决定的。为了将投机性泡沫与商品价值进行分离，我们参考 Blanchard 和 Fischer（1989）的泡沫分解以及 Abraham 和 Hendershott（1994）的住宅基本价值评估模型，构建适用于房地产市场的价值和投机泡沫分解方程。

存在投机资金的商品单位售价可分解为两部分，即

$$P_t = P_t^* + \theta_t \tag{4-1}$$

其中，P_t^* 为每一单位商品在第 t 期的基础价值；θ_t 表示当期投机性价格对价值的偏离。在特定时点，P_t^* 所代表的基础价值由真实需求决定，通常取决于收入、成本和利率等外生因素；而后一项 θ 并不取决于商品的价值，反而取决于投机是

否能够获利的预期。例如，房地产投机者进行投机与否取决于他认为房价能否上涨，通常来说，这取决于前期的价格及其变动情况。显然，P_t^* 和 P_t 也可分别看做无投机时的商品价格与存在投机时的价格。

考虑第一项，我们将第 t 期的 P_t^* 写作价值决定因素的线性模型（4-2）。其中，η_i 表示对该商品的基本价值存在影响的第 i 个因素，对于 η 所涵盖的范围，由于投机性商品的价值决定因素还需取决于自身的性质，所以，我们先将该项简写为一般化的式（4-2），并在下文结合我国房地产市场的特征详细说明。

$$P_t^* = a_0 + \sum_{i=1}^{k} a_i \eta_{it} \tag{4-2}$$

随后，考虑到动态调整，进一步将方程（4-1）中的投机项 θ_t 分解为更具体的形式：

$$\theta_t = \lambda_0 + \lambda_1 P_{t-n_1} + \lambda_2(\log P_{t-n_2} - \log P_{t-n_2}^*) \tag{4-3}$$

由于 θ 主要取决于能否根据价格变动获利的预期，根据投机者对价格变动的预判，可将 θ_t 分为两部分：一是前期价格的影响，当 λ_1 项系数为正时，它表示此前 n_1 期的价格越高，则参与投机的资金越多；二是前期房价变化率对投机成分的影响。为了简便，我们将价格变动率简化为对数形式，用 $\log P_{t-1} - \log P_{t-1}^*$ 表示第 t 期期初均衡价格与实际价值变化率之差，n_2 则为该项对投机预期所产生影响的滞后期数。λ_2 一方面可看做房地产投机泡沫是否趋向破裂的衡量指标；另一方面也可看做价格变动预期对投机的影响。结合对投机需求影响因素的判断，λ_2 项系数为正的含义则是上一期价格偏离均衡价格变化越大，本期的投机成分也将越高，反之，则越小。

将式（4-2）和式（4-3）代入式（4-1），则可得出：

$$P_t = a_0 + \lambda_0 + \sum_{i=1}^{n} a_i \eta_{it} + \lambda_1 P_{t-n_1} + \lambda_2(\log P_{t-n_2} - \log P_{t-n_2}^*) \tag{4-4}$$

对其进行差分，则得到式（4-5）：

$$\mathrm{d}P_t = \sum_{i=1}^{n} a_i \mathrm{d}\eta_{it} + \lambda_1(P_{t-n_1} - P_{t-n_1-1}) + \lambda_2(\log P_{t-n_2} / \log P_{t-n_2-1} - \log P_{t-n_2}^* - \log P_{t-n_2-1}^*) \tag{4-5}$$

式（4-4）和式（4-5）即是我们希望通过数据采集进行投机项分离的方程，从形式上来看，对其进行时间序列回归分析需解决三个难题：一是根据我国房地产业的性质和宏观经济背景选择其基础价值的决定因素 η；二是对投机项分离的方程依赖于 P^* 的值，而 P^* 本身又内生于方程之中，既是回归分析的中间环节又是估计结果，需对自变量的内生性进行消除；三是最优期 n_1、n_2 的选择。

分别考虑这三个问题，首先，在房地产单位价值的决定方面，学者普遍在建筑成本、收入和利率几个因素上达成了共识，但在税率、就业率甚至物价水平等因素上则存在一些分歧；我们认为，通常情况下，投机活动在长期会受制于房地产的基础价值，所以价值的影响因素也可能会对价格产生较显著的影响。因此，在选择变量η时，我们将根据房地产市场的基础性特征选择出有可能成为价值决定因素的变量，并在忽略方程中的内生项后，通过回归分析找出显著性较强的因素。其次，针对回归方程的内生性问题可以发现，如果存在某个特殊时期t_0，此时投机性资金不存在或完全撤出，那么，就会出现商品单位售价与基础价值等同的特殊情形，即$P_{t_0}=P^*_{t_0}$，且$\theta_{t_0}=0$，这为我们提供了解决问题的突破口。此时，在基础价值中不包含投机成分的前提下，作为外生因素的价值计算可以采用迭代回归法得出截距项，并经由逐次回归进行校正。随着误差的不断缩小，不仅各个系数的估计结果将趋于一致，同时，内生项作为可计算项，它与其他项的序列相关性也会在结果逼近最终估计值时消失，在检验上则会表示为 DW 值的良好表现。最后，在最优滞后期的选择上，我们将综合 AIC（赤池消息准则）、SC（施瓦茨准则）等判断标准进行选择。

2. 数据与变量描述

根据方程（4-4）和方程（4-5），需要明确以下几个重要变量：首先，房屋的实际单位销售价格，我们将每单位房地产价格和股票价格计为P^H；其次，在η项可能包含的价值决定变量中，我们搜集了房地产开发商的单位建房成本C^H、城镇居民的人均可支配收入 YD[①]、利率 RI、汇率 RE 以及物价水平消费者价格指数（consumer price index，CPI）等多个变量待选。在这些变量中，单位售价P^H是依据房地产销售额和销售面积计算得出的，由于统计原因，房地产相关数据在各年首月不进行统计，为保证样本连续性，我们对相关数列首月样本缺失进行了平均和替代。另外，以商品房竣工造价作为房地产商的单位建房成本C^H的替代变量。对于利率项，则搜集了 1 年期和 3~5 年期商业银行贷款利率，用RI'_t和RI''_t表示，分别代表短期利率和长期利率。

对房地产投机资金的估算，我们选用 1998 年 1 月至 2011 年 6 月的月度数据；在所有变量中，利率来源于中国人民银行公布的利率表；房地产销售额、销售面积、竣工价值、竣工面积来源于中国经济信息（简称中经网）网统计数据库；汇率、CPI、可支配收入以及其他变量均来源于 wind 金融数据库。上述所有变量的描述性统计结果见表 4-2。

① 由于中国所进行的人均可支配收入统计数列存在频数不同的问题，所以我们对其进行了频数转换。

表 4-2　变量的描述统计（一）

变量	单位	样本数	均值	标准差	最小值	最大值
P^H	元/平方米	156	3 214.94	13 869.55	1 838.45	6 436.99
C^H	元/平方米	154	1 575.03	4 653.62	1 019.01	2 580.77
YD	元	156	937.37	5 212.02	413.15	2 351.47
RI′	%	156	5.87	7.93	5.31	7.47
RI″	%	156	6.20	8.51	5.58	7.74
RE	%	156	779.99	795.84	647.78	827.99
CPI		156	101.74	32.02	97.80	108.70

3. 单位根检验

我们采用的均为时期跨度较长的时间序列数据，要率先确定其是否平稳。通过使用 ADF（argumented Dickey-Fuller）检验上述序列的平稳性，并对存在单位根的序列进行差分处理，结果发现 P、C、YD、RI′、RI″、RE 和 CPI 存在单位根，并且都为 I（1）序列，其他变量不存在单位根，具体结果见表 4-3。

表 4-3　变量的单位根检验（一）

变量	ADF	结果	变量	ADF	结果
P^H	−1.42（0.85）	I（1）	ΔP^H	−3.73（0.00）	I（0）
C^H	−0.93（0.95）	I（1）	ΔC^H	−10.73（0.00）	I（0）
RI′	−2.64（0.09）	I（0）	—	—	—
RI″	−2.45（0.12）	I（1）	ΔRI″	−10.43（0.00）	I（0）
P^S	−2.92（0.04）	I（0）	—	—	—
RE	−1.40（0.86）	I（1）	ΔRE	−4.63（0.00）	I（0）
CPI	−1.82（0.37）	I（1）	ΔCPI	−5.47（0.00）	I（0）
YD	0.31（1.00）	I（1）	ΔYD	−43.5（0.00）	I（0）

注：括号内为 P 值

二、测算过程与结果

1. 基期选择

准确地选择第 t_0 期是解决方程内生性的重要步骤之一。考虑到中国房地产市场的现实情况，由于 1998 年是住房体制改革的关键点，自 1998 年 7 月起，在中国一直延续实行的住房福利制宣告结束，并随之进入住房分配货币化、住房供给商品化的新时期，我们认为，1998 年 7 月可作为第 t_0 期的最优选择。一方面，它是房地产领域具有标志性的转折点，并且在商品房出现之初，其具有满足居住需求的消费品定位，可以近似认为，在住房货币化初期，商品房的交易主要是基于使用价值的；另一方面，在 20 世纪 90 年代初期，虽然在特区概念炒作等前提下，曾出现过部分地区的房地产泡沫现象，但到了东南亚金融危机时期，在市场预期转变后，曾局部存在的房地产泡沫也基本趋于消失。基于这两个原因，我们认为在 1998 年 7 月房地产销售价格等于其内在价值、不包含投机泡沫的设定是比较合理的。

2. 迭代回归过程

为解决余下的两个问题，首先我们对房地产基础价值相关的变量进行筛选。由于λ_2项具有内生性，暂时无法确定，所以先对除此项以外的式（4-6）进行回归，即

$$P_t = a_0 + \lambda_0 + \sum_{i=1}^{n} a_i \eta_{it} + \lambda_1 P_{t-n} \tag{4-6}$$

根据单位根检验结果，我们对所有的I（1）项进行了一阶差分，并在差分后运用 VAR 方法得出了初步结论。对房地产价值方程而言，在不同滞后阶数下的 VAR 模型估计结果中，变量 RI（无论长、短期）、CPI、RE 三项均不显著（结果略）。这也意味着，在可能与价格P^H相关的诸多外生变量中，仅有C^H和 YD 两项与价格变动显著相关。而利率对房地产价格的影响与预期有所差异。一方面，这可能源于中国所实行的利率政策，尤其是市场化水平不高可能使它难以成为购房决策的决定性因素；另一方面，转轨期也正是城市化的关键期，相较于收入等因素，利率、汇率或物价水平的变动幅度较小，难以干扰住宅等大宗消费的决策。因而，在选择η项时，我们将剔除这三个变量。基于上述结果，综合起来，最终在房地产价值估计方程中，仅加入C^H和 YD 两项。

在确定滞后阶数时，考虑到λ_2项代表的含义为价格变动的影响，而市场上的投机者较为关心价格的短期变化，为简化计算，将该项滞后设为最小值。对于λ_1项，我们仍率先抛开内生的λ_2项分别对t=1–t=8 进行回归，综合 AIC、SC 等判断标准，选取n_1=3，n_2=1。从数据频率来看，房地产投机者根据上一季度价格对是否进行投机做出决策，股票投机者根据上月价格进行判断也是较符合实际情形的。此时，式（4-5）可写作：

$$\mathrm{d}P_t^H = a_1 \mathrm{d}C_t^H + a_2 \mathrm{dYD}_t + \lambda_1 (P_{t-3} - P_{t-4}) + \lambda_2 (\log P_{t-1} / \log P_{t-2} - \log P_{t-1}^* - \log P_{t-2}^*) \tag{4-7}$$

随后，在第t_0期已确定的前提下，λ_2项的内生性将由逐次迭代回归加以解决，P^*作为预测值也将通过对结果进行校正而向真实价值渐近。在基础价值外生的假设下，逐次回归将使所有变量的系数都趋于稳定。

3. 实证结果与汇总

下面是对计量结果的汇报，表 4-4 是对房地产价格P^H解析式的时间序列估

计结果。根据变量单位根的性质，对 P^H 的回归采用的是方程（4-7）的差分形式。

表 4-4　时间序列计量结果（一）

被解释变量	dP^H					
模型	（1）	（2）	（3）	（4）	（5）	（6）
dC^H	0.249 （1.65）	0.227 （1.57）	0.22 （1.52）	0.218 （1.51）	0.218 （1.50）	0.218 （1.50）
dYD	0.965*** （6.93）	0.885*** （6.60）	0.887*** （6.60）	0.887*** （6.61）	0.887*** （6.61）	0.887*** （6.61）
λ_1	0.277*** （4.22）	0.288*** （4.59）	0.285*** （4.53）	0.285*** （4.53）	0.285*** （4.54）	0.285*** （4.54）
λ_2		−2 503.376*** （-4.11）	−2 522.048*** （−4.08）	−2 527.71*** （−4.08）	−2 529.254*** （4.54）	−2 529.69*** （4.54）
a_0（计算）	1 326.544	1 392.14	1 401.777	1404.543	1 405.335	1 405.562
R^2	0.427	0.487	0.486	0.486	0.486	0.486
DW	2.53	2.12	2.11	2.11	2.11	2.11

*、**和***分别表示 10%、5%与 1%的显著性水平

注：括号中为 t 值

从表 4-4 可以看出，随着估计次数的增加，各变量系数间的变化越来越小。同预期一致的是，a_0 项也逐渐趋近于一个常数，且所有的系数项均显著。此时，DW 值逐渐趋于稳定，说明回归方程的序列相关性逐渐降低。

根据上述结果，我们采用第（6）轮的最终估计量作为预测值。将其代入原回归方程，很容易求得 1998 年 7 月至 2011 年 6 月的房地产基础价值序列。随后，根据投机性价格与交易量计算出的投机性资金交易总额数据，我们绘成了相应的游资规模变动图（图 4-1）。

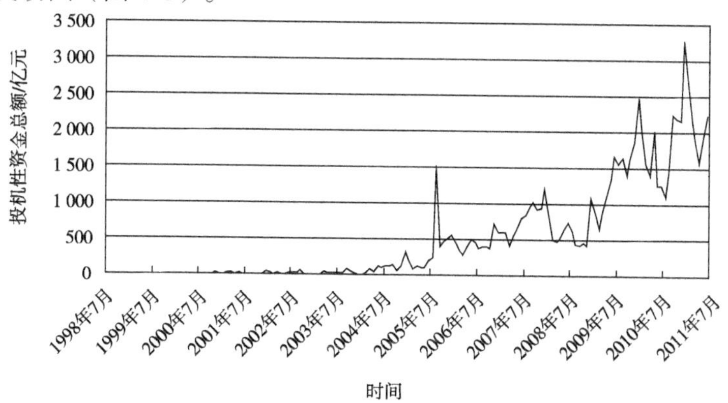

图 4-1　1998~2011 年房地产投机性资金总额[①]

① 近期，我们又对此测算进行了数据更新，见下文第八至第十章。

第三节 股票市场游资测算

一、股票基础价值预判

对于中国股票市场上难以区分的投资与投机资本来说，股票作为获取股东收益的凭证，它本身具备一定的价值。投资者关注股票价值的上升，而投机者从价格差中炒作获利。这样，基于价值的投资活动以及基于价格差的投机行为仍可以通过分离股票的基础价值加以测算。此时，股票价格的解析式同样等于其基础价值与投机成分的总和。与房地产市场相同，价格解析式（4-1）也可以应用于股票市场的情况。

但与房地产市场不同的是，作为吸纳投机性资金的重要场所，股票市场的金融属性使它从建立开始就呈现投资者和投机者混同并存的现象。从现象上也可以发现，股票市场自 1990 年 12 月开始，在短短的几个月内一直呈现出价格剧烈波动的情形，明显存在投机资金的扰动，无法同房地产市场一样得出市场建立初期不存在投机泡沫的结论。针对这种情况，我们将首先选择基于微观机理的价值估算法对股票基础价值进行初步判断，通过与实际股价的比较确定价值与价格相等的 t_0 期，随后，再通过回归分析对初步判断的结果进行修正。

结合国内外对股票基础价值进行估算的模型可以发现，股利、净资产和利润率等通常是价值投资者决定是否进行投资的依据。但结合中国的现实情况，股利贴现模型、净资产模型都具有较大的局限性。对于这种情况，通过对股票基本价值估算文献的总结，我们发现，刘煷松（2005）所改进的模型较适用于中国股票市场的实际状况，他认为，企业价值最终由该企业当期净资产、未来各期预期净资产、净资产收益率和资金成本率共同决定。所以，结合转轨中金融市场规则的动态性，通过引入投资者有限认知的假设，基于账面价值和剩余收益的估值模型被改进为

$$V_t = \mathrm{BV}_t + \sum_{i=1}^{N} \frac{\mathrm{ROE} - \rho}{(1+\rho)^i}(1+\mathrm{ROE} - a\mathrm{ROE} - \rho)^{i-1}\mathrm{BV}_t$$

其中，BV_t 为第 t 时刻企业净资产的账面价值；ROE 为净资产收益率；ρ 表示无风险的收益率；a 为股利分配比例；V_t 为所要测算的股票基础价值。该价值测算式表示，股票价值等于当期净资产与以后各期剩余收益贴现之和，将剩余收益分解到更基本的层面，该模型不仅包含投资者有限认知的假设，而且包含只有企业创造出高于社会平均回报的收益，才有可能使当期的企业价值增加的隐藏意义。基于其适用性，我们进行基期确定的初步估算将主要以此为依据。

为了在价值评估中加入动态性，我们对投资者有限认知的假设进行了更进一

步的界定。结合 1978 年转轨进程启动以来中国经济发展情况，我们发现，股票市场的不确定性较其他国家更强，尤其是在股市建立初期，经济社会无时无刻不在发生变化。即使是经验丰富的投资者，也难以准确预料到长期的情况。考虑到宏观经济决策往往以五年为周期，而投资者通常可以对所处五年计划内建立起较合理的预期，而对于下个五年计划也能够初步预测，因而，将十年作为转轨时期投资者对未来进行预测的最高年限，并认为十年后的情形是难以预料的。此外，我们在测算中还假设投资者进行推断及预测的依据是此前时期的净资产及收益率。

根据以上假设，我们通过搜集 1990~2011 年的年度数据进行了粗略计算，结果见表 4-5。将该测算结果与 1990~2011 年所搜集的股价月度数据相比较，我们得出股票市场的第 t_0 期为 1994 年 5 月，此时股价与初步估算价值之差最小，仅为–0.029 82 元。

表 4-5　股票内在价值初步估算

年份	股票内在价值	年份	股票内在价值
1990	—	2001	2.997 758
1991	4.224 893	2002	2.843 010
1992	4.742 884	2003	2.873 163
1993	4.680 477	2004	2.953 184
1994	4.558 074	2005	3.052 777
1995	4.321 120	2006	3.227 535
1996	4.099 363	2007	3.731 932
1997	3.798 183	2008	4.030 602
1998	3.488 873	2009	4.382 920
1999	3.282 033	2010	5.010 274
2000	3.166 363	2011	5.488 520

二、计量模型、指标选取与数据

基于价格解析式（4-1），将股票的单位价格记为 P^S，在对股票基本价值相关的变量进行筛选过程中，我们选择了每股收益 EPS、每股净资产 BVPS，以及 RI、YD、CPI 等。由于股票市场自 1990 年至今数据较全，所以将 1990 年 12 月作为第 0 期，并且，根据上一小节对于股票价值的初步判断，设定 1994 年 5 月为第 t_0 期。本小节的数据区间分别为 1990 年 12 月至 2011 年 6 月。在所有变量中，利率来源于中国人民银行公布的利率表；汇率、CPI、可支配收入、每股收益 EPS、每股净资产 BVPS 以及其他变量均来源于 wind 金融数据库。变量的描述统计见表 4-6。

表 4-6　变量的描述统计（二）

变量	单位	样本数	均值	标准差	最小值	最大值
P^S	元/股	247	9.93	78.51	2.68	33.42
YD	元	210	792.81	6 348.80	211.91	2 351.47
RI′	%	243	7.34	33.84	5.31	12.06
RI″	%	243	8.29	48.98	5.58	15.12
RE	%	156	779.99	795.84	647.78	827.99
CPI		245	104.85	103.95	97.80	127.70
EPS	元	247	0.26	1.83	0.11	0.65
BVPS	元	247	2.43	8.80	1.09	3.93

同样，由于股票时间序列时期跨度较长，要率先确定其是否平稳，所以，我们通过使用 ADF 检验了上述序列的平稳性，并对存在单位根的序列进行差分处理，结果发现 P、YD、RI′、RI″、RE、CPI 和 BVPS 存在单位根，并且都为 I（1）序列，其他变量不存在单位根，具体结果见表 4-7。

表 4-7　变量的单位根检验（二）

变量	ADF	结果	变量	ADF	结果
RI′	−0.88（0.79）	I（1）	ΔRI′	−14.49（0.00）	I（0）
RI″	−0.88（0.79）	I（1）	ΔRI″	−9.21（0.00）	I（0）
P^S	−2.92（0.04）	I（0）	ΔP^S	−2.55（0.10）	I（0）
BVPS	−1.92（0.32）	I（1）	ΔBVPS	−14.44（0.00）	I（0）
RE	−1.40（0.86）	I（1）	ΔRE	−4.63（0.00）	I（0）
CPI	−1.61（0.47）	I（1）	ΔCPI	−5.04（0.00）	I（0）
YD	1.85（1.00）	I（1）	ΔYD	−5.43（0.00）	I（0）

注：括号内为 P 值

三、测算过程与结果

在测算中，首先，对股票基本价值相关的变量进行筛选。由于 λ_2 项具有内生性，我们仍先对除此项以外的式子进行回归。根据单位根检验结果，在对所有 I（1）项进行一阶差分的基础上，运用 VAR 方法得出了初步结论，即在股票基本价值估计的结果中，只有 EPS 的显著性较强，而变量 RI（无论长、短期）、CPI 与 YD 在 1~8 阶滞后期均不显著，BVPS 项则根据加入变量和滞后阶数会得出不同的结论。根据以上结论，我们将在股票价值估计中加入 EPS 和 BVPS 两项。

而对于滞后阶数的确定，根据股票市场高频交易的特点，股票投机者大都依据最近的市场行情来决定未来的交易行为，所以我们认为，在高频交易中选择最小的 n 值是比较合理的，这样，价格解析式则转化为以下方程。

$$P_t^S = a_0 + a_1\mathrm{EPS}_t + a_2\mathrm{BVPS}_t + \lambda_1 P_{t-1} + \lambda_2(\log P_{t-1} - \log P_{t-1}^*) + c \qquad (4\text{-}8)$$

随后，在方程形式已确定的前提下，与房地产市场的测算过程相类似，λ_2 项的内生性将由逐次迭代回归加以解决，P^* 作为预测值也将通过对结果进行校正而向真实价值渐近。具体的回归结果见表 4-8。

表 4-8　时间序列计量结果（二）

被解释变量 P^S						
模型	（1）	（2）	（3）	（4）	（5）	（6）
EPS	0.915 （0.90）	1.588 （1.52）	1.743* （1.64）	1.780* （1.66）	1.790* （1.67）	1.792* （1.67）
DBVPS	3.212*** （5.00）	2.913*** （4.54）	2.871*** （4.46）	2.861*** （4.45）	2.859*** （4.44）	2.858*** （4.44）
λ_1	0.924*** （39.55）	0.856*** （15.63）	0.84*** （14.49）	0.838*** （14.34）	0.837*** （14.30）	0.837*** （14.29）
λ_2		−1.416 （−1.12）	−1.823 （−1.44）	−1.895* （-1.50）	−1.91* （−1.51）	−1.914* （−1.51）
C	0.434 （1.47）	0.523* （1.72）	0.523* （1.74）	0.521* （1.73）	0.52* （1.74）	0.52* （1.74）
a_0（计算）	4.045	3.770	3.730	3.723	3.722	3.722
R^2	0.89	0.88	0.88	0.88	0.88	0.88
DW	2.23	2.22	2.21	2.21	2.21	2.21

*、**和***分别表示 10%、5%与 1%的显著性水平

注：括号中为 t 值

从表 4-8 的结果可以看出，随着估计次数的增加，各变量系数间的变化越来越小。同预期一致的是，a_0 项也逐渐趋近于一个常数，且所有的系数项均显著。此时，DW 值逐渐趋于稳定。

根据上述结果，我们采用第（6）轮的最终估计量作为预测值。将其代入原回归方程，很容易求得 1990 年 12 月至 2011 年 6 月的股票基础价值序列。随后，根据投机性价格与交易量计算出投机性资金交易总额数据，我们绘成了相应的投机资金规模变动图（图 4-2）。

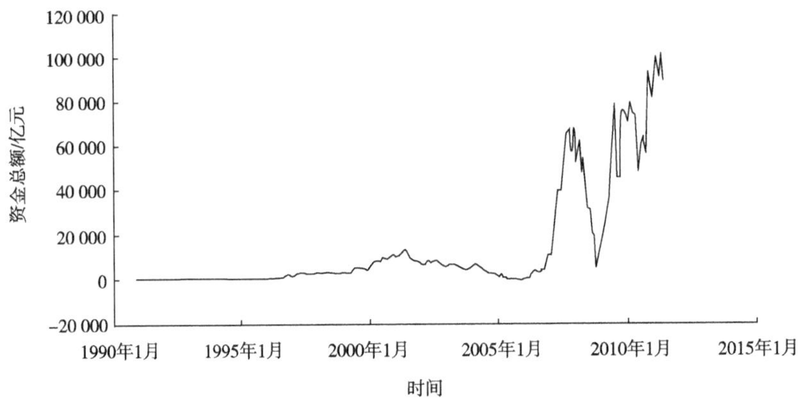

图 4-2　1990~2011 年股票投机性资金总额

第四节　游资测算的补充与汇总

一、期货市场游资

由于期货的价值并不是与其相联系的现货价值，而是套期保值交易对风险的规避，所以，期货市场与其他市场的投机原理存在较大的差异，无法采用同样的方法加以测算。如果将期货价格也分解为价值成分和投机成分，则会发现，其价值成分所占的比例极低①。同样，在中国，流入期货市场的绝大部分资金都是投机性的，这在学术界也已达成共识，甚至其投机资金所占的比例可能较西方国家更高。从特殊性来看，中国期货市场自出现以来，经历了一个逐步规范化的过程，其中，与期货相联系的现货交易不足、套期保值者非常缺乏、投机过度都是期货市场一直存在的问题。在我国，期货市场成立初期，曾发生过“粳米事件”、“天津红 507 事件”、“9609 事件”和“3 · 27 国债风波”等多次事件，即使在 1998 年政府对期货市场进行了重组和整顿之后，投机过度引致的问题仍时有发生，人们也普遍形成了期货市场是可获巨额利润的投机市场的观念。

综上，如果将期货市场看做一个完全的投机市场，那么，存在于期货市场内进行交易的保证金总量也就可以看做投入期货炒作的游资，对期货市场游资的测算也仅需要整理已有的期货保证金的统计资料。事实上，道润投资、中粮期货等

① 以美国、日本等国家在过去几十年对期货交易进行的调查为例，1959 年 11 月 30 日美国大豆期货市场上投机者比例高达 90.66%；1964 年 8 月 31 日小麦期货市场套期保值者仅占 7.21%；1975 年 4 月至 1976 年 3 月，日本投机者进行的棉纱期货交易占到总数的 80.56%，毛线期货为 84.93%（褚玦海，2001）。

一些经纪公司每天都对期货资金的存量和流动情况进行实时监控与统计。例如，2011 年 1 月 5 日中粮期货所发布的每日资金观察就统计到当日资金流出 2.03 亿元，而总的资金存量则约为 685 亿元；而 2011 年 6 月 2 日的资金观察则显示，当日资金流入 1.48 亿元，总资金存量约为 765 亿元。然而，比较遗憾的是，这些经纪公司大都仅保存并公开最近两年的统计资料，虽然存在基于每笔市场交易的准确数据及保证金统计数据，但我们已无法搜集到过去的资金存量统计。并且，由于各个期货经纪公司的监控数据统计口径不一，所以统计资金总量也略有不同。

因此，为保证数据的动态性与完整性，以使我们未来更好地分析存在于期货市场的投机性资金，基于已有的数据，通过将期货市场看做一个比较典型的投机市场，我们将根据市场中的交易资金额来对保证金量进行推算。

在期货市场上，由于具有允许 $t+0$ 交易的杠杆特征，它的交易额往往是实际资金的数倍。结合已有的存量资金统计数据[①]，我们发现，存量资金杠杆率为 12%~15%，总均值为 12.9%，所以我们采用 13%作为简化计算的杠杆比率。此外，对于资金存量的结果，我们根据国内外对投机比例的调查，向下调整了 10%的套期保值交易额。对期货市场而言，我们的数据区间为 1998 年 1 月至 2011 年 6 月，此前由于期货交易较混乱、交易所数量众多，已无法搜集到完整的统计资料，只能以 1998 年为初始时期，其中，所有成交额数据均来源于中国证券监督管理委员会公布的期货市场月度报告。图 4-3 是根据交易额的比例所计算出的期货市场投机性资金每日存量。

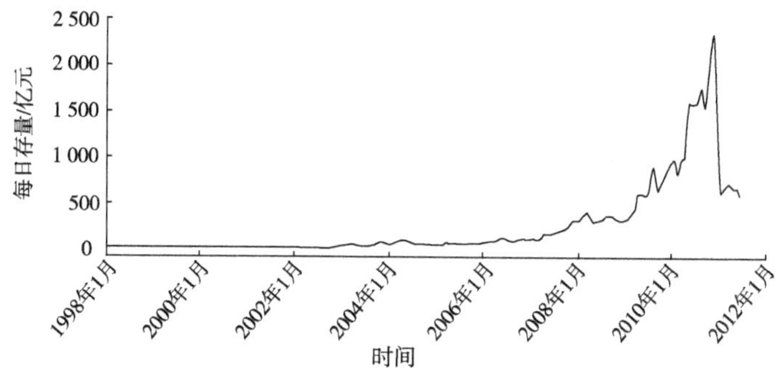

图 4-3 1998~2011 年期货市场投机性资金每日存量

二、其他现货市场

本节我们将主要分析与国计民生相关的农产品市场中的游资，通常来说，很多国家都对农产品的投机炒作进行限制，尤其是大米等与民生关系非常密切的农产品，并不被允许成为投机炒作的对象。在我国，对农产品的炒作也同样存在行

① 此处做出判断的基础数据为 2010 年 11 月至 2011 年 6 月中粮期货经纪有限公司的资金实时观测。

政上的限制，但从近几年绿豆、大蒜等农产品的价格中仍可以明显观察到，依然有一部分游资绕开政策进行炒作。

在 2010 年左右，中国的蔬菜和农副产品，如大蒜、绿豆、生姜等出现了非常剧烈的价格波动，价格成倍上涨，针对此类现象，虽然存在实际供求关系变化、国际因素等的影响，但游资的存在却是不争的事实。以大蒜为例，农业部监测显示，2003~2008 年，大蒜价格在每千克 0.5~3 元浮动，呈现出一定的周期性，然而，进入 2009 年以后，大蒜价格从 7 月的 2.5~3 元/千克上涨到 11 月的 7.0 元/千克左右，出现了非常明显的异常。

由于在游资进行投机炒作的农产品领域中，其商品属性随之发生了变化，所以，相关农产品的市场价格也会大大地扭曲反映真实价值规律的供求关系，出现脱离基础价值的剧烈变化。从理论上来说，既然存在价格脱离基础价值的游资投机炒作因素，那么，利用价格解析法就能够测算农产品市场中的游资量，然而，因农产品涉及的品种过多，不仅包括比较典型的绿豆、大蒜等，还有玉米、花椒、棉花，甚至茶叶、兰花、田七等都可能成为被炒作的对象，很难对其进行一一测算，所以，我们也只能对农产品的炒作资金量进行初步推测。

以炒作大蒜为例，我国大蒜产量在 500 万吨左右，按每千克 3 元的价格，其总产值约有 150 亿元，按照使价格翻番 5~10 倍的资金比例来看，2010 年大蒜价格的翻倍需要 1 000 亿元资金左右。而对于绿豆、棉花来说，在 2009 年，我国绿豆的产量为 95.4 万吨，棉花总产量为 596.1 万吨，按照这个产量标准，炒作绿豆、棉花等农作物也需要上千亿元的资金。

除农产品以外，如原材料、贵金属、艺术品和宝石等价值较高的交易品也都是投机资金重点关注的对象，与农产品现货不同的是，这些商品的单位价值更高，而原材料市场更是涉及大宗交易，虽然存在于单个市场的投机性游资量与股票、房地产等领域比起来稍低一些，但它们的总量仍是不容忽视的，这有待于今后更进一步的研究。

三、游资总量汇总

1. 居民储蓄存款余额情况

通过上文对游资范围的界定，我们发现，不仅正在用于投机炒作的资金属于游资，而且还可能存在一部分资金，它们没有参与投机炒作，但却以高流动性和逐利的形式存在，等待投机的机会。事实上，我们无法分辨出一笔闲置资金是会参与投机还是会进入实体经济，但过度庞大的闲置资金规模仍然会极大地增加游资出现的概率，因此，我们结合银行存款余额，考察我国居民手中有多大规模的闲置资金。

图 4-4 和图 4-5 为我国居民储蓄存款余额情况，事实上，自 20 世纪 90 年代中期我国告别了供给短缺约束之后，储蓄存款额就开始以较快的速度增长，并逐渐

形成了巨额的储蓄存款余额。通过统计数据可以发现，到 2012 年年底，我国城乡居民人民币储蓄存款余额达到 39.95 万亿元。并且，从我国近几年物价水平的走势来看，CPI 与银行利率时常出现倒挂的情况，我们认为，如果实际负利率的情况长期存在，那么，很可能这部分银行存款会有相当比例的一部分资金进入投机市场寻求高额回报，因此，从这个角度，我国游资总量仍有比较大的膨胀空间，风险依然不可忽视。

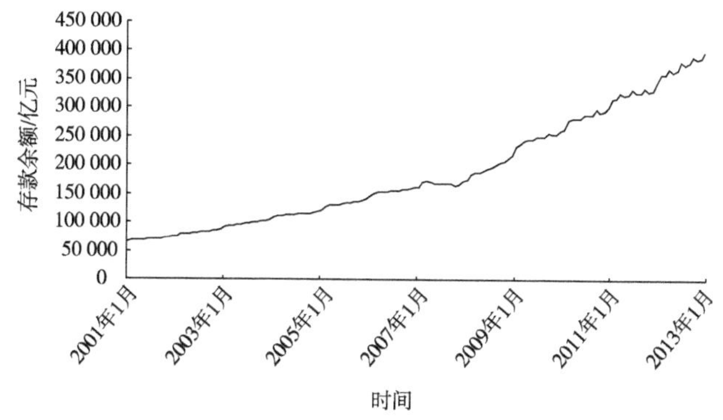

图 4-4　2001~2013 年我国居民储蓄存款余额

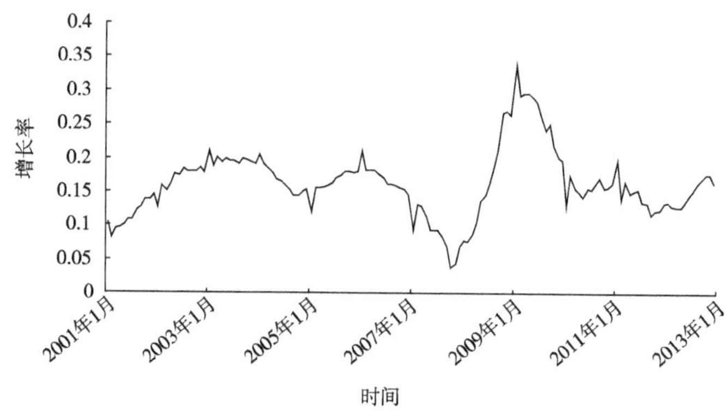

图 4-5　2001~2013 年我国居民储蓄存款余额增长率

2. 中国游资总量的汇总

根据前几节的测算结果，我国房地产和股票市场都曾短暂地出现负投机泡沫的情况，即实际交易价值低于所测算出的基础价值。由于我们是以投机资金规模总额作为游资的替代变量，所以在汇总时，将负泡沫看做该领域不存在游资的表现。另外，此处仅是对三个主要领域中投机资金进行的汇总，因为对现货市场我们只是进行了粗略的估计，所以这里没有将现货市场汇总在内。随后，观察三个主要领域的测度时期，受统计数据限制，1998 年之前只包含股票市场单一序列，存在较大程度的低估，因而，在此我们只分析 1998 年之后的情形，并在统一口径后汇总得出了以下两个游资规模序列（图 4-6 和图 4-7）。

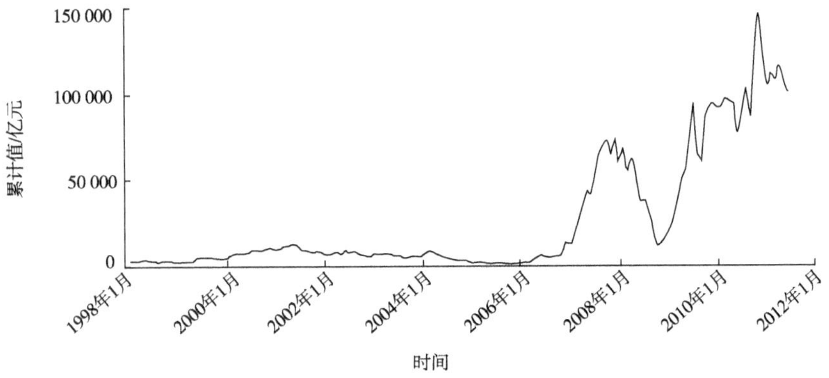

图 4-6　1998~2011 年游资规模每月累计值

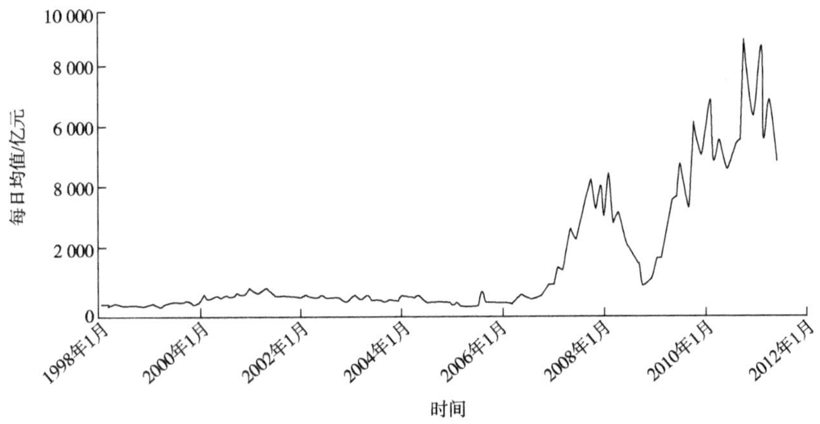

图 4-7　1998~2011 年游资规模的每日均值

其中，图 4-6 是依据三个主要领域的测算结果对每月活跃的游资总规模进行的汇总。考虑到股市和期市这类金融市场交易非常频繁，必然普遍存在同一笔资金在本月内数次重复交易的现象，造成所估算的月度游资总规模实际上包含了重复的资金。为了进一步区分不同时期游资的流量与存量，我们认为房地产的交易实际上很难在当月实现买进卖出，所以基于月度交易数据所测算出的投机资金量实际上几乎不存在重复计算，而股市、期市则与之相反。所以，通过计算股票、期货两个市场每日进行投机交易所需的资金额，并以房地产上月的投机资金作为本月初始时点的存量，我们又得出了游资的每日均值序列（图 4-7）。从这个角度，图 4-6 重在测度游资的存量规模与活跃程度，而图 4-7 则更侧重于衡量特定时点的变化量。事实上，从这两个序列都可以很直观地看出 1998 年至今中国国内游资规模的变动轨迹。

从数值上看，2010 年年底，中国三大领域内活跃的游资已接近全年 GDP 的 1/3。并且，由于我们的测算中未包含炒作现货的投机资本和等待投机机会的游资，所以，如果将该数值作为国内游资总额的替代变量，这个值还存在一定程度的低估，实际国内游资交易规模甚至还要更高一些。

从动态的视角分析，在 2007 年以前，游资规模一直呈现比较平稳的态势，几乎观察不到市场经济中通常存在的周期性特征。一般来说，由于投机炒作建立在投机品价格变化的预期之上，市场的投机性资金往往表现为经济繁荣与衰退时期正负泡沫的交替出现，反映在游资规模上，则会表现为周期性的增减。但根据我们的测算结果，中国投机负泡沫虽偶有存在，却并不常见，其中，股票市场出现负泡沫的时期只占到总期数的 8.5%，而房地产市场自 2004 年 1 月以后就再未出现过负泡沫。从图 4-7 可以看出，从 2000 年开始的中国经济连续高速增长的六年内，游资规模并未伴随经济繁荣和资本积累而大幅增加；更为特殊的是，2007 年以后，国内游资在短短的一两年就积累到原有规模的数倍，尤其是在 2008 年国际金融危机对国内经济产生不利影响后，游资规模在经历了短暂下降之后反而再次剧增。这些表现都无法以现有的泡沫经济理论进行解释，尤其是在国际金融危机影响未退的背景下，与经济增速放缓相伴随的游资剧增则更加表明了当前国内游资已出现了非常异常的情形。

结合测度结果，我们尝试对游资异常的原因进行更深入的讨论。从投机资金来源的角度，通常货币发行量是引致投机泡沫的重要原因，因此，本节将首先分析可能引发游资异常的货币因素。参考夏斌和郑耀东（1997）对货币性游资的研究，通过以 M0/M1 比率作为流通中现金的度量指标，图 4-8 对测算期内该比率的变化情况进行了总结，作为补充，广义货币 M2 的增长情况也被纳入分析[①]（图 4-9）。从图 4-8 可以看出，与夏斌和郑耀东（1997）所研究的 1985~1997 年国内游资情况不同，在测算期内，流通中现金所占的比率与游资规模呈现出了并不一致的变动趋势，这说明，随着银行信贷的逐步完善，现金已不再成为投机需求的主要形式。而观察广义货币供应 M2 的情形则发现，2010 年前后的游资规模与 M2 增速这两条轨迹在图 4-9 上表现出了一些契合。如果将货币供应量看做货币政策的替代指标，那么，宽松的货币政策很可能是在国际金融危机以后引致游资增加的一个重要原因。除此以外，2008 年以后游资的增长轨迹同新一轮积极财政政策的实施同样呈现高度的一致性。根据测算结果，在 2008 年 10 月，游资存量降至国际金融危机以来的最低点，约为 1.11 万亿元，而积极财政政策的出台和实施却成为游资再度扩张的起始点。显然，本轮积极财政政策与国内游资之间

① 所有货币发行量数据均取自 wind 金融数据库。

的联系是不可忽视的。事实上，考虑到近几年游资扩张的速度和规模，很可能已经出现了政府公共投资间接转化为游资的问题。进一步地，国际资本流入因素通常也是一国游资扩张的原因，但基于已有对国际资本的测算和分析①，近几年，国际资本流动不仅在规模上低于游资总额，在方向上也曾出现伴随国际资本的流出而游资增加的情形。由此可见，国际热钱并不是国内游资规模在2008年后异常表现的决定因素。

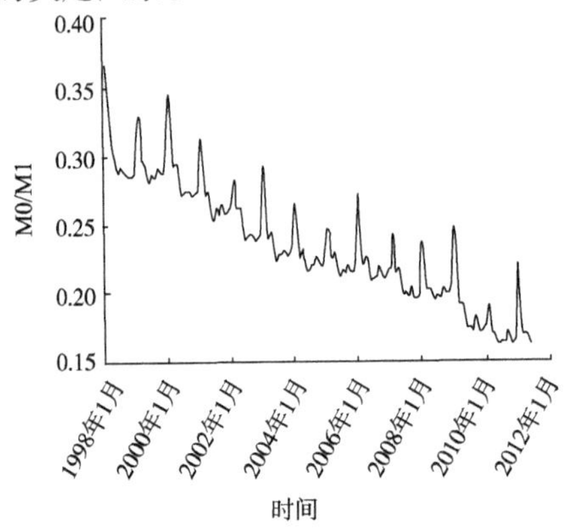

图 4-8　1998~2011 年流通中的现金

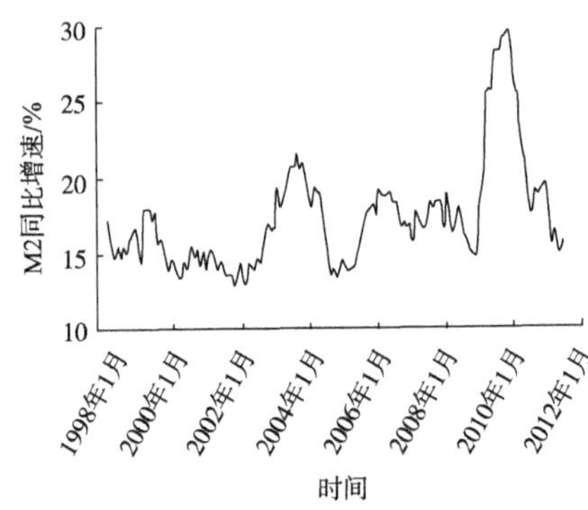

图 4-9　1998~2011 年 M2 同比增速

基于以上分析，2009 ~ 2011 年国内游资的异常很大程度上是受到货币政策、财政政策等政府干预手段的影响。然而，这些因素却无法合理解释游资在国际金融危机爆发期间的第一次大规模扩张。从所估计出的游资规模数据来看，2007年国内游资存量从 1.26 万亿元猛增至 7.41 万亿元，而同期，政策水平却是相对平稳的。因此，我们认为，这期间国内游资规模存量的增加必然是非政策原因造成的，其很可能源于两方面：一部分是国际资本的流入；另一部分则是实体经济向虚拟经济的转出。

其中，对于国际热钱在 2007 年大量流入中国并推高了国内游资总量这个观点，学术界已达成了一定共识②。另外，流入中国的国际资本却并不足以完全解释游资规模的增长量。结合 2007 年宏观经济中外贸需求有所下降的情形，建立在中国经济转轨特殊性基础上的分析发现，实体经济中的投资资金向投机资本的转化也可能成为游资总规模扩张的重要源泉。这种实体经济投机化的原因在于：在市场机制不够健全的前提下，外需有所下滑而内需持续不足，导致企业投资回

① 张明（2011）通过四种方式对中国的短期国际资本流动进行了高频估算，认为2008年1月至9月，短期国际资本流入中国，规模合计 2 120 亿美元，而 2008 年 10 月至 2009 年 1 月持续流出中国，规模合计 880 亿美元，此后，国际资本在中国流入流出频繁转向。

② 根据张明和徐以升（2008）对 2008 年之前国际热钱流入的测算，2003~2007 年热钱流入规模分别为 956 亿、1 358 亿、1 915 亿、1 389 亿和 5 410 亿美元。

报率大幅下降，尤其是中小企业发展艰难，造成了微观主体逐渐建立起投资收益率下降的预期；同时，银行利率长期低于物价水平的涨幅、总需求不足背景下实体经济对剩余资金的吸纳能力不强以及居民理财渠道缺乏这三个因素又使大量剩余资金无处可投。因此，在比较收益的诱惑下，这些无处可投的资金被迫转移到投机领域，形成巨额的游资。

在影响方面，当前，游资存量的剧增已对整个宏观经济形成了极大的潜在威胁。由于新增的投机性资金有很大部分本应在实体经济中流转，这种资金向虚拟经济的转移不仅增加了实体经济中的资本价格（对中小企业尤为明显），而且造成虚拟经济投资回报率与实体经济投资回报率之间的差距越来越大，进一步制约了实体经济的发展。另外，由于游资所具有的短期流动和逐利性的特征，它一旦在短期内集中流向实体经济的某个特定领域进行现货炒作，将为这些领域带来极严重的打击。所以，当前的巨额游资必须要引起我们的足够警惕，在有效控制游资负面影响的同时逐步引导投机资金回流至实体经济。

第五节　本章小结

为了对我国的游资问题进行实证分析，本章率先解决的是游资规模估算的问题。已往国内对于投机资本的研究大都是评述性的，或是仅从单一的资金来源，如国际热钱流入、货币量等作为国内游资的替代指标，存在较大的误差，而我们则首次从资金流向角度对我国 1998~2011 年的游资量进行了测度与汇总。

通过分别估计房地产、股票和期货三个领域的投机性资金，初步得出了经济转轨过程中 1998~2011 年的游资规模变动趋势。测算结果表明，2007 年是国内游资总量的一个关键转折点，在此之前，游资规模一直呈现较平稳的态势，而此后，其无论是总规模还是变化幅度均出现了较大的异常，尤其是近两年来，游资总量再次猛增，对整个宏观经济形成了极大的潜在威胁。结合中国经济转轨进程的进一步分析认为，在国际金融危机爆发前，热钱流入与实体经济投机化是引发游资第一轮扩张的重要原因，而随着各项政府干预政策的实施，政策因素逐渐成为游资积累的推动力。这些都表明，国内游资的变化轨迹已远远超出市场经济运行中周期性波动的范畴，成为经济转轨过程中的体制与政策现象。

第五章 基于过程视角的财政与游资变化：经验的证据

第三章我们对财政因素可能影响游资变化的理论路径进行了分析，第四章测算得出了我国近些年社会游资的规模及其变化程度。结合这两部分内容，本章将从过程视角对财政与游资之间的互动情形进行纵向分析，为财政影响游资变动的理论提供经验上的证据。具体地，本章将从我国改革开放至今 30 余年的历史中寻找这样的证据，并从过程的视角定性地论述我国游资在产生、发展和变动的整个过程中财政所扮演的角色。按照时间顺序，依据财政安排和游资变动的情况，可将自改革开放至今的 30 余年时间划分为三个阶段：第一阶段为游资的产生阶段，时间为 1978~1997 年，这个阶段既是我国财政体制改革比较频繁的关键时期，也是游资逐渐产生，以及各个领域零星地出现投机活动的时期。第二阶段为 1998~2007 年，在此阶段政府开始通过大规模的财政政策方式进行宏观调控，财政逐渐成为政府调控经济的最重要方式。并且，该阶段还是游资投机现象的集中爆发时期，游资开始成为影响宏观经济运行的一股强大的资金力量。第三阶段是 2008 年至今，在此期间，受国际金融危机的影响，我国开始了新一轮的财政扩张，而游资的变化也出现了比较大的异常。总的来说，本章的分析正是基于这三个阶段而展开的。

第一节 投机炒作的出现与游资的形成

一、投机行为出现

1978~1997 年，随着我国经济转轨的启动，计划经济逐渐退出，市场经济逐渐成为资源配置的主要方式，同时，各个领域也开始零星地出现投机的行为。具体地，1978~1997 年比较典型的游资投机现象有两次：一是在 20 世纪 80 年代末价格双轨制背景下出现的投机风潮；二是在 1994 年前后出现的海南房地产泡沫。

随后，我们对于财政与游资之间互动情形的论述就将基于这两次典型的投机现象而展开。

1. 价格双轨制背景下投机行为的出现

在中国由计划经济向市场经济的过渡阶段，曾出现过一段比较特殊的价格双轨时期，也就是说，对于同一种商品实行两种价格：一种是计划体制的定价；另一种是市场定价。在中国商品流通市场建立的过程中，起初，计划经济体制下的一切生产和销售都由政府进行协调与控制，产生了极大的效率损失和浪费，而从1981年开始，国家逐渐允许企业在完成计划的前提下自行销售部分剩余产品，并且将这部分产品的价格完全交由市场来调节。这样，自1981年开始的十年左右时间，在商品流通领域重建的整个过程中，价格双轨制都作为计划经济向市场经济过渡的特殊产物而存在。

然而，在价格双轨作为一种过渡形式较好地解决了价格机制与流通领域重建问题的同时，它也致使我国经济中首次出现了投机炒作的问题。具体地，在转轨初期，我国宏观经济的供求矛盾非常尖锐，由于物资较缺乏，供给不足成为经济增长的极大约束，有时对生活必需品和生产资料的供给甚至还不足以满足最基本的需要，所以，在价格双轨制时期，实行双轨制商品的计划价格与市场价格之间差距非常大，市场价格有时可能比国家统配价高一两倍。正是在此背景下，1983年前后，第一批投机者开始出现在北京、深圳等政策较宽松和商业氛围较好的地区，并在此后的几年里逐渐将投机风潮蔓延至我国各地。

与西方的投机行为不同的是，此次投机并非是由投机者对风险的偏好引起的，而是与转轨中的特殊现象密切相关。虽然同样是通过倒手、转卖的投机方式，但此次投机却并不存在很高的投机风险。只要能够将计划内的商品转卖到计划外，就可以获得高额利润。在利益的驱动下，人们纷纷凭借手中权力，通过计划或走后门，拿到平价的紧俏产品，再以较高的价格在市场上出售。据统计，1986年，我国有各种公司36万多家，而其中25万多家为“皮包公司”，即不进行实体经营，而只是在流通领域进行转卖和投机的公司。也是在这种背景下，大量的投机活动获得了巨额利润，随之出现了改革开放后的第一批游资。

2. 海南房地产泡沫

海南房地产泡沫是我国改革开放以后首个区域性质的房地产泡沫。1991~1995年，海南经历了一次非常典型的周期式泡沫过程，其间，房地产价格在1993年上半年达到顶峰，每平方米为7 500元，相当于泡沫之前的6倍左右。而泡沫的崩溃又留下了如“烂尾楼”“银行坏账”等诸多问题，为海南带来了极大的经济损失。

从过程上看，这次房地产热的直接原因是 1988 年海南被设为我国唯一的省级经济特区以及 1992 年提出加快住房制度改革步伐的邓小平南方谈话。而 1990 年《中华人民共和国城镇国有土地使用权出让和转让暂行条例》的出台，又为土地使用权有偿出让提供了具体依据，并为建立可流转的房地产和房地产市场的形成奠定了基础。这样，房地产市场化以及经济特区的题材使很多人建立起了海南房价上涨的预期，与此同时，除南方沿海城市以外的我国大部分地区还普遍处在房地产市场化的初期，市场机制还不是十分完善。在这样的背景下，我国各地数千亿元的资金蜂拥扑向海口等城市，带动这些地区房价接连上涨。

据统计，到 1992 年，海南的房地产投资额高达 87 亿元，占固定资产总投资的一半，仅海口的房地产开发面积就达到 800 万平方米，并且地价由 1991 年的 10 万元/亩①飙升至 600 万元/亩，到 1993 年，海南已存在两万多家房地产公司。从房价上涨的情况来看，1991 年海南的房地产均价约为 1 400 元/米^2，到 1992 年，则上涨至 5 000 元/米^2，比 1991 年增长了 3 倍，到 1993 年上半年，房地产均价更是高达 7 500 元/米^2。这种情形直到政府意识到海南房地产泡沫的严重性时才正式结束。在 1993 年 6 月，党中央国务院发布了《关于当前经济情况和加强宏观调控的意见》，开始对房地产市场进行严格的调控，随着调控措施的执行，海南地产泡沫也随之破裂。

然而，此次房地产泡沫的周期却给海南省带来了极大的经济损失，统计数据表明，1995 年，海南省的“烂尾楼”面积高达 1 600 多万平方米，闲置土地 18 834 公顷，积压资金 800 亿元，仅四大国有商业银行的坏账就高达 300 亿元。

从直接表现上看，海南这次房地产泡沫与西方经济国家通常出现的房地产泡沫是极其相似的，都是在良好预期的带动下，经历了从产生到逐渐膨胀直至破裂的过程。但从泡沫产生和崩溃的导火索来看，它却与西方理论界普遍研究的投机泡沫极为不同。事实上，我国海南房地产泡沫仍然具有较强的政策性质，它的产生和崩溃都是政策引起的。所以，综合来说，海南房地产泡沫仍属于我国经济转轨时期比较特殊的投机现象。

二、财政在游资形成阶段的作用路径与主体

在第三章的理论分析中，我们认为，在游资产生的阶段，财政作用于游资是基于两条路径：一是游资的出现遵循“计划经济体制下全能型的退出→市场经济体制的逐步建立与完善→经济体内出现剩余资金→资金形成投机性质的游资”这个过程；二是通过“财政体制改革→中央与地方的分权格局转变→激励机制

① 1 亩≈666.67 平方米。

扭曲→地方政府催生游资”的路径来传导。其中，由于在转轨初期，我国各方面的统计数据都不是很完备，所以，对该阶段财政因素影响的分析很难采取实证研究的方法，只能从经验事实角度来加以论述。

1. 游资形成过程

通过上文对早期投机行为的评述，我国首次大规模出现投机风潮是在价格双轨制的背景下，人们通过将商品在计划内与计划外的转卖，以期获得高额利润。在这一阶段，虽然利用权力和体制漏洞进行转卖是进行投机的主要方式，价格双轨制可以说是游资进行投机的最直接原因，但同时可以发现，财政的退出引起经济体内出现大量可供投机的剩余资金也是游资进行投机的必要条件。比较来说，价格双轨所形成的投机收益率预期使微观主体出现了进行投机炒作的动机；而剩余资金的出现，则为投机行为的出现提供了必要的资金准备。

自 1978 年，政府开始以财政体制改革为突破口，对经济体制进行全面改革。其中，对地方政府和企业这类微观主体的经济激励是这个阶段财政改革的重心。

在地方政府层面，财政包干制打破了“统收统支”的财政格局，承认了中央和地方财政各自的利益与地位，在分权与激励方面，“划分收支，分灶吃饭”的财政收入分享的安排以及分级包干的预算管理体制，不仅扩大了地方的财权，同时强化了地方的经济责任，在扩大地方财力的基础上使地方可以根据自己的情况安排财政收支，对地方发展本地区生产建设事业提供了内在的经济动力和能力，也使地方具有了努力挖掘本地区生产、物资和资金潜力的动机，促使地方官员合理地、有重点地安排和使用资金，提高资金的使用效果。同原来的统收统支财政体制相比较，新的财政体制在实践中对地方的经济激励产生了显著效果。

而在市场层面，随着全能型财政的退出，市场经济的高效率开始显现。由于财政不再大包大揽，非国有经济对地方经济发展和就业增长的贡献日益增加，对地方财政的贡献也日益增大。随着市场主体的积极性被充分调动起来，在企业生产热情高涨以及地方政府强烈的经济增长偏好下，市场力量迅速增强并创造出大量经济收益，居民生活水平迅速提高，剩余资金开始出现。从数据上看，图 5-1 和图 5-2 分别是我国居民与企业的储蓄存款余额及其增速[①]。其中，无论是绝对量还是增速，1979~1997 年，我国居民储蓄存款余额都呈现快速的增长态势，并且这种增长在 1995 年以后尤其明显。同样，虽然我国企业储蓄存款余额的增速变动较大，但绝对额仍然呈现直线式增长，并且，在进入 20 世纪 90 年代以后，其增速也接连上升。因此，我们认为，双轨制并不是游资出现的根本原因，它仅仅是提供了一个资金可从套利中获利的渠道，游资形成的最根本原因仍然是随着

① 数据来源于历年《中国统计年鉴》。

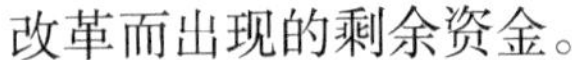
改革而出现的剩余资金。

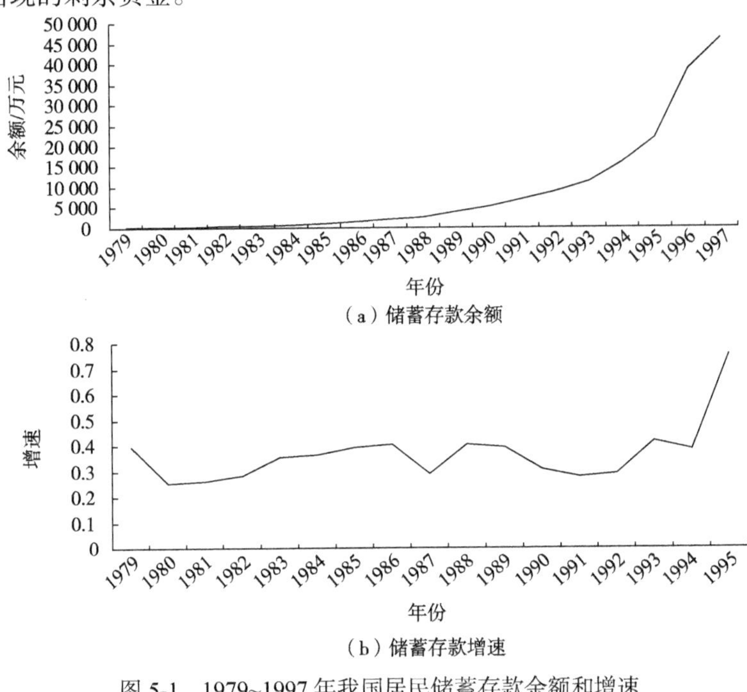

图 5-1　1979~1997 年我国居民储蓄存款余额和增速

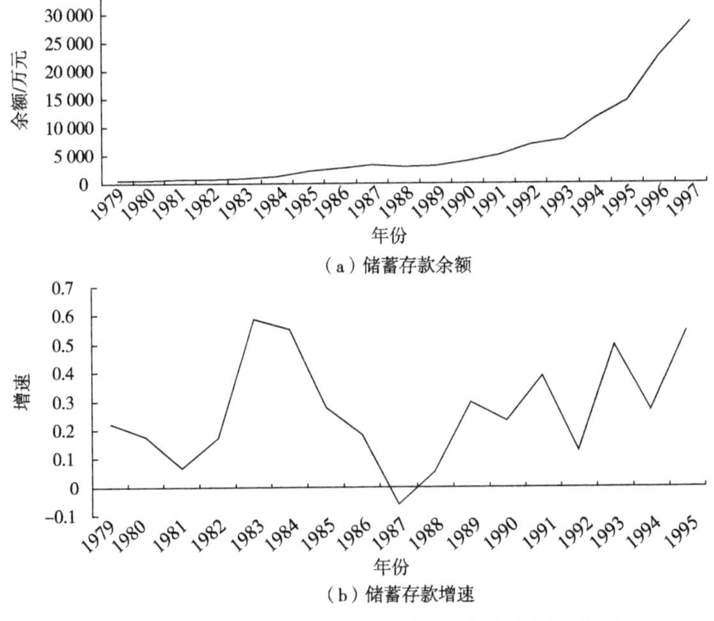

图 5-2　1979~1997 年我国企业储蓄存款余额和增速

2. 游资主体的转变

从游资变动的主体来看，1994 年的分税制改革可以看做一个分水岭，在此之前，以“放权让利”为核心的改革使游资更多的是来源于经济中市场主体的剩余资金，而政府只是通过制度化的方式为这些主体提供良好的市场环境；然而，在此之后，游资变动过程中受到政府影响的因素明显增加。我们将这种情形绘成图 5-3。

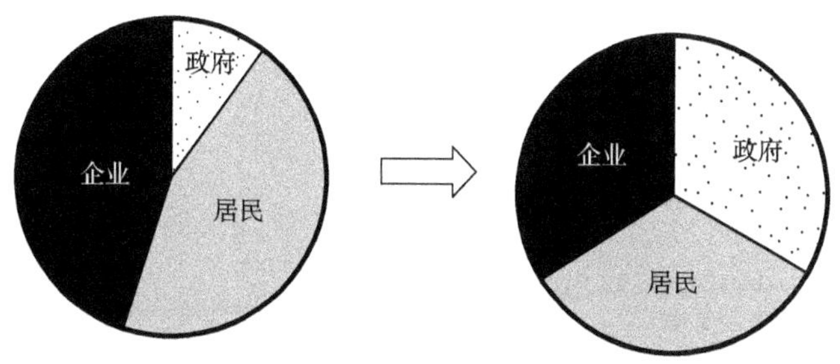

图 5-3 1994 年分税制改革后游资影响主体的转变

分税制改革后游资主体转化的原因在于：

（1）中央政府的财政能力随着改革的实施而呈现大幅增长态势，为此后通过大规模的财政扩张方式进行宏观调控提供了必要的基础准备。这样，在此前，游资的主要来源是居民和企业手中的剩余资金，而此后，来自政府部门的财政资金也成为游资的重要组成部分。数据显示，在 1994 年之前的一段时间，中国财政收入每年的增加额为 200 亿~300 亿元，而 1994 年以后，财政增长速度越来越快，年均增长 1 000 亿~2 000 亿元，财政收入占 GDP 的比重也逐年提高。此外，中央财政收入占全部财政收入的比重，也在分税制后从不足 30%的低水平上升到 50%以上，极大地增强了中央政府宏观调控、缩小地区差距、调控收入分配等方面的能力。事实上，随着中央财政能力的扩张，政府开始有意识地以市场经济主导者的身份出现在经济社会的各个领域，财政也逐渐成为消费、投资之外另一个推动经济增长的方式，正是这种理念和行为的转变，使游资的影响主体加入了中央政府的因素。

（2）分税制后地方政府的投资冲动。根据上文的理论分析，地方政府的投资冲动很大程度上是当前政绩考核对经济增长及投资的目标所引起的，但除此以外，分税制以后中央财政对经济的调控力度增强，对地方政府的配套资金提出了更高的要求，也放松了对地方政府投资的监督和约束，随后，地方政府的投资倾向越来越明显，尤其是在 1998 年和 2008 年的两次积极财政政策实施时，地方更是借机扩大投资，将自有资金或银行贷款资金投入建设项目上。这些做法不仅挤占了企业投资，而且又因为投资效率低、盲目追求规模、资金监管不完善等原因构成了游资形成的地方政府因素。

（3）分税制改革使地方政府增加了进行收入扩展的动机。具体来说，分税制改革使地方财政原有的平衡被打破，较大幅度减少了其所支配的财政收入，但事权不仅没有相应减少，反而随着市场体制改革的推进与民众对生活质量要求的提高，变得更加繁重，不断加深的事权与财权的不对称，使地方政府必须想方设法寻找财税来源，其中，土地出让金的大幅增长最能说明问题。据中国指数研究院的统计数据显示，2011 年上半年土地出让收入排名第三的昆明，出让金收入为 336.85 亿元，同比涨幅 416.03%；排名第七的沈阳土地出让收入为 308.13 亿元，同比涨幅 142.63%。还有一些未进入前十名的二三线城市土地出让金同比涨幅，预计亦不低。因此，当前地方政府通过各种渠道，在尽可能短的时间内获得收入的偏好已十分明显。

第二节　首轮积极财政政策实施后的投机资本积累

一、始于 1998 年积极财政政策的实施

在 1998 年之前，虽然中央政府也曾利用财政方式针对转轨经济体中的经济增长、投资、物价等问题进行宏观调控，但在市场经济体制还未正式确立的前提下，这些政策措施大都着眼于应对转轨初期经济活力释放过程中的特殊状况，以零星的政策措施为主，并未构成完整的政策周期，也未能对整个宏观经济状况产生广泛的影响。所以，1998 年以国债投资为主要措施的扩大内需的积极财政政策出台，就可以被看做近年来大规模财政政策调控方式的起点。

经过近二十年的市场化改革，到 20 世纪 90 年代中期以后，需求约束开始取代供给短缺成为我国经济增长最重要的制约，深化国有企业改革又带来了严重的失业压力。与此同时，外部环境也非常严峻，1997 年 7 月，从泰国开始的东南亚金融危机对全球经济产生强烈冲击，东南亚各国货币大幅度贬值，并迅速波及日本、韩国、俄罗斯以及拉美等国家。受国际市场萎缩等因素影响，我国外贸进出口总额下降。这样，当东南亚金融危机冲击所致的外部环境恶化与国内的诸多问题迭加在一起时，可以说，转轨经济体内部首次出现了增长与改革的双重困境，不仅经济增速趋缓难以避免，而且，就业、社会保障等体制性问题也更加突出，迫切需要采取财政政策方式进行调控。

在这种情形下，政府主要采取了增加投资以扩大内需的方针，并本着优化结构和增强发展后劲的原则，将基础设施建设作为投资的重点投向，具体来说，共采取了以下几方面的措施：一是增发长期国债用于基础设施建设专项投资，如重点行业的技术改造、重大项目装备国产化和高新技术产业化、环保与生态建设及

科教基础设施等；二是调整收入分配政策，通过提高社会保障投入等方式刺激消费需求；三是调整部分税收政策、鼓励消费和投资，如实施提高商品退税率、减收固定资产方向调节税、减免契税等多项税收政策。统计显示，在积极财政政策实施的过程中，1998~2000 年，我国共发行了 3 600 亿元长期建设国债，安排国债项目 6 620 个，在银行贷款和地方、企业自筹资金配合下，总投资规模高达 24 000 亿元。

以增发国债的方式加强基础设施建设投资是这一轮政策的重点内容，从数据上看，1998~2002 年国债投资对当年经济增长的贡献率明显有所提升，分别为 19.2%、28.2%、21.3%、24.7%和 25%，而在这五年中，全社会固定资产投资总额年均增长了 10.8%。同时，提高工资水平、社会保障投入力度加大等方式均起到了规范收入分配，刺激消费需求的作用；而提高商品出口退税率[①]、减收固定资产方向调节税、减免契税等税收调整措施同样形成了对经济发展的促进。

二、积极的财政政策与游资的变动

从财政政策的实施情况可以看出，始于 1998 年的财政扩张措施在政策意图和操作方面都具有明显的需求管理和反周期调节的特征。同时，从 1998~2002 年我国国内游资变动的情况也可以发现（图 5-4），从 1998 年年初开始，直到政策即将退出时，游资总量一直呈现上升的趋势。

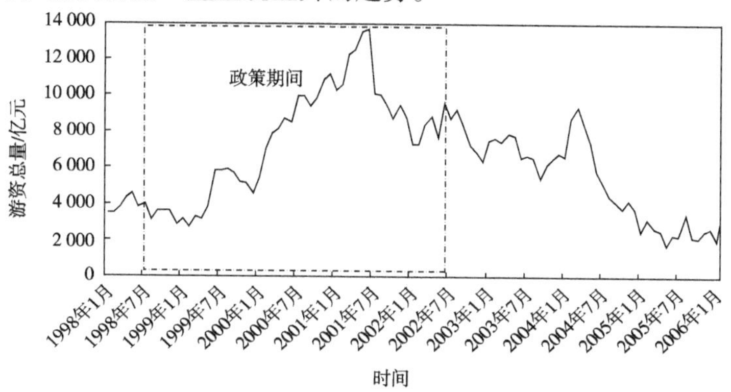

图 5-4　首轮积极财政政策期间国内游资变化情况

① 1998 年分批提高了纺织原料及制成品、纺织机械、煤炭、水泥、钢材、船舶和部分机电、轻工产品的出口退税率，加大了“免、抵、退”税收管理办法的执行力度，对一般贸易出口收汇实行贴息，中央外贸发展基金有偿使用项目专项资金也正式使用。调整进口设备税收政策，降低关税税率，对国家鼓励发展的外商投资项目和国内投资项目，实行在规定范围内免征关税和进口环节增值税。1999 年两次提高出口退税率，出口商品的退税率档次由原来的 17%、13%、11%、9%和 5%五档简并为 17%、15%、13%与 5%四档，综合退税率达到 15.51%，从 7 月 2 日起对从事能源、交通、港口建设项目的外商投资企业按 15%征收企业所得税。

实际上，这一轮积极财政政策的实施对于应对东南亚金融危机，以及促进我国经济增长起到了非常明显的效果。在积极财政政策启动之后，仅用三年左右的时间，经济增速就已恢复至东南亚金融危机前的水平，到 2000 年，我国经济已出现强势增长的迹象。然而，与此同时，我国游资也从 1998 年年初的 3 004 亿元增加到 2001 年年底的 8 260 亿元，其中，在 2001 年 6 月，游资还曾达到 13 118 亿元的规模。

显然，游资的增加是与经济增长机制的恢复和市场在危机后的再次繁荣密不可分的，然而，虽然我们很容易看到这一轮积极财政政策对恢复经济增长的功劳，却并不能认为财政扩张遵循西方市场经济框架下的传导机制而带动了宏观经济，同样，在理论上财政扩张向游资的传导途径也随着本轮财政政策的实施首次开始正式出现。在第三章的理论分析中，我们认为财政投资向游资传导的途径有两个：一是政策在实施阶段由于财政资金使用的非规范性产生了向虚拟经济的转移；二是政策在传导阶段受制于体制作用而出现政策无法作用于实际，反而产生漏损的情况。对第一种情形，结合 1998 年之后我国财政体制的变化情况，虽然伴随着财政政策的实施，政府也加大了提高财政收支的规范性的力度，但这种规范性的提升却更多的是在财政收入的规范上，建立健全公共财政体制的步伐异常缓慢。而对于第二种情况，需求管理政策效果的充分发挥具有两个隐含的前提——市场经济的完善性和政策传导机制的高效性。很明显，在我国市场经济体制直到 20 世纪 90 年代中期才初步建立起来，计划经济所遗留的问题也广泛存在，因此，上述两个隐含前提都是不满足的，所以我们认为，在此次财政政策周期中，就首次出现了财政资金转化为游资，进而推高游资规模的情形。

但从政策的实际效果来看，此次扩张的政策对经济增长产生的作用也是不容忽视的，虽然财政投资政策无法顺利地经过乘数效应来传导，但仍有很多配套措施显著地培育和促成了新的增长点。其中，各项税收减免政策就发挥了一定的作用，如提高出口退税政策在我国加入世界贸易组织（World Trade Organization，WTO）初期极大地促进了外贸需求的增长；而农业税、消费税和营业税等税率的下降则有效地打破了对居民可支配收入增长的制约。除此之外，在扩大内需政策的导向下，一些规范收入分配的措施得以出台，企业离退休人员基本养老金水平上调，社会保障水平也有所提升。而对于政府公共投资来说，由于改革开放初期我国很少集中资源进行大规模的经济建设，到 1998 年前后，极度落后的基础设施硬件已经对经济发展形成极大制约，在此背景下，转轨的阶段性则使基础设施建设产生了较强的保障效果。通过对水利工程、机场、铁路等基础设施进行大规模建设和更新，以基础设施建设为核心的公共投资扩张不仅为未来经济增长提供必要的硬件基础，也在客观上为经济发展创造了良好的环境。

这样，即使没有遵循西方经济理论的传导路径，本次财政政策仍对经济增长起到了较强的带动作用，也促进了实体经济的繁荣发展，因而，虽然我们认为存在一部分财政资金转化为游资的情形，但与此同时，实体经济的发展也增加了经济体中剩余资本进行实业投资的收益率，还可能对游资产生一定的抑制作用。所以说，1998~2002 年的积极财政政策，虽然使游资规模有所上升，但仍在比较合理可控的范围内。

三、房地产泡沫现象集中出现

首轮积极财政政策的实施与房地产投机泡沫的集中出现存在时间上的一致性，在此前，虽然海南、深圳等地也曾出现过房地产投机行为，但房地产泡沫发展成为全国性的游资投机领域仍是在 2000 年之后。此时，由于房地产和土地的市场化刚刚开始，囤积、炒作等现象还未集中出现，所以直接流入房地产领域进行投机炒作的财政资金还并不多。在积极财政政策实施之后的一段时间里，房地产泡沫受财政的影响主要表现在以下两个方面。

首先，在这个阶段，对房地产领域内的游资影响最大的就是土地财政的出现。从 1999 年国土资源部《关于进一步推行招标拍卖出让国有土地使用权的通知》，到 2001 年国务院《关于加强国有土地资产管理的通知》，再到 2004 年国土资源部、监察部《关于严格实行经营性土地使用权招标拍卖挂牌出让的通知》，等等，土地的招标拍卖挂牌制度（简称“招拍挂”制度）逐渐得到改进。虽然这一制度的出台有效缓解了地方政府在分税制后财政收入不足的难题，但却产生了不容忽视的制度缺陷，使房地产市场领域的资源配置扭曲程度日益加强，也直接导致了“地王”“囤地”等现象的出现，启动了地价与房价循环上涨的周期。

其次，针对日益突出的房地产投机问题，政府也时常采用财政的方式加以调控。这样，与调控房地产的货币、信贷和行政命令等措施一起，随着房地产泡沫现象的出现，税收政策逐渐成为政府干预房地产市场投机的重要方式之一。表 5-1 是对 2003~2007 年我国的房地产调控政策及发展情况的回顾总结。

表 5-1　房地产调控政策及发展情况的回顾总结

年份	财税及土地政策	其他相关政策	房地产发展情况
2003		6 月发布《关于进一步加强房地产信贷业务管理的通知》	2003 年我国房地产开发投资额同比增长 30.6%。70 个大中城市房地产价格上涨超过 10%
2004	3 月，国土资源部、监察部发文，严令解决协议出让土地中的“遗留问题”	4 月出台《国务院关于调整部分行业固定资产投资项目资本金比例的通知》	2004 年房地产开发投资比上年增长 28.1%，商品房销售额增长 30%，商品房价格同比增长 15.2%

续表

年份	财税及土地政策	其他相关政策	房地产发展情况
2005	5 月，《关于做好稳定住房价格工作的意见》提出，要采取“两年内转手全额征税”等措施	3 月，上调房贷利率 3 月，出台《国务院、办公厅关于切实稳定住房价格的通知》，即老国八条 4 月，新国八条 5 月，《关于做好稳定住房价格工作的意见》提出	2005 年我国商品房销售价格同比增长 12.6%，商品房销售量同比增长 24.8%
2006	7 月，《关于个人住房转让所得征收个人所得税有关问题的通知》，规定自 8 月 1 日起，由地方征收二手房转让个人所得税 8 月，发布《国务院关于加强土地调控有关问题的通知》，要求严把土地“闸门”	4 月，房贷利率上调 0.27 5 月，公积金贷款利率上调 0.18 5 月，国六条 7 月，发布《关于规范房地产市场外资准入和管理的意见》	2006 年房地产投资增长 21.8%；北京新建商品房均价突破 10 000 元
2007		3 月温家宝总理指出要建立健全廉租房制度、保持价格合理等 9 月发布《关于加强商业性房地产信贷管理的通知》（银发〔2007〕359 号）	2007 年房地产开发投资同比增长 30.2%；销售面积同比增长 24.7%，销售额同比增长 46.5%，国房景气指数在 10 月创下 3 年内最高水平，为 105.74

第三节　新一轮财政扩张后的游资积累

一、2008 年财政政策的实施

为应对国际金融危机，保持中国经济平稳较快的发展，2008 年 11 月，中央政府出台了总金额高达 4 万亿元的经济刺激计划，并相应制定了扩大内需的十项措施①，开始了新一轮积极财政政策的实施。

① 十项措施包括以下几点：①加快建设保障性安居工程。加大对廉租房建设支持力度，加快棚户区改造，实施游牧民定居工程，扩大农村危房改造试点。②加快农村基础设施建设。加大农村沼气、饮水安全工程和农村公路建设力度，完善农村电网，加快南水北调等重大水利工程建设和病险水库除险加固，加强大型灌区节水改造，加大扶贫开发力度。③加快铁路、公路和机场等重大基础设施建设。重点建设一批客运专线、煤运通道项目和西部干线铁路，完善高速公路网，安排中西部干线机场和支线机场建设，加快城市电网改造。④加快医疗卫生、文化教育事业发展。加强基层医疗卫生服务体系建设，加快中西部农村初中校舍改造，推进中西部地区特殊教育学校和乡镇综合文化站建设。⑤加强生态环境建设。加快城镇污水、垃圾处理设施建设和重点流域水污染防治，加强重点防护林和天然林资源保护工程建设，支持重点节能减排工程建设。⑥加快自主创新和结构调整。支持高技术产业化建设和产业技术进步，支持服务业发展。⑦加快地震灾区灾后重建各项工作。⑧提高城乡居民收入。提高粮食最低收购价格，提高农资综合直补、良种补贴、农机具补贴等标准，增加农民收入。提高低收入群体等社保对象待遇水平，增加城市和农村低保补助，继续提高企业退休人员基本养老金水平和优抚对象生活补助标准。⑨在我国所有地区、所有行业全面实施增值税转型改革，鼓励企业技术改造，减轻企业负担 1 200 亿元。⑩加大金融对经济增长的支持力度。取消对商业银行的信贷规模限制，合理扩大信贷规模，加大对重点工程、“三农”、中小企业和技术改造、兼并重组的信贷支持，有针对性地培育和巩固消费信贷增长点。

从政策的实施背景来看，新一轮财政政策出台之时，外部形势异常严峻。一方面是由于 2008 年爆发的国际金融危机态势更严重、影响更广泛；另一方面也是因为我国对外依存度远高于十年前，更容易受到冲击。总的来说，国际金融危机的负面影响加上转轨经济体内部一系列结构性矛盾与体制问题使国内的经济发展自 2008 年开始进入一段较低迷的时期。在这样的背景下，中央适时提出要实施以政府投资为核心的扩张政策，实际上，仍是希望通过与上一轮积极财政政策类似的方式来取得增长的效果。

与 1998 年的情形相比，新一轮政策的力度更强，公共投资额度更大。其中，中央政府新增投资 1.18 万亿元，预算赤字创纪录地达到 9 500 亿元，不仅如此，还打破了《中华人民共和国预算法》中不允许地方政府举债的法律约束，由中央代发地方政府债券 2 000 亿元。除此之外，政府还采取了“家电下乡”、发放“消费券”等多样化的措施来启动居民消费需求。

基于对新一轮积极财政政策属性的判断，不难发现，本轮政策仍然非常注重经济增长这一目标，并且以“铁公基”为核心的基础建设投资方向同样表明，与此次财政投资扩张力度相比，减税与调节收入分配等措施的贯彻力度仍然有所不足。例如，结构性减税本属于具有较强改革属性的措施，然而，虽然 2009 年下半年以来中国政府出台了一系列结构性减税政策，并提出每年减税 5 000 亿元的要求，但从数据上看，政府收入增幅仍然居高不下，2009 年税收同比增长 9.1%，2010 年，其增长率更是高达 20.8%。显然，这种减税对降低居民和企业负担只能起到的略微的缓解作用。

二、本轮财政扩张对游资的影响

图 5-5 是我们在第四章所进行的国内游资总量测算结果图，为了明显地看出财政政策的作用，我们将 2008 年年底至 2010 年年底的新一轮财政扩张期用虚线进行表示。从图 5-5 可以看出，在 2008 年国际金融危机对国内经济产生不利影响后，游资规模在经历了短暂下降之后反而出现剧增的情形，并与新一轮积极财政政策的实施同样呈现高度的一致性，这验证了财政扩张会引发游资剧增的理论假设。根据测算结果，在 2008 年 10 月，游资总量降至国际金融危机以来的最低点，约为 1.11 万亿元，而积极财政政策的出台和实施却成为游资再度扩张的起始点。随后，我们对新一轮财政扩张与游资联动的情况进一步展开分析，发现了以下几个方面的深层原因。

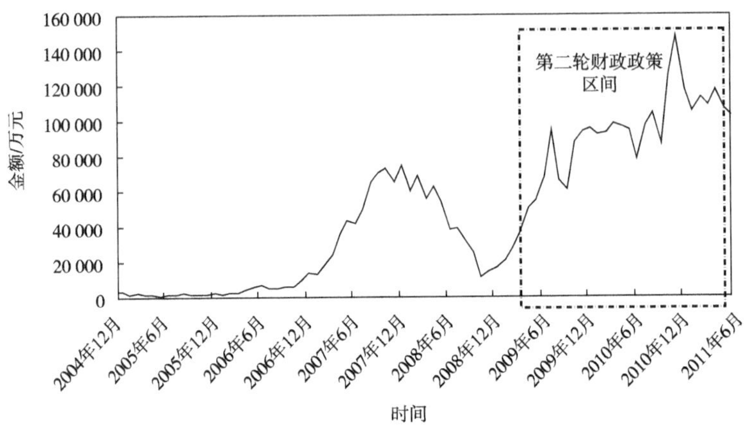

图 5-5　第二轮财政政策期间的游资总量变化

1. 财政“药方”不完全对“症”

结合我国转轨背景的理论分析认为，转轨是当前经济社会最突出的特征，以至于经济发展所受到的需求约束更多的是体制性原因造成的，并不能完全由成熟市场经济条件下的供给过剩理论来解释。因而，在市场经济体制中通常存在的“政府投资拉动→消费增长→民间投资增长→经济自主增长”的链式结构中，当前的传导机制受到体制转轨的制约，实际的居民消费很难通过政府投资带动起来。由于市场机制不够完善，当前消费环节的障碍与我国国民收入分配机制、社会保障水平等密切相关。在这种体制性约束下，只要收入分配、民生和市场效率等问题没有很好得到解决，消费和投资环节存在的体制障碍就无法破除，以投资扩张带动经济恢复自主增长就失去了其传导的媒介。

从上述视角来看待新一轮积极财政政策实施方式，很明显的是，具有需求管理特征的财政政策并不是转轨经济体恢复自主增长的最佳药方。直观的数据是，扩张性财政政策的实施期间，游资规模增长了十余倍。由于财政政策无法通过居民消费和民间投资环节进行传导，也不能自动解决消费难以启动等需求约束问题，所以，它只能通过直接带动来促进经济增长，要出现同样的政策效果，就需要非常强的政策力度来支撑。在实体经济受到国际金融危机冲击的背景下，实体经济增长乏力，实业投资机会少，回报率也比较低，这样，不仅财政资金无处可投，中央为地方下达的配套指标更是缺乏合理的投资渠道。在政策的实施过程中，很多项目都没有经过合理的论证就匆匆实施，投资效率本身也难以提升，所以，无论是从绝对量上，还是渠道方面，新一轮财政投资扩张向游资的“漏损”都比上一轮政策周期的规模更大。

2. 财政引起的货币效应和金融风险

随着我国经济刺激计划的实施，预算赤字不断增加，这不仅体现在中央层面，实际上，地方一层的债务问题更是日益严重。自 20 世纪 90 年代以来，我国中央与地方在财权和事权上一直很不匹配，而财政投资的扩张对地方财政又提出了较高的要求，根据 2010 年政府审计的数据，地方债务的总规模已高达 10.7 万亿元。在目前的财政体制下，财力向中央集中，所以，在地方资金配套能力不足的情况下，一方面地方债的风险加大，另一方面也强化了在地方一级对土地财政的依赖性。

从本轮积极财政政策的融资方式来看，除国债以外，以天量信贷为标志的宽松的货币政策也成为大规模财政扩张的重要融资途径，在取得直接拉动经济效果明显的同时，也埋下了极大的通胀隐患。虽然按照凯恩斯主义的观点，财政政策可以是独立的，但在现实中，尤其是我国政府整个宏观调控体系还处于不断完善的过程之中，即使可以独立地实施财政政策，但对于财政政策所引发的赤字、债务等问题却仍然需要在后续时期加以解决。因此，虽然从实际操作的角度可以独立地实施扩张性财政政策，但这仍然无法割裂弥补财政赤字可能出现的财政引发通胀的问题。

众所周知，货币扩张是游资的一个直接来源，而在货币引起通胀的过程中，存在泡沫的资产价格往往比实际商品的价格更为敏感，这样，财政扩张在引起货币和金融风险的过程中，则很容易间接地带动虚拟经济，增加游资的绝对量。

3. 财政投资的边际收益降低

在投资方向上，新一轮积极的财政政策仍将“铁公基”等基础设施建设项目作为政府投资的核心。基于此前对政策传导的理论分析，这部分资金仅仅能够起到直接贡献于产出的作用，而无力于促进经济恢复自主增长。

与上一轮积极财政政策相比，由于改革开放初期我国很少集中资源进行大规模的经济建设，到 1998 年前后，基础设施已经极度落后，对经济发展形成了极大的制约。在这样的背景下，通过对水利工程、机场、铁路等基础设施进行大规模建设和更新，以基础设施建设为核心的公共投资扩张为未来的经济增长提供了必要的硬件基础，消除了基础设施的制约，客观上为经济发展提供了物质条件。然而，由于 1998 年以来的长期大规模投资建设极大地降低了政府投资的边际收益，基础设施硬件已不再像十年前一样亟待更新，所以，同样的政策方式反而可能加剧产能过剩的趋势。

随着社会总投资的增长以及硬件设施的不断更新，再次投资于基础设施的政策损耗也会越来越大，如果说上一轮政策周期中出现了财政资金由于投资收益不高而非规范地转化为游资的情形，那么，对新一轮财政扩张来说，被转化为游资的财政资金所占总资金的比例则将更大，而且投资边际收益的进一步降低也更加大了投机领域对资金的吸引力。

三、本轮财政扩张与房地产游资积累

在 2008 年国际金融危机以后，由于实体经济增速的下滑，以房屋为依托的房地产市场成为当前游资更加青睐的投机领域。图 5-6 和图 5-7 为第四章所测算出的我国房地产领域的游资及其投机炒作情况，同样，通过将 2008 年以来的新一轮积极财政政策时段用虚线进行区分，我们可以比较明显地观察到政策实施期房地产领域内游资的变动情况。

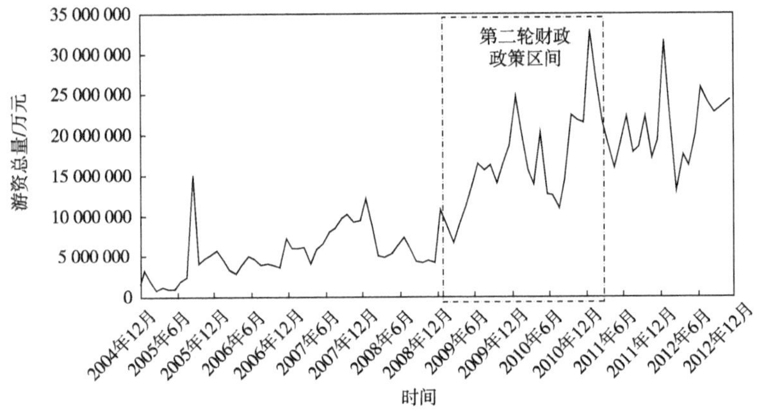

图 5-6　房地产市场游资总量

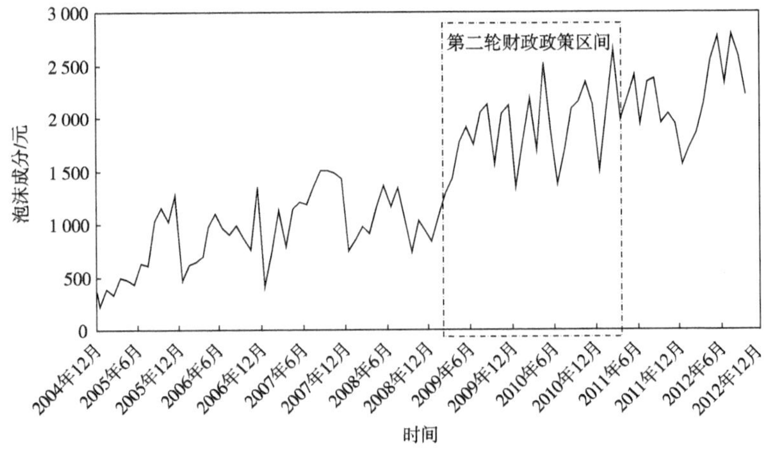

图 5-7　房屋单位价格中的泡沫成分

无论是房地产市场中的游资总量还是房屋单价中所含的泡沫成分，都容易发现，在 2008 年年底至 2010 年年底，虽然游资总量与投机泡沫均呈现波动的特征，但仍然存在比较明显的上升趋势。尤其是因为受到了国际金融危机的冲击，2008年的房价及其泡沫程度本身都有所下降，这使得在新一轮财政扩张之后，房地产泡沫加大的趋势更加明显。

然而，与总量意义上的游资相同的是，当存在于房地产领域的游资随着财政扩张政策的实施而增加的同时，相应房屋的价值本身却并未发生变化，特别是国内宏观经济形势并未显著好转，2009年以后，居民的实际收入水平、房屋租金都并未出现大幅度上升，这样，上涨的部分也就是脱离了基础价值的泡沫部分。

与此同时，地方政府对土地财政的依赖程度也越来越强。从数据上看，表5-2是2001~2010年土地出让收入占地方财政本级收入的比重，可以发现，虽然在2008年国际金融危机的背景下土地出让收入有所下降，然而其回升速度极快，到2010年已高达29 397亿元，占地方财政收入的83.1%。

表5-2　中国地方政府财政本级收入与土地出让金收入比重[①]

年份	地方财政本级收入/亿元	地方政府土地出让金收入/亿元	比重/%
2001	7 803.30	1 295.89	16.6
2002	8 515.00	2 416.79	28.4
2003	9 848.98	5 421.00	55.0
2004	11 893.37	6 412.00	53.9
2005	15 100.76	5 884.00	39.0
2006	18 303.58	7 676.89	41.9
2007	23 572.62	11 947.95	50.7
2008	28 649.79	9 600.00	33.5
2009	32 581.00	15 910.20	48.8
2010	35 382.97	29 397.00	83.1

通过理论分析发现，土地收入早已成为地方政府获取财政收入的首选方式，数据也证实了这一点，2001~2010年土地收入占地方财政收入的比重均值在50%左右，虽然2007年我国开始实施的《国务院办公厅关于规范国有土地使用权出让金收支管理的通知》要求土地出让金收入全额纳入地方基金预算管理，但2009年7月审计署对18个省（自治区、直辖市）财政预算管理审计仍然显示，有10个省（自治区、直辖市）600多亿元的土地出让金没有纳入预算，直接进入地方政府。

同时，在这个阶段，国有企业参与房地产投机也较此前更为频繁，涉及的资金规模也越来越大，“地王”更是频频出现。上文我们的分析认为，财政资金很

① 地方财政收入数据来自国家统计局，历年土地出让金数据来自国土资源部或媒体公开报道。

可能会通过国有企业流入虚拟经济进行投机炒作，现实中的情况也证实了这一论断。据中国人民银行数据显示，2009 年前 6 个月，我国新增贷款 7.37 亿元，同比增加 200%，其中大部分都进入了国有企业，并且，在政策运行期间，国有企业纷纷参与土地市场中的竞拍，有时甚至在国家出台各类限令时仍然逆市而上。例如，2010 年的《国务院办公厅关于促进房地产市场平稳健康发展的通知》（即国十一条）发布仅仅十余天后，中海地产就在北京以 59.7 亿元竞得丰台区项目用地，地块溢价率达 195%。

总的来说，可以认为，2008 年以后的财政扩张极大地推动了游资规模的膨胀，尤其是促进了房地产业的游资积累，这期间，不仅财政资金成为游资的重要来源，而且财政扩张引发的货币效应、对资源配置的扭曲还形成了使资本由实体经济向虚拟经济加速流动的趋势。

第四节　本章小结

针对当前宏观经济中被广泛关注的游资问题，我们提出了财政因素经由转轨背景下的特殊传导链条影响到国内游资变化的理论假设。研究发现，无论是财政体制还是财政政策都存在影响游资变动的理论渠道，尤其是以政府投资为核心的积极财政政策在促成游资规模积累的同时，还对游资内部结构产生了一定的影响。经验事实及实证分析都表明，当前财政已成为我国游资积累与集中的重要影响因素之一。

近些年我国较频繁地通过财政扩张方式解决经济增长问题，却间接地对游资的积累与变化产生了一些影响。从市场游资的结构来说，消除因政策性因素产生的游资也是避免游资泛滥的重要途径。近期，随着各项政府宏观经济政策的实施，财政政策因素已经成为游资积累和集中的重要推动力，因此，面临宏观经济中日益严重的游资风险，未来很可能需要政府谨慎地实施扩张性财政政策，尤其是避免政策性资金流入市场成为游资。并且，由于财政投资对游资变化还具有非线性特征，这就要求未来政府投资政策保持一定的适度性，尤其是要避免持续加大财政投资力度的决策，其中，最需要避免的就是将公共投资政策的实施力度加大到诱发房地产业泡沫积累的情形，从目前我国房价接连上涨的现象，这种情况可能已经有所显现，因此，未来就要更加谨慎地实施以投资扩张为主要措施的财政政策。

积极财政政策导致游资扩张的途径不仅在政策实施环节，在其传导环节所产生的漏损同样也是一个亟待解决的难题。对此，我们认为，解决问题最根本的方式仍是消除制约我国财政政策发挥作用的体制性约束，发展实体经济。当前，我国在财政、金融和行政等方面的不完善构成了实体经济内部消费与投资环节的体制障碍，使财政政策难以发挥应有的乘数效应，不仅无法有效地带动经济恢复自主增长，反而促成了虚拟经济的扩张。因此，只有深化各领域改革、破除体制性因素对实体经济发展的制约，才能有效地解决投机性资金随着财政投资扩张而积累的难题。

本章的视角与以往大多针对游资和投机问题的研究有所不同，其特殊之处在于：其一，从财政体制、财政政策、投机泡沫和资本过剩等多个角度展开分析，虽然旨在分析财政因素与游资之间的关系问题，却并不局限于问题本身，而是从整个中国经济转轨过程出发，将该问题置于转轨时期我国经济发展与转型的框架内，加入历史与制度的内容。其二，受西方泡沫经济理论的影响，我国过去对于宏观经济政策与游资问题的研究，大都是对货币、汇率和金融等政策进行分析，忽略了转轨经济体中财政作用的特殊性。尤其是所研究的财政因素，不仅仅涵盖财政政策层面，还包括财政体制这一层。可以说，本章对财政影响游资可能途径的分析也是对当前财政政策工具性效果不足、财政制度规范程度不高，以及体制不完善等问题的系统研究。

第六章　财政与游资总量变化的实证关系研究

上文从过程的观点，对财政与游资的互动机理进行了理论分析。由于在中国经济体制转轨的背景下，财政因素存在数条传导至虚拟经济的可行渠道，据此，我们得出了财政已经成为引致游资积累与变化的重要因素的理论假设。接下来，我们将根据上文所测算出的国内游资总量，对上述理论假设进行实证检验。其中，财政行为并不仅仅局限于政府税收政策、投资等具体措施，而是更为广义的财政行为，包括财政制度变化、体制规范性的提升、政策转向等，因此，对财政与游资变化所进行的实证研究也将从体制和政策的角度分别进行分析。

第一节　财政体制层面的实证分析

一、理论假设与实证研究设计

根据理论分析我们认为，首先，在财政监管体制不够完善的前提下，财政资金会在实体经济的传导环节中出现漏损，一部分财政资金会流出政策本身的传导通道而流入虚拟经济；其次，现有财政分权的安排下，我国具有集权倾向的财政收入垂直分配关系以及政绩考核制度，造成了如“地方性投资冲动”“土地财政”等非常态化现象，这类现象不仅能够改变居民和企业的预期，而且还直接或间接地影响实体经济与虚拟经济的回报率；最后，现行的收入分配、税收等制度的不完善性都可能在缺乏投资渠道的前提下构成鼓励或抑制投机的因素。总的来说，财政制度的规范性与成熟性既能直接影响到财政资金直接投入虚拟经济的难易程度，又能影响到社会资金转化为游资的意愿。

事实上，在美、欧等发达国家和地区也曾在经济繁荣时期出现过实体经济与虚拟经济之间的回报率差距，即投机的回报率高于实业投资的情况，但其之所以未曾出现财政资金直接注入虚拟经济，最关键的就是在这些发达的市场经济国家，已经形成了非常完善的财政资金运用与监督机制，极大地降低了滥用财政资金的可能性。目前，我国正处于转轨的进程中，财政体制也处在由计划财政向公共财政逐渐变革的过程中，迄今为止，还没有形成比较完善的财政资金运用和监督机制。因此，对财政体制性因素与游资之间联动关系存在与否的判断，也能从侧面看出我国财政资金的运用和监督机制是否已经趋于完善。基于此，从财政体制的角度，实证地检验体制性因素是否存在与游资的相关关系是非常必要的。

其中，在理论分析中关于财政分权安排以及税制形成了鼓励游资投机的观点，由于其变化主要发生在 20 世纪 90 年代中期，统计数据还不是很完备，所以很难采取实证研究的方法，只能从经验事实角度来加以论述；而关于财政资金直接形成游资的观点，则可以通过实证研究的方法，对该理论分析进行检验。具体来说，本节所着重分析的理论假设如下：财政制度的规范性越强，财政用于公共投资的资金就越难直接流入虚拟经济，游资规模也就越低。

1. 体制性因素替代变量选择

从规范性的角度，我们认为制度越规范，财政资金向虚拟经济的流动渠道就越少，漏损也就越少。然而，由于实证研究无法准确地度量制度的规范程度，只能选择相应的替代变量。在制度规范性变量的选择过程中，对于具有明显分界线的制度变革和规范性提升，很多实证研究都采用赋值 0~1 的虚拟变量作为替代。而对于本节所研究的问题，自 1998 年至今，实际上我国财政体制并未发生大的改革，但通过多项政策的出台对原有体制的修补，财政规范程度也在逐渐完善的过程中，所以在这里，我们以相应类别规章文件的出台数目作为相应领域的财政制度变量。通过搜寻相关的数据，为准确地衡量财政体制层面的变动，本章的实证分析拟从两个角度选取替代变量。

首先，我们总结了近几年财政部出台的各项规章、政策，从中发现，比较重大的事项都会被编纂到财政部文告，据此，通过将涉及体制改革、财政系统规范化和预算监督等相关的通告进行搜集与分类，近年来涉及财政制度的文告可划分为六个大类，分别为财政预算制度改革、财政系统行政规范化、会计制度完善、财权与事权调整、税收政策及财政专项资金使用。其中，一些涉外事项，如关于外国政府贷款管理、与世界银行合作等事项的通告并未纳入统计，还有一些为举办世博会、奥运会等出台的优惠政策、针对 SARS 出台的专门文件等因突发事件而出台的临时规范性文件并未计入在内。随后，我们对不同类别的财政部文告进行了整理和统计。

其次，为了避免上述衡量方法及主观分类的误差，本章还采用《中国财政年鉴》中对于财政规章及其他规范性文件的分类统计对其进行了补充。具体来说，在《中国财政年鉴》中，所有重要的财政规章和文件被分为综合、法制、税收、关税、预算、国库、行政政法、教科文、经济建设、农业、社会保障、企业、金融、国际、会计、监督检查和农业综合开发等许多类别，非常详细。这也是我们对财政体制性因素衡量方法的补充。

2. 样本与数据

本小节基于上文的测算，对财政体制与游资的关系进行实证分析。在实证研究中，我们以游资总规模为被解释变量，以财政体制性因素为核心解释变量。延续上文的理论思路，由于游资容易受到宏观经济基本面和货币等因素的影响，我们的实证选择了货币量、外商直接投资、宏观经济景气指数及利率四组作为控制变量。其中，所选取的货币变量为 M2 的增速，表示为 M2；外商直接投资表示为 FDI；宏观经济景气指数采用的是国家统计局所公布的宏观经济景气指数中的先行指数来衡量，表示为 Index；利率用的是一年期的贷款利率，表示为 R1。此外，由于核心解释变量存在很多类别，所以，将更详细的数据和变量含义在表 6-1 中列出。

表 6-1　变量含义与解释

变量性质	变量名称	变量含义	变量名称	变量含义
被解释变量	Bubble	泡沫总额	—	—
控制变量	M2	M2 增速	FDI	外商直接投资
	Index	宏观经济景气指数	R1	利率
解释变量	第（1）组 200001-201106		第（2）组 200001-201012	
	Fref	体制改革类	Qleg	法制类
	Facc	会计	Qsup	监督检查类
	Fbud	预算	Qdev	经济建设类
	Fsys	财政系统内部规范	Qadm	行政政法类
	Fspe	财政专项资金支出	Qban	金融类
	—	—	Qbud	预算类

其中，用以衡量游资变化的数据来源于第四章从资金流向角度对社会游资规模进行的测算与汇总，为 1998 年 1 月至 2011 年 6 月的时间序列数据，而其他的宏观经济数据来源于中经网统计数据库。另外，由于财政部文告数据的样本时期是 2000 年 1 月至 2011 年 6 月，而以《中国财政年鉴》中的财政规章进行统计的数据样本期是 2000 年 1 月至 2010 年 12 月，所以，本节的计量实质上包含两个样本时期。随后，对于两组数据，我们分别进行了变量的描述性统计（表 6-2 和表 6-3）。

表 6-2　变量的描述统计（第 1 组：样本期为 2000 年 1 月至 2011 年 6 月）

变量	样本数	均值	标准差	最小值	最大值
Bubble	138	30 772.4	37 006.26	1 216.384	147 834.40
FDI	137	57.49	23.23	18.3	130.94
M2	138	17.50	3.98	12	29.74
Index	138	2.10	1.50	−2.26	6.04
R	138	5.81	0.63	5.31	7.47
Fspe	138	2.66	2.05	0	11
Fref	138	0.18	0.46	0	2
Fbud	138	0.42	0.60	0	3
Fsys	138	0.22	0.47	0	2
Facc	138	1.10	1.38	0	7

表 6-3　变量的描述统计（第 2 组：样本期为 2000 年 1 月至 2010 年 12 月）

变量	样本数	均值	标准差	最小值	最大值
Bubble	132	27 214.6	33 731.05	1 216.384	147 834.40
FDI	131	55.48	21.30	18.30	130.94
M2	132	17.57	4.05	12	29.74
Index	132	1.02	0.015	0.98	1.06
R	132	5.80	0.64	5.31	7.47
Qleg	126	0.36	0.67	0	3
Qsup	126	0.35	0.65	0	3
Qban	126	1.33	2.08	0	14
Qbud	126	1.22	1.34	0	7
Qdev	126	1.75	1.73	0	8
Qadm	126	0.66	1.02	0	6

二、实证方法与计量模型

在理论分析中，我们认为财政体制性因素与游资总量之间存在相关关系，为利用已有数据对此关系进行检验，本小节构建了时间序列回归的计量模型：

$$\text{Bubble}_t = \alpha_1 \text{M2} + \alpha_2 \text{FDI} + \alpha_3 R + \alpha_4 \text{Index} + \beta_i \text{FX}_i + \varepsilon_t \qquad (6\text{-}1)$$

其中，ε 为残差项；而 FX_i 为第 i 类型的解释变量，是根据样本时期和数据来源分为两组的财政体制性因素。假设残差项 ε 满足古典假定，随后，本节将采用普通最小二乘法（ordinary least squares，OLS）对式（6-1）进行回归分析。

时间序列的样本性质要求各个变量都是平稳的，因此，我们根据 Dickey 和 Fuller（1981）提出的 ADF 方法对回归分析所涉及的变量进行单位根检验，并对存在单位根的序列进行差分。由于本小节的实证研究包含两类样本时期，所以分别对其进行检验，具体的单位根检验结果见表 6-4 和表 6-5。

表 6-4　变量的单位根检验（第 1 组）

变量	ADF	结果	变量	ADF	结果
Bubble	−2.12（0.53）	*I*（1）	dBubble	−6.32（0.00）	*I*（0）
M2	−3.51（0.04）	*I*（0）	Index	−4.81（0.00）	*I*（0）
FDI	−1.15（0.69）	*I*（1）	dFDI	−9.57（0.00）	*I*（0）
R	−2.24（0.19）	*I*（1）	DR	−8.63（0.00）	*I*（0）
Fref	−10.32（0.00）	*I*（0）	Fsys	−9.23（0.00）	*I*（0）
Fbud	−3.37（0.00）	*I*（0）	Facc	−2.10（0.03）	*I*（0）
Fspe	−1.75（0.08）	*I*（0）			

注：括号内为 *P* 值

表 6-5　变量的单位根检验（第 2 组）

变量	ADF	结果	变量	ADF	结果
Bubble	−1.20（0.90）	*I*（1）	dBubble	−4.91（0.00）	*I*（0）
M2	−2.90（0.05）	*I*（0）	Index	−4.69（0.00）	*I*（0）
FDI	−1.14（0.70）	*I*（1）	dFDI	−9.52（0.00）	*I*（0）
R	−1.85（0.35）	*I*（1）	DR	−8.18（0.00）	*I*（0）
Qleg	−4.77（0.00）	*I*（0）	Qbud	−11.59（0.00）	*I*（0）
Qsup	−8.26（0.00）	*I*（0）	Qdev	−1.88（0.06）	*I*（0）
Qban	−3.34（0.00）	*I*（0）	Qadm	−3.40（0.00）	*I*（0）

从表 6-4 和表 6-5 可以看出，游资规模、外商直接投资及利率水平三个时间序列变量在显著性水平为 10%的 ADF 检验中都存在单位根，而其一阶差分则在 1%的显著性检验水平下拒绝了单位根假设，从而这三列变量均为 *I*（1）序列。其余的变量则都在 10%的显著性水平下拒绝单位根假设，即为 *I*（0）序列。据此结果，我们对包含单位根的序列进行了差分处理，使所有的变量平稳。

三、实证结果与解释

在上文理论分析和数据描述的基础上，本小节对可能影响游资变化的财政因素进行计量检验，并重点考察财政体制性因素的重要性。表 6-6 报告了两组时间序列的计量结果。

表 6-6　时间序列计量结果

分组	被解释变量 dBubble					
第（1）组	FDI	−89.37***（−2.67）	Index	−268.15（−0.47）	M2	469.26**（2.21）
	R	8 888.16*（1.87）	Fspe	−614.71*（−1.82）	Fref	852.22（0.59）
	Fsys	3 100.66**（2.25）	Facc	−252.42（−0.50）	Fbud	171.66（0.15）
	C	−5 535.61（−1.58）	R^2	0.17	DW	1.98
第（2）组	dFDI	−65.44（−1.61）	Index	−98 165.68（−1. 61）	M2	760.24***（3.22）
	DR	9 716.89**（1.97）	Qleg	−1 531.82（−1.41）	Qsup	−2 211.8**（−2.02）
	Qbud	−308.75（−0.59）	Qadm	1 231.41（1.63）	Qdev	−833.12*（−1.77）
	Qban	−119.75（−0.32）				
	C	90 545.34（1.51）	R^2	0.17	DW	2.06

*、**和***分别表示 10%、5%与 1%的显著性水平

注：括号中为 *t* 值

第（1）组方程是以财政部文告数据作为体制因素替代变量所进行的回归，从结果看：首先，财政专项资金支出与财政系统内部规范两项分别在 10%和 5%的水平下显著，其中，财政专项资金政策变量与预期比较相符，其系数值为−614.71，这说明，为了对财政专项资金使用进行规范而出台的政策规章与游资规模之间呈现负向相关，验证了此前所提出的理论假设。它还表明，如果能够明确各类财政专项资金的用途和使用办法，就能够有效地堵住财政资金转变为游资的渠道。其次，会计规范与预算规范两个变量的系数并不显著，不仅如此，第（2）组方程中预算变量的系数也不显著，说明预算和会计并未影响到游资规模的变化。结合最近几年新会计制度实施和预算制度的改革，可以认为，我国的会计和预算制度相对来说是比较完善的，比其他制度的规范性更强。最后，财政部门内部规章制度变量系数在 5%的水平下显著，且系数为 3 100.66。虽然在理论分析中，财政部门本身越规范、越透明，财政资金直接流入游资的可能性就越小，但由于我们所选取的政策变量是财政部门所出台的规范文件数，我们认为，这种正相关情形的出现是由于我国政策通常具有针对性和应急性的特征，政策的前瞻性往往不强而且带有事后补救的特征。这样，很可能是财政制度的规范性不足才导致了相关文件的出台。尤其是“实行财政部门内部监督检查办法”和“开展检查工作”等都带有比较明显的事后特征。

第（2）组方程则是根据财政规章制度变量进行的回归，结果发现，监督检查变量在5%的水平下显著，且与游资总规模呈现负相关的关系，系数为–2 211.8，表明对财政监管的力度越强，游资的总量就越小，这很好地说明了规范程度在避免财政资金转化为游资中监督的重要性。另外，经济建设变量也在10%的显著性水平下与游资总规模负向相关，此结果与第（1）组方程中的财政专项资金使用的变量具有类似的含义。

总的来看，预算、法制、行政和会计这几类严格的制度变量，其规范程度与游资并不存在线性关系，而监督检查、专项资金等比较具体的变量，则可以发现财政规范性与游资之间存在联动关系。并且，财政体制的规范性与游资相关也说明，当前，我国财政专项资金使用的规范性仍然不足，在资金使用、监督方面的体制漏洞还广泛存在，相比之下，预算、法制、行政和会计这几项则相对完善一些。

第二节　财政政策与游资之间线性关系的实证检验

一、实证研究设计与假设的提出

根据理论分析，在政策实施阶段，财政投资扩张的过程中，财政资金在进入市场的环节会在地方一层出现损耗，随后，基础设施建设通常是财政投资扩张的重心，国有企业更容易在财政投资的扩张中积累资本，形成资金的优势，同时信贷及融资情况还会使原有的资金配置差距进一步扩大化。基于此种机制，部分财政资金因监管不善成为政策的损耗，间接形成了企业、个人的非规范收入。而对于另一部分进入市场环节的资金来说，国有企业拥有大量的剩余资金，有很强的动机将剩余的资金转化为游资，从投机炒作中获利。

而在政策传导阶段，财政投资政策的有效性依赖于乘数效应，受体制性约束，公共投资无法有效地转化为消费，反而会形成政策资金的漏损。在投资渠道缺乏的前提下，也就相应增加了投资虚拟经济进行保值增值的动机。因此，本节提出第一个财政投资向游资传递的理论假设。

假设 6-1：在政策实施的非规范性背景下，财政投资会以一定比例注入投机市场直接形成游资，即财政投资与游资规模呈现同方向的联动特征。

根据以上两个财政投资转化为游资的途径，我们还可以发现，财政投资的传递具有单向性特征，也就是说，如果财政扩张已经促成资金流入虚拟经济并增加了游资的总量，随后，即使政策转为紧缩，只要原有的比较差距仍然存在，已经转变成游资的资金也不会再回流至实体经济。此外，由于投机资金还具有典型的正反馈特征[①]（de Long et al.，1991；Olsen，2004；Richards，2005），用于投机的游资规模越大，则虚拟经济的收益率也就越高。这样，财政投资的过度增加还有可能促成实体领域的其他类型资本向游资的转变，使游资规模加剧扩张。据此，当财政处于扩张时期，除直接注入虚拟经济形成游资以外，财政资金还可能通过正反馈效应引致实体资本向游资的转变；相反，当财政处于收缩时期，在其他影响因素不变的前提下，它只会减少游资的注入，却并不会引起投机资金的撤出。基于这个判断，我们不仅认为财政投资变化能够影响国内游资规模，而且认为这种传递会呈现出非对称性的特征。因此，我们又提出了以下理论假设。

假设 6-2：财政政策对游资的投机泡沫不仅具有联动的放大机制，而且财政投资对游资的影响具有非对称性的特征。

接下来，我们将分别对上述两个理论假设进行实证检验。

二、政府投资影响游资变化的格兰杰因果检验

为进一步确定财政投资与游资变化之间是否构成因果关系，我们将运用格兰杰因果关系检验来加以判断，对政府投资影响游资变化的理论假设进行深入的实证分析。

1. 变量与数据

对于财政投资与游资变化之间的关系问题，我们尽可能扩大数据区间和实现变量选择的多样化，以避免变量选择所带来的误差。其中，我们的样本区间为 2000 年 1 月至 2011 年 6 月，同时，进行实证研究所使用的指标包括中央财政投资、地方财政投资、固定资产投资中的预算资金以及固定资产投资中国有控股企业投资四个变量，并将其分别表示为 Icen、Iloc、Ipo 和 Ibud。具体地，变量的描述性统计结果见表 6-7。

表 6-7 格兰杰因果检验所用的变量描述统计

变量	样本数	均值	标准差	最小值	最大值
Bubble	138	30 772.400	37 006.260	1 216.384	147 834.40
Icen	136	971.310	525.030	210.010	2 500.00
Ipo	102	4 963.315	2 445.560	1 288.180	12 389.24
Iloc	138	7 806.830	6 664.170	726.980	32 622.35
Ibud	138	516.080	418.460	62.330	1 742.79

① 投机的正反馈特征，是指当价格上涨时会引起更强的买入动机，促使价格的进一步上升，反之亦然。它通常用来解释资产价格持续暴涨后急剧下跌的现象。

2. 单位根检验

格兰杰因果检验的思想是，对于 x_t 和 y_t 两组时间序列，如果 x_t 的变化能够引起 y_t 的变化，则 x_t 的变化应当发生在 y_t 的变化之前。这样，在对以下两个方程①分别进行无约束和有约束的估计时，如果在式（6-2）中部分 α_i 显著不为零，则称 x_t 是 y_t 的格兰杰原因；类似地，如果式（6-3）中部分 α_i 显著不为零，则称 y_t 是 x_t 的格兰杰原因，如果两者都存在，则称 x_t 与 y_t 互为格兰杰因果关系。

$$y_t = \alpha_0 + \sum_{i=1}^{m} \alpha_i x_{t,i} + \sum_{j=1}^{m} \beta_j y_{t,j} + \varepsilon_t \tag{6-2}$$

$$x_t = \alpha_0 + \sum_{i=1}^{m} \alpha_i y_{t,i} + \sum_{j=1}^{m} \beta_j x_{t,j} + \mu_t \tag{6-3}$$

另外，在进行格兰杰因果检验前，必须先确定所选择的序列是否平稳。为保证数据的可解释性，在四个变量中我们对国有控股企业投资和地方政府投资两个变量取对数，随后，我们对各个变量序列进行 ADF 单位根检验，结果如下（表 6-8）。

表 6-8　格兰杰因果检验变量的单位根检验

变量	ADF	结果	变量	ADF	结果
Bubble	−2.12（0.53）	$I(1)$	dBubble	−6.32（0.00）	$I(0)$
Icen	−2.15（0.51）	$I(1)$	dIcen	−1.78（0.07）	$I(0)$
lnIpo	−1.94（0.62）	$I(1)$	dlnIpo	−2.22（0.02）	$I(0)$
lnIloc	−1.30（0.88）	$I(1)$	dlnIloc	−5.68（0.00）	$I(0)$
Ibud	−0.21（0.99）	$I(1)$	dIbud	−2.65（0.01）	$I(0)$

从以上单位根检验的结果可以看出，用来衡量财政投资的四组变量均存在单位根，因此，我们对其直接进行了一阶差分。结果显示，差分后的序列均为平稳序列。

3. 结果与解释

通过采用差分后的时间序列，我们得出了对 2000 年 1 月至 2011 年 6 月的区间数据进行格兰杰因果检验的结果（表 6-9）。如果将显著性水平设为 10%，可以发现，以中央财政投资、地方财政投资、国有控股企业投资和预算投资四组变量来衡量的政府投资都在不同的滞后期下成为游资变化的格兰杰原因。

---

① 此时，式（6-2）和式（6-3）的形式是不存在协整关系时采用的。

表 6-9　格兰杰因果检验结果

原假设	中央投资不是游资的格兰杰原因		地方政府投资不是游资的格兰杰原因		国有控股不是游资的格兰杰原因		预算投资不是与游资的格兰杰原因	
	F 统计量	*P* 值	*F* 统计量	*P* 值	*F* 统计量	*P* 值	*F* 统计量	*P* 值
滞后 1 期	0.39	0.53	2.08	0.15	3.23	0.08	2.56	0.11
滞后 2 期	0.04	0.96	2.95	0.06	3.45	0.04	0.58	0.56
滞后 3 期	2.79	0.04	2.32	0.08	2.47	0.07	0.70	0.56
滞后 4 期	2.42	0.05	2.02	0.10	2.01	0.10	2.30	0.06
滞后 5 期	1.74	0.13	1.80	0.12	1.55	0.18	2.09	0.07
滞后 6 期	1.88	0.09	1.97	0.08	1.61	0.15	1.89	0.09
滞后 7 期	1.65	0.13	1.65	0.13	1.55	0.16	1.91	0.07
滞后 8 期	1.39	0.21	1.42	0.19	1.31	0.25	3.22	0.003

具体来说，在滞后 3~6 期，中央投资是游资规模变化的格兰杰原因，这表明中央投资流入虚拟经济，最终形成用于投机炒作的游资要经历 3~6 个月。并且，由于财政政策通常需要一年左右的时间出现政策效果，事实上很可能存在中央投资直接转变成游资的一部分。相应地，地方政府在滞后 2~3 期表现为游资变化的格兰杰原因，显然游资对于地方投资的反应要快于对中央财政投资。另外，国有控股企业投资在滞后 1~4 期通过了 10%的水平的检验，尤其是在第 1、2 期就成为游资变化的格兰杰原因，这充分说明，国有控股企业本身的投资就是游资的一个直接来源。

与上述三项相反的是，预算投资在第 6 期以后才成为游资变化的格兰杰原因，且其第 8 期的 *P* 值在 1%的水平下显著。这说明即使是预算资金，尽管对其管理相对来说更为严格，但仍然会存在形成游资的渠道。

三、财政冲击对游资的脉冲响应函数

显然，使用格兰杰方法只能得出财政投资与游资两者之间的定性关系，而要得出定量的关系，还需采取其他方法。因此，我们还将进行扩展，构建一个包含游资总额、货币与开放经济变量在内的 VAR 模型，通过脉冲响应函数（impulse response functions，IRF），分析各个财政投资对游资总量的影响。

本节构建的 VAR 模型系统由以下内生变量组成，分别是游资总额 Bubble、中央财政投资 Icen、地方财政投资 Iloc、外商直接投资 FDI、货币供应 M2 增速、汇率 Rex、物价水平 CPI 和利率 R。由于所用到的多数实证变量已在上文进行过描述，本小节只报告新加入的汇率和物价水平两个控制变量的统计描述（表 6-10）。

表 6-10　变量描述统计补充

变量	样本数	均值	标准差	最小值	最大值
Bubble	138	30 772.4	37 006.26	1 216.384	147 834.4
Rex	138	7.74	0.65	6.48	8.28
CPI	138	2.14	2.46	−1.80	8.70

对于新加入的两个变量，ADF 单位根检验结果显示，汇率 Rex 和 CPI 均存在一阶单位根，因此，我们对其进行一阶差分，具体的单位根检验结果不再详细列表。随后，根据 SC、AIC 法则，我们将 VAR 模型的滞后确定为 8 期。脉冲响应结果如图 6-1 所示。

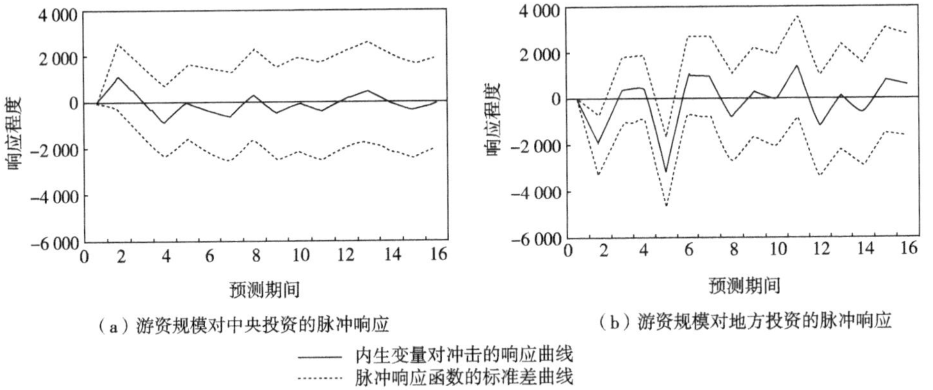

（a）游资规模对中央投资的脉冲响应

（b）游资规模对地方投资的脉冲响应

—— 内生变量对冲击的响应曲线
········ 脉冲响应函数的标准差曲线

图 6-1　游资规模对中央和地方政府投资的脉冲响应

脉冲响应函数是用来描述模型中内生变量对冲击的反应，即在扰动项上加一个标准差大小的冲击对内生变量的当前值和未来值的影响，其中，横轴表示预测期间，预测水平 K=16；纵轴表示内生变量对冲击的响应程度；图 6-1 中实线代表内生变量对冲击的响应曲线，虚线是通过渐近分析公式计算得到的脉冲响应函数的标准差曲线。图 6-1 给出了游资规模对中央财政投资与地方财政投资的反应函数。在中央财政投资的脉冲响应中，当出现 1 百分点的中央财政投资冲击后，游资在短期内出现上升，随后影响逐渐减小。在地方财政投资的脉冲响应中，当出现 1 百分点的地方财政投资冲击后，游资出现较剧烈的波动。详细来看，游资规模在第 2 期和第 5 期出现了收缩反应，并在第 5 期达到最大程度，随后，财政冲击的波动态势更加剧烈，并出现正向冲击的结果。

比较图 6-1（a）和图 6-1（b）的冲击反应过程，可以判断出，地方财政投资会引发更为剧烈的游资变化，短期来看，中央投资具有直接转化为游资的可能，但其在长期来说仍是趋于中性的，说明中央财政影响游资仍属于短期的效应；如果从长期来考虑，地方财政投资则更可能造成游资总规模的长期增长趋势。

第三节　财政政策与游资之间非线性关系的实证检验

本节是针对上文的财政政策可能非对称地影响游资的非线性理论假设所进行的实证分析，对此，我们将采用专门分析变量之间非对称影响的平滑迁移（smooth transition regression，STR）模型来实证地检验该假设。

一、STR 模型方法及其适用性分析

专门处理结构变动问题的 STR 模型，是近年来宏观经济领域的重要模型之一，最初普遍应用于对货币政策效果的实证研究。众所周知，在宏观经济政策中，货币政策的扩张及收缩会在该时点前后产生不同的影响，而传统的线性计量模型却通常难以准确描述政策变化前后的状态。早期学者在研究时点前后政策影响时，不得不通过转变模型结构的方式进行研究，但这种做法缺乏对转移过程的描述，转折点也被看做一种未知状态。为了解决这一问题，Bacon 和 Watts（1971）首次引入了“平滑转变”的思想，以解释某一局部的线性模型如何在不同的状态之间相互转化，随后经过 Goldfeld 和 Quandt（1972）、Tong（1990）以及 Granger 和 Terasvirta（1993）等学者的发展，STR 模型理论逐渐成熟起来，目前已经成为世界各国学者研究政策影响的重要工具。

与货币政策相类似，作为我国进行宏观调控的最重要方式，财政政策的实施力度同样呈现变动特征，并存在数个明显的政策拐点。而从目前国内使用 STR 模型对货币政策进行的实证研究来看（赵进文和闵捷，2005a；王立勇等，2010），其较好地反映了货币政策在政策拐点前后所产生的影响。与其他研究政策非线性影响的模型相比，STR 模型不仅能够给出机制转换的非线性形式，也能够较好地描述各机制之间连续光滑的非线性转换以及发生这种转换的内在机理（王成勇和艾春荣，2010）。并且，作为 STR 理论中较为成熟的实证研究方法，STR 模型已被广泛地应用于刻画和揭示政策波动状态的非线性结构研究（肖兴志等，2011），因此同样较适用于揭示我国财政政策调整的轨迹及其对游资影响的变化。

二、数据与方法

本小节将采用 1998 年 1 月至 2011 年 6 月我国的时间序列数据对财政投资影响游资变化的理论假设进行实证检验，从而为该假设寻求经验数据上的支撑。其中，用以衡量游资变化的数据仍来源于第四章从资金流向角度对社会游资规模进行的测算与汇总。除此以外，我们所使用的其他数据均来源于中经网统计数据库。

1. 变量

计量所使用的指标为游资规模、财政投资和其他控制变量。所涉及的变量包括游资规模、全社会固定资产投资资金、固定资产投资资金来源中的国家预算内资金、CPI、FDI 与汇率。其中，我们将总的社会游资规模仍表示为 Bubble，汇率表示为 exchange，并对除 CPI 以外的指标进行了取对数处理。

对于解释变量——财政投资，此处选取全社会固定资产投资资金和固定资产投资资金来源中的国家预算内资金两个指标，用预算内资金与全社会固定投资完成额之比作为衡量财政投资力度的变量，表示为 ratio。选择这一指标来衡量政府投资，主要是因为它较为符合近十几年来政府投资的主要特征。自 20 世纪 90 年代中期至今，中央政府曾两次大规模实施积极的财政政策，并以加大财政投资作为扩张性政策的重要措施，相应地，ratio 指标在积极的财政政策实施期则相应地处于较高的水平，其发展变动情况也与实际政策的实施情况比较相符。并且，以比例形式表示的财政投资指标可以有效地避免我国经济总量增长过程中的趋势问题，也可以消除投资存量指标通常存在的季节性特征。此外，本小节采用的控制变量包括 CPI、FDI 与 exchange，其中，我们通过控制 FDI 与汇率来避免国际资本的流入流出对国内游资总量的干扰。

在进行实证分析之前，首先我们对相关数据进行检验与处理，使其满足实证分析的要求。通过观察，包括 ratio 在内的各项指标均不存在季节性特征。所以，单位根检验表明，speculation_total、exchange 和 CPI 三个变量存在单位根，由于 STR 模型要求所使用的变量为平稳序列，所以，我们对其进行了一阶差分以消除序列存在的单位根。

2. 模型线性 LM 检验及非线性模型设定

遵照 Granger 和 Terasvirta（1993）关于 STR 模型形式的设定要求，我们使用的基础模型形式如下：

$$\begin{aligned}\mathrm{spe}_t=&A_1\mathrm{spe}_{t-1}+A_2\mathrm{spe}_{t-2}+F(z_t)(B_0+B_1\mathrm{ratio}_t+B_2\mathrm{ratio}_{t-1}+B_3\mathrm{ratio}_{t-2}+B_4\mathrm{ratio}_{t-3}\\&+B_5\mathrm{ratio}_{t-4}+B_6\mathrm{ratio}_{t-5}+B_7\mathrm{ratio}_{t-6}+B_8\mathrm{ratio}_{t-7}+B_9\mathrm{ratio}_{t-8})+\varepsilon_t\end{aligned}$$

其中，spe_t 表示被解释变量游资规模；ratio_t 表示解释变量；z_t 表示开关变量；ε_t 表示扰动项；$F(\cdot)$ 表示 0 到 1 之间的开关函数，代表经济状态的转移变量。根据开关变量所产生影响的不同，开关函数形式也不尽相同。我们所使用的开关函数是以下形式：

$$F(\gamma,s)=\{1+\exp[-\gamma(z_t-\mathrm{c1})]\}^{-1}$$

其中，$\gamma>0$ 表示平滑参数；c1 表示开关变量的阀值。

根据 STR 模型进行线性检验的相关理论，备选模型为 LSTR 和 ESTR，该检验等价于辅助回归模型：

$$\widehat{u}_t = \beta_t'\text{ratio}_t + \beta_t'\text{ratio}_t z_{td} + \beta_2'\text{ratio}_t z_{td}^2 + \beta_3'\text{ratio}_t z_{td}^3 + \eta_t$$

按顺序分别检验 H_3：$\beta_3 = 0$；H_2：$\beta_2 = 0 | \beta_3 = 0$；$H_0$：$\beta_1 = 0 | \beta_2 = \beta_3 = 0$，其中，$\eta_t$ 是上式的最小二乘估计残差。在这三个检验中，拒绝 H_3 的 P 值最小，则认为模型为 ESTR 形式；否则，判断模型为 LSTR 形式。随后，检验结果给出了不同变量组合下的线性假设结果与开关函数的具体形式。根据表 6-11，变量的最终检验结果拒绝了线性检验的假设，呈现为非线性特征，并且，开关函数形式为 LSTR1。因此，从上述检验可以大致做出以下判断，即现有财政投资对于总游资规模变化呈现出非线性特征。

表 6-11　线性假设与开关函数形式的判定结果

变量组合	开关变量	开关函数形式	非线性特征
（ratio，sepculation_total）	ratio1（t–7）	LSTR1	是

在完成 STR 模型开关函数选择之后，我们对 STR 模型进行参数估计。根据 Granger 和 Terasvirta（1993）的研究，我们采用二维格点搜索法判断开关函数初值，对于每组 c1 和γ，分别从最小值到最大值等间距取 50 个和 100 个值，构造出 5 000 对组合，计算每一组合 c1 和γ值的平方和，并取 SSR 最小者作为初始值。最后，采用 Newton-Raphson 迭代的方法，最大化条件似然函数，并得到了两组非线性模型参数的估计值。

三、实证结果与解释

就财政投资对社会游资总规模所产生的非线性影响来说，如表 6-12 所示，线性部分中系数符号大部分为正，且显著性较高；而符号为负的系数显著性较低。这表明，即使在财政投资力度较弱且非线性部分没有发挥作用的情况下，财政投资的扩张仍然会带来社会游资总规模的增长。与线性部分相类似的是，在非线性部分中同样存在显著性较低的负系数以及显著性较高的正系数。但与预期不同的是，随着财政投资力度的增加，开关函数发挥作用前后的系数变化并不十分明显。这说明，总体上，财政投资比例与社会游资总规模之间仍呈现正相关关系，但仅从所得到的系数大小来看，以所估计出的 c1 值为界，财政投资超出常态的扩张并未对游资总规模产生较强的加速效应。

表 6-12　财政投资比例对总社会游资规模非线性影响的估计模型

类别	变量	估计值	标准差	t 值
线性部分	Const	−0.04	0.63	−0.06
	CPI	12.70	5.35	2.37
	FDI	−0.14	0.09	−1.49
	Speculation_total（t−1）	0.36	0.18	2.02
	Speculation_total（t−2）	0.43	0.16	2.64
	ratio（t）	12.31	5.16	2.38
	ratio（t−1）	−4.49	3.99	−1.13
	ratio（t−2）	14.32	4.64	3.07
	ratio（t−3）	−0.55	4.24	−0.13
	ratio（t−4）	4.35	4.69	0.93
	ratio（t−5）	−5.79	4.62	−1.25
	ratio（t−6）	−11.57	4.89	−2.37
	ratio（t−7）	−0.68	9.68	−0.07
	ratio（t−8）	3.37	3.98	0.85
非线性部分	Const	0.65	0.71	0.92
	CPI	−8.15	6.75	−1.21
	FDI	0.06	0.11	0.492
	Speculation_total（t−1）	−0.46	0.23	−2.01
	Speculation_total（t−2）	−0.64	0.23	−2.76
	ratio（t）	−16.19	5.82	−2.78
	ratio（t−1）	4.24	4.64	0.91
	ratio（t−2）	−14.08	5.25	−2.68
	ratio（t−3）	−2.12	5.11	−0.41
	ratio（t−4）	−4.52	5.33	−0.85
	ratio（t−5）	7.36	5.51	1.34
	ratio（t−6）	12.79	5.45	2.35
	ratio（t−7）	−0.05	9.36	−0.005
	ratio（t−8）	−3.18	4.62	−0.68
	Gamma	5.59	3.33	1.68
	c1	0.05	0.002	30.71
调整后 R^2		0.38		
迁移变量方差		0.000 2		
残差的 SD 值		0.18		
残差的方差		0.03		

包括线性部分与非线性部分在内的实证结果均证实了财政投资对游资总额的正向影响，这验证了上文的理论假设，但阀值两端系数的变化并不明显，这又与上文我们对财政投资传导至游资的理论分析存在部分偏差。经过对实证结果的进一步分析，我们认为出现这种情况的主要原因在于：整体上看，我国仍然处于资本较为匮乏的阶段，这种匮乏使国内游资的总规模很难像国际游资那样迅速浮动，而更多的是根据宏观经济环境在不同市场之间的分配调整。尤其是当绝大部分游资都是处于金融市场内的活跃资金时，进行投机的风险性仍旧不可忽视。这也表明，我国总量上的投机回报率还未显著地高于实体经济的回报率，财政投资政策还不足以形成对国内游资总规模的加速带动。

依据此前的分析结论，政府投资比例占全社会投资比例的上升对于市场中的游资规模变化而言的非对称性特征是存在的。通过对实证结果的分析，财政投资扩张会引致游资总规模的增加，但其变化对游资总规模变化幅度的影响有限。首先，对于财政投资对游资规模序列的拉动起点来说，当财政投资所占的比例大于0.047 14时，开关函数开始发挥作用。其次，对于社会游资总规模来说，当投资比例超过门限值时，所估计的γ等于5.587 66，变化速率相对较慢。因此，正如上文所分析的，虽然国内游资随着我国财政投资的扩张出现了积累的趋势，但整体上，国民经济仍然处于资本稀缺的阶段，如产业升级等都缺乏相应的资金供应，所以，可以判断出，当前游资的积累仍属于扭曲的资源配置方式以及回报率差距所引起的异常资本流动，而不是全社会资本过剩的结果。

第四节　本章小结

本章利用第四章所测算出的游资规模数据，对我国财政的体制性因素与政策性因素对游资的作用分别进行了实证分析，得到的结论如下。

第一，通过以财政规章制度数据作为体制因素的替代变量进行的回归分析，我们发现，财政体制非规范性的存在是能够影响到游资变化的，同时财政制度的不同方面也存在各不相同的影响，其中，财政专项资金的使用以及财政监督这两项对于财政资金流入虚拟经济的难易程度影响相对来说比较大，而在会计制度、预算与法制等方面，我们并没有发现它们与游资之间的关联。然而，虽然实证研究并未发现预算制度的规范性与游资总规模之间的联系，却得出了财政预算的规范性与房地产投机泡沫之间存在负相关关系的结论，这表明财政预算资金虽然并没有大规模地成为游资的来源，却可能在非规范性的背景下流入房地产市场或是引起实体经济向房地产投机领域的资金流动。

第二，就财政投资对社会游资总规模所产生的影响来说，结论显示，其线性部分中系数符号大部分为正，且显著性较高；而符号为负的系数显著性较低，这说明财政投资的扩张会带来社会游资总规模的增长。随后，以财政投资和游资变化为核心变量的格兰杰因果检验显示，中央财政投资、地方财政投资、国有控股企业投资及预算投资均在不同的滞后期下构成游资规模的格兰杰原因。并且，对滞后期的深入分析还发现，国有控股企业投资引起游资变化的速度最快，而预算投资的影响速度则比较慢，可以认为，实际上存在一部分国有企业资金直接投入投机领域。

第三，以中央财政投资和地方财政投资为核心变量的脉冲响应分析则发现，中央财政投资冲击对游资的影响比较小，在长期也是趋于中性的；而地方财政投资冲击则会引起游资的剧烈变化，虽然在短期内会引致游资的波动，但在长期却可能造成游资总规模的增长趋势。因此，我们认为，对地方财政投资的监管相对来说更不完善，更容易流入投机领域形成游资。

第四，对财政投资与游资变化之间非线性关系的分析发现，随着财政投资力度的增加，在开关函数发挥作用前后的系数变化并不十分明显。虽然在总体上，财政投资与社会游资总规模之间仍呈现正相关关系，但仅从所得到的系数大小来看，以所估计出的阈值为分界，财政投资超出常态的扩张并未对游资总规模产生较强的加速积累效应，这说明，财政扩张还未引起游资总规模的加速扩张。

结合理论与实证分析，我们提出了以下两方面的政策建议。

（1）财政制度的规范性不足是财政影响游资的重要原因之一，理论分析表明，财政资金的使用越规范、越透明，财政资金直接流入游资的可能性就越小，实证分析也证明，包括财政专项资金使用及监督在内的制度性因素能够影响游资的总量。当前，我国在财政资金使用和监督等方面的体制漏洞还广泛存在，因此，政府应逐步完善财政资金的使用、管理和监督机制。具体来说，由于财政监督越完善，就越容易堵住财政资金违规流入虚拟经济的渠道，所以，应进一步完善财政资金监督机制，通过更加制度化、规范化的方式，真正落实各地方、企业作为财政政策实施主体的职责，通过降低政策的中间损耗避免财政资金直接注入虚拟经济。此外，还要严格控制预算资金流入房地产进行投机炒作。

具体地，应有针对性地开展财务监督检查，积极主动地与监察、审计部门建立起监督的联动机制和共享机制。从这个角度，政府应做到以下几点：一是要建立起财政资金的法治管理机制，减少财政投资项目实际执行中的随意性；二是以强化监管为目标，做到坚持财政资金的直接划拨和管理，尽量减少中间环节主体的资源配置空间；三是强化财政资金内部管理的监控机制，围绕资金流动进行全过程的监督，建立健全程序规范、管理严格、监督制衡、公开透明的财政资金运行机制；四是强化预算监督，切断预算资金可能进行投机的所有渠道，尤其要严格控制防范预算资金流入房地产领域。

（2）深化财政体制改革，在中央与地方、政府与企业等主体之间重新进行资源配置，尽快建成完善的公共财政制度。在地方层面，加快推进省以下分税制改革，建立起中央和地方财力与事权更加匹配的财政体制，使地方各级的税收收入能够与其公共支出水平相匹配；在国有企业层面，加大国有资本经营收益上缴力度，将这部分资金统一纳入预算管理，同时，促进垄断行业和部门改革，缩小国有部门与私有部门之间的资源差距。当前，游资有很大一部分是直接来源于国有企业的，并且，游资的滋生与膨胀也在很大程度上受到地方政府行为的驱使，因此，这一部分非市场化所导致的游资实际上可以通过深化改革来彻底解决。

第七章　房地产领域面临的游资问题

除了从总量意义上研究游资问题之外，更具体地，我们还需要考虑在游资的内部，资金在各个投机性领域内部的流入与流出情况。本章将以活跃于房地产市场的投机性资金为例，系统地考察房地产领域所面临的游资问题。

第一节　中国房地产领域的投机泡沫

自 1998 年中央政府推进住房商品化改革以来，伴随着居民收入的增长和城镇化水平的提升，我国房价呈现连年上涨的趋势，并且远高于同期的经济增长率与居民收入增长率。随着房地产市场逐渐成为投资的热点，全国范围内均出现了房价大幅上涨的现象，成为游资进行投机炒作的重点领域。根据国家统计局相关数据显示，2012 年我国整体房价收入比已达到 7.3，而北京、深圳、杭州、广州和上海等城市更是超过了 10，按西方国家标准衡量，我国房价收入比已经远高于 4~6 的合理区间，处于泡沫区。从各个地区的房价数据来看，2007~2010 年，北京、上海两地的房价年均涨幅分别达到 21.8%和 20.9%，而浙江、安徽、四川等地区的房价平均涨幅分别为 18.2%、16.1%和 16.3%，大大超出了房地产市场的正常发展速度。这种情形在吸引了大量投机性资金介入的同时，也使房地产泡沫问题成为公众、学术界与政府部门共同关注的焦点。近几年，媒体又不断爆出鄂尔多斯、温州等二三线城市房价剧烈波动的报道。虽然依据房价收入比数据以及部分城市房价波动现象尚不能做出我国房地产市场整体存在泡沫的判断，但市场已有明显的泡沫迹象却是不争的事实。对此，中央政府近年来不断出台房地产市场调控政策，但均未能达到预期效果，直到 2010 年“国十条”行政限购令出台，房价快速上涨的势头才得以遏制。

当前，房地产泡沫已成为与中国宏观经济发展密切相关的现实问题。2008 年国际金融危机之后，随着中国实体经济逐渐进入发展瓶颈期，始于 1998 年的经济增长模式弊端日渐凸显，投资收益回报率水平持续下滑，私营中小企业面临前所未有的转型压力。在上述背景下，如果大量资本以投机资金的形式进入房地产市场，那么它将不仅关系到市场自身的发展，还会进一步影响到整个经济发展和产业升级态势。可以说，这已不是房地产市场内部的问题，而是涉及投机泡沫通过占用资金，进而形成对产业升级和消费阻碍的链式传导。因此，房地产泡沫的负面影响，已不止于泡沫破裂所蕴含的潜在风险可能引发的经济衰退，更在于房地产泡沫对实体经济在多重维度上的绑架。历史经验表明，对于中国这样以制造业为本的发展中国家来说，实体经济是国民经济长期稳定发展的根本，如果房地产泡沫的积累会影响到实体经济，那么，即使泡沫还没有达到破裂的程度，也应受到广泛重视。

由于房地产在我国的重要性及其行业的特点，投入该领域的游资兼具转轨经济体中游资的一般性和特殊性。从一般性的角度，房地产所具有的单位价值高、使用周期长和供给弹性小等特征，本身就十分符合资本实现自我升值的目标，属于游资进行投机炒作的重点领域。而在我国尤为如此，在 1998 年住房商品化改革以后，对房地产投机的政府监管并未随着商品房的市场化而日趋完善。这在操作上给予游资极大的操作空间，使房地产市场迅速成为游资最为活跃的场所之一。而从特殊性出发，如土地财政、城镇化进程等转轨经济体特有的现象在实际上赋予房地产大量更具附加值的特殊意义，使得在某些时期进行房地产投机不仅回报率较高，而且风险很低，并不像股市、期市等通常资本市场中“风险与收益对等”的特征，反而以较高的期望收益率形成了与实体经济回报率的较大差距。随着化解以高杠杆和泡沫化为主要特征的市场风险已成为我国下一阶段房地产调控亟待解决的难题，在转方式和调结构的改革要求下，“去泡沫化”开始逐渐成为我国房地产市场调控的重要政策目标。

第二节　房地产泡沫的国内外研究动态

一、房地产泡沫的存在性及规模测算

关于房地产泡沫是否存在，国外学者从理论和实证两个角度进行了研究。在理论上，很多学者探讨了资产价格泡沫存在或长期存在的条件。例如，Tirole（1982，1985）就提出，在资产无期界、交易者有限的情况下不可能存在泡沫。其研究还指出，一些短期供给无弹性的资产价格必然伴随着价格泡沫。对于此类资产来说，如果需求上升，在短期内无法满足需求，价格泡沫会持续上升。相反，如果该资产供给弹性较大，在需求扩张时将很容易通过扩大再生产来满足需求，

资产价格泡沫即使存在也会很快破裂。Weil（1987）则利用戴蒙德模型研究了无限计划期界、市场参加者无限、一般均衡情况下泡沫存在的可能性，他认为，如果戴蒙德经济是动态有效的，则经济系统中不可能存在泡沫。

关于房地产泡沫存在性及规模的研究也有很多是基于实证数据展开的。其中，Abraham 和 Hendershott（1994）在理性泡沫的基础上将房价的决定因素分为基础价值和投机成分偏离两部分，通过对 1977~1992 年美国 30 个城市的计量检验，他们发现，美国东北部城市的房价比基础价值高 30%，而西部海岸城市高出 15%~20%。Case 和 Shiller（1988）则构建了房价指数来研究美国住房价格的泡沫，他们认为，可以用房价收入比、按揭贷款利率、房屋开工率及就业人数（失业率）等因素来考察以往房价是否存在泡沫。Goodman 和 Thibodeau（2008）考察了 1999~2005 年美国房价上涨率与住房供给弹性之间的关系，并发现 2000 年以后美国住房价格的上涨应归因于投机因素。Hott 和 Monnin（2008）则基于租房与买房之间的非套利条件构建了租金模型及供求模型，测算了美国、英国和荷兰等的住房基础价值，发现这些国家均存在住房价格泡沫。Evstigneev 等（2009）同样用实证方法考察了美国近年来的房价及影响因素，发现 2003 年以后美国出现了与次级按揭贷款密切相关的投机泡沫。

在探讨中国房地产市场是否存在投机泡沫及其规模时，研究结论根据其选用的样本点不同存在一些差异。姜春海（2005）基于对房地产基本价值、投机泡沫和泡沫度的界定，利用数据对中国房地产基本价值、投机泡沫和泡沫度进行了实际计算，得出了中国房地产泡沫已经产生，而且比较严重的结论。Hui 和 Shen（2006）采用改进后的判定方法对比分析了 2003 年北京、上海、香港的房地产泡沫，发现北京在 2003 年并不存在明显的泡沫，上海已经存在明显的泡沫，而香港早在 1997 年就存在巨大的泡沫。况伟大（2008）对泡沫存在性的研究同样是基于省际数据展开的，他通过实证检验发现，中国东部地区存在较严重的住房泡沫，而中西部地区没有明显的住房泡沫。王艺明（2008）基于省际数据的实证研究则发现，北京和上海两地房地产市场存在显著的投机泡沫，而广州则相对不显著。吕江林（2010）通过系统考察租售比、空置率、投资购房与自住购房之比、房地产贷款占比和房地产业利润率等指标，认为近年来中国城市住房市场总体存在泡沫、部分城市泡沫较大，且部分一线城市泡沫惊人、蕴含巨大的金融风险；随后，吕炜和刘晨晖（2012）又利用房地产的价格解析式测算了中国房地产投机泡沫的总量，发现中国在 2007 年和 2010 年经历了两次泡沫规模的大幅增加。

二、房地产泡沫的经济影响及后果

在房地产泡沫的经济影响上，很多学者论证了房价和消费的关系（Skinner，

1989；Engelhardt，1996；Piazzesi et al.，2007）。然而，在房价对消费的影响方面，国内外学者的研究结论却产生了较大差异。其中，国外学者普遍从房价的财富效应角度进行研究，认为房价与消费呈现正相关关系（Benjamin et al.，2004；Case et al.，2005；Juster et al.，2006）。然而，国内研究却普遍认为，沉重的购房负担是我国居民储蓄率高的重要原因，因而房地产泡沫会对居民消费和社会福利产生负面影响。例如，陈彦斌和邱哲圣（2011）认为高房价对居民储蓄、投资行为的扭曲作用使城镇居民的福利水平普遍下降；陈健等（2012）根据我国 31 个省级区域的面板数据，利用 Hansen 门槛模型进行实证分析，也提出我国总体上的房价上涨会抑制消费；而陈斌开和杨汝岱（2013）基于国家统计局城镇住户调查数据研究则发现，住房价格上涨使居民不得不“为买房而储蓄”，从而降低了居民消费率。

还有的相关研究是从比较宏观的视角展开的。例如，Piazzesi 等（2007）探讨了房地产市场对资本市场的影响，其结果表明较高的房地产投资收益能够导致较高的股票收益波动性与较低的债券收益；周晖和王擎（2009）通过运用 BEKK 模型和 GARCH 均值方程模型对房地产价格、货币供应量与经济增长的波动性相关关系进行实证检验，发现房价波动以及房价与货币供应量的联动效应会导致 GDP 增速显著下降，但房价的波动对经济增长的波动没有显著影响；唐志军等（2010）通过协整和 VAR 分析，发现房地产价格波动对社会消费品零售总额的波动具有显著的负影响，并且房地产投资对 GDP 增速有显著的正影响。

总的来说，国内外研究对于房地产泡沫经济影响结论迥异的原因在于：国外主要是从房地产的财富效应视角出发，而国内则更多的是以房地产的“流动性约束”为视角展开的研究（杜莉等，2013）。我们认为，这种差异的产生是由中国居民住房消费占可支配收入比重过高的现实情况所决定的，可以说，泡沫积累和房价的大幅上涨可能会造成越来越多的居民买不起房，进而缩减消费；但是，房屋作为投资品价格的上涨也会使投资者手中的财富增加，反而提高消费率。由于房价影响具有两面性，所以，对房地产泡沫经济影响及后果的研究，还需要结合中国的实际情况来综合分析房价变动的效应。

三、政策调控以及影响房地产泡沫的政策因素

具体来说，影响或调控房地产泡沫的政策因素包括货币供给、利率和财政等诸多方面，但由于货币与资产价格泡沫之间的密切联系，国内外从宏观政策角度研究资产泡沫影响的文献几乎都集中在货币政策上。其中，大多数学者都支持过剩的流动性是资产泡沫增加的重要原因（Allen and Gale，1999；Blanchard，2000；Bordo and Jeanne，2002；Lapavitsas，2008）。根据 Goodhart 和 Hofmann（2001）

的研究，货币政策会通过套利效应和预期股利折现的方式来影响房地产与股票等资产价格。然而，也有学者提出了相反的意见。例如，Bernanke（2010）在分析2008 年国际金融危机之后认为，货币政策宽松对房地产价格上涨作用有限，宏观金融监管的放松应负有更大的责任；也有学者分析了 2000~2006 年房价暴涨以及之后暴跌的原因，认为信贷政策（如利率、住房贷款的严格程度等）只能解释一小部分房价波动，住房市场的供给面才是影响房价的最主要原因。

类似地，国内也有很多关于货币政策与房地产价格的研究。例如，蒋祥林和苗明（2010）构建了一个包括房地产部门的 DSGE 模型，并使用脉冲分析方法分析了存款准备金率、基准利率和土地供给等调控政策冲击对房地产及宏观经济波动的影响；而蔡明超等（2011）构建了居民基于非住房消费、住房消费的二元效用函数对政府可能采用的政策组合进行了数值模拟分析，发现在给定参数下居民对贷款首付比例的政策变化最为敏感，其次为利率政策和税收政策。

很多研究还发现，银行作为居民与房地产开发商资金的主要来源，其信贷行为也会对房地产泡沫产生重要影响。例如，Herring 和 Wachter（2003）发现，房地产泡沫和银行信贷支持正向相关，房地产价格的上涨会使拥有房地产的银行资产价值增加，同时增加了银行的风险，加剧了泡沫的形成。

另外，由于中国具有特殊的土地财政和财政投资机制，所以还有一些国内文献研究了可能影响房地产泡沫的财政因素。例如，张涛等（2007）的研究发现财政因素可能由于异质性信念而生成房地产投机泡沫；吕炜和刘晨晖（2012）在对中国不同地区的房地产市场投机泡沫进行测算的基础上，采用系统 GMM 方法分析了财政因素对房地产投机泡沫的影响，发现土地财政是中国房地产泡沫积累的重要原因。随后，吕炜等（2014）又基于时间序列总量数据，发现了财政投资影响房地产投机的非线性作用机制。

第三节　本章小结

本章以活跃于房地产市场的投机性资金为例初步考察了房地产领域所面临的游资问题，并对房地产投机泡沫这一现实问题的相关研究进行了综述。由于房地产在我国的重要性及其行业特点，投入该领域的游资兼具转轨经济体中游资的一般性和特殊性。从一般性的角度，房地产具有单位价值高、使用周期长和供给弹性小等特征，本身就十分符合资本实现自我升值的目标，属于游资进行投机炒作的重点领域。而从特殊性出发，如土地财政、城镇化进程等转轨经济体特有的现象在实际上赋予房地产大量更具附加值的特殊意义，使得在某些时期进行房地产投机不仅回报率较高，而且风险很低，并不像股市、期市等通常资本市场中“风险与收益对等”的特征，反而以较高的期望收益率形成了与实体经济回报率的较大差距。

由于国外对房地产泡沫问题研究所构建的经济环境和假定的制度环境与中国具有较大区别，而受制于较为复杂的经济背景和制度背景，目前中国关于房地产泡沫的相关研究还没有建立起一套很成熟的理论框架，具体地，现有国内研究还有待于从以下几方面进一步拓展和完善：

（1）对于泡沫的成因和类型，国内文献大多是从经验加以判断，较少有基于数据分析所进行的泡沫类型检验。正是由于未能有效地判定泡沫的属性，所以，紧随其后的针对泡沫规模测度、影响因素和经济后果等问题的通贯分析就缺少一个统一的理论架构和逻辑线索。事实上，关于中国房地产泡沫是否具有典型的理性泡沫特征，目前还没有定论。

（2）受房地产相关数据不足的限制，国内对于房地产投机泡沫的实证分析还主要是以年度数据为主，然而，价格泡沫本身属于短期投机资本活跃的范畴，使用年度数据很可能无法考察投机泡沫的短期波动。对此，下文将充分利用现有的月度及季度数据信息，采用价格解析、频率转换等方法对房地产投机泡沫进行中频测算，并基于测算结果展开实证分析。

（3）虽然国内已有大量文献研究了可能影响房地产泡沫的政策因素，而且有很多学者基于非线性计量模型研究了货币供应、利率等政策对泡沫的非线性效应，但绝大多数研究均采用房价作为房地产泡沫的替代变量，所以，其分析实际得到的是政策与房价之间的关系而非政策与泡沫之间的关系。目前，已有一些学者意识到这一问题（韩冬梅等，2008；Feng and Li，2011），但真正将房地产泡沫的计量分析建立在房价泡沫测算基础之上的实证研究仍不多见。

（4）现有研究大多是从实证角度分析房地产泡沫的负面效应，包括房价上涨对消费的影响、对股票等其他资产价格的干扰、对相关产业发展的挤占等方面，但总的来说，这些研究仍是局限于点到点之间，相对来讲，结合中国实际情况，从房地产绑架宏观经济的角度来分层次论证房价泡沫经济后果的研究仍然比较少，中国房地产泡沫在理论框架和模型方法上仍然存在较大的拓展空间。

第八章　财政因素与房地产投机泡沫

第一节　财政与房地产投机泡沫的理论分析

近年来，随着房地产市场逐渐成为投资的热点，全国范围内均出现了房价大幅上涨的现象，大大超出了房地产市场的正常发展速度。这种情形在吸引了大量投机性资金介入的同时，也使房地产泡沫问题成为公众、学术界与政府部门共同关注的焦点。

当前，房地产市场上的炒作现象表明市场中投机泡沫特征已十分明显，同样，学术界也对房地产投机泡沫存在与否进行了研究，如况伟大（2008）、韩冬梅等（2008）、赵安平和范衍铭（2011）等学者的研究结果显示，在我国，尤其是东部沿海经济发达地区都已经不同程度地出现了房地产泡沫。同时，根据第四章对投机性资金的测算发现，在房地产市场上，从 2004 年起我国开始出现明显的投机泡沫，且各地的泡沫均从 2005 年开始出现剧增的情形。但仅仅做出上述判断还是远远不够的，事实上，我们已经发现财政因素能够广泛地影响到我国游资的产生和积累，因此，随后我们将分析：第一，财政因素影响到我国房地产市场泡沫的作用机制是否存在；第二，财政对游资的影响是否受到房地产业特殊性的约束而发生变化。

国外学者在研究房地产泡沫时，往往不会将财政作为房地产市场上对投机行为产生影响的主要因素。但他们在测算房地产价格指数时，却通常认为带有公共品属性的社区服务是影响房价的原因之一，即财政支出是可能通过影响公共品供给、医疗、教育和社区服务等途径影响房地产价格的。例如，Crompton（2001）的研究发现，消费者更愿意为公园旁边的住宅支付更高的价格，更高的价格意味着更高的物业税，一旦物业税达到一定水平，就能够为居民提供更好的社区服务。Espey 和 Owusu-Edusei（2001）的研究结论也显示，住宅与公园之间的距离在某些高档社区中是影响房价的重要因素。总的来说，国外并不将财政与房地产价格泡沫之间的关系作为重点，这主要是出于以下两方面原因：第一，西方国家在发展市场经济的过程中，建立了相对健全的公共财政支出体系，高效率的审查制度保证了财政支出的效率，财政资金几乎不可能进入市场，更不存在土地财政等现象；第二，西方国家已基本完成城镇化，财政支出大多集中于社区服务、教育和医疗等公共服务，在基础设施建设方面的投资有限。

与国外相比，国内学者则较多地集中于研究财政支出对房地产价格所产生的直接影响，其中，很多学者都得出了财政支出会对房价产生正向影响的结论，如踪家峰等（2010）研究了我国30个省（自治区、直辖市）10年的面板数据后发现，地方人均财政支出与房价之间呈现显著的正相关关系。梁若冰和汤韵（2008）利用Tiebout模型研究同样发现，我国35个大中型城市的地方财政支出强度和地方公共品供给对商品房价格存在显著的正面影响。此外，还有很多学者着重探讨了土地财政对房价的影响。我国实行财政分税制后，在中央财政收入迅速增长的同时，中央政府承担的相对义务，尤其是民生保障方面的义务大幅减少，地方政府承担了过重的财政支出责任，造成了其对房地产业的依赖，在这种背景下，张双长和李稻葵（2010）研究发现，地方政府对土地财政的依赖程度越高，在其他条件相同的情况下，相应城市的房价指数也越高，土地财政对房价上涨存在较为显著的推动作用。周彬和杜两省（2010）也通过构造一般均衡模型发现，土地财政必然推动房价持续上涨，而中央政府通过商业银行渠道控制房价过快上涨存在极大困难。潘爱民和韩正龙（2012）采用省级面板数据，研究经济适用房、土地价格与住宅价格之间的关系发现，土地价格对住宅价格的长、短期影响效应均为正。

从上面的分析可以看到，财政支出尤其是土地财政是造成房地产价格上涨的重要原因，这已经成为国内学者的共识，但即便如此，由于影响房价的因素众多，房价的上涨却并不必然意味着投机泡沫的增加，虽然袁志刚和樊潇彦（2003）通过构建房地产市场的局部均衡模型，曾提及优惠的土地和财政税收政策可能刺激地产泡沫的产生；张涛等（2007）研究发现财政因素可能由于异质性信念而生成房地产投机泡沫，但到目前为止，还未有对此命题专门进行的实证研究，究竟财政支出与房地产泡沫之间存在什么样的关系，仍然是一个需要进行深入探讨的问题。尤其是在已有的文献中，对于房地产泡沫所进行的实证研究几乎都是以房价波动作为投机泡沫的衡量变量，因此，绝大多数研究都是针对财政支出与房地产价格之间关系所进行的实证分析。

而围绕房地产市场的游资问题，国内学者进行的研究表明，持续增长的投机盈利预期、大规模货币扩张等传统金融理论所关注的因素均会促进房地产泡沫的产生与积累；与此同时，还有学者（张涛等，2007；昌忠泽，2010）发现除了上述因素以外，财政也同样是影响房地产投机泡沫的重要因素之一。这主要是由于，在土地财政以及财政投融资体制不完善的约束下，财政推动房价上涨的机制逐渐开始出现；土地财政以及财政投融资体制的不完善、土地财政以及财政投融资体制的不完善性共同催生了财政推动房价上涨的现象。一方面，虽然房地产市场本身已经完成了市场化，但上游土地供求却仍然被地方政府垄断，加之需求的持续旺盛，使房屋供需关系始终处于紧张的状态；另一方面，在财政政策的实施过程中，由于财政直接投资于固定资产、基础设施等方面，其既可能直接流入房地产市场，也可能会间接地影响公众对房地产市场发展的预期。根据上述判断，财政因素很可能已经成为影响房地产投机泡沫的一个重要原因。随后，我们对财政影响房地产业投机性资金的理论假设进行实证检验。

第二节　财政影响房地产泡沫的实证分析

一、财政对房地产游资规模的线性影响

由于房地产相关的数据比较充足，所以，我们在第四章进行游资总量测算的基础上尽可能地扩大了样本容量，以对存在于房地产领域内游资的研究进行补充。

1. 变量与数据

本小节所使用的样本区间为 2000 年 1 月至 2012 年 6 月，进行实证研究所使用的指标包括房地产领域内的游资 Bubble_re，单位房价的泡沫 Bubble_p，财政投资变量所采用的是固定资产投资中的预算资金 Ibud，财政体制性变量仍然采用第七章所涉及的专项资金、体制改革、预算、会计和内部规范五个变量。具体地，变量的描述性统计结果见表 8-1。

表 8-1　变量的描述性统计（一）

变量	样本数	均值	标准差	最小值	最大值
totalBubble	150	702.9	817.17	0	3 289.66
PBubble	150	900.02	806.32	0	2 770.42
FDI	149	60.53	24.91	18.3	130.94
M2	150	17.16	3.99	12	29.74
indexper	150	1.02	0.02	0.98	1.06
R1	150	5.87	0.64	5.31	7.47
Ibud	150	586.05	478.82	62.33	2 294.01
Fspe	147	2.73	2.04	0	11
Fref	147	0.19	0.46	0	2
Fbud	147	0.41	0.59	0	3
Fsys	147	0.24	0.49	0	2
Facc	147	1.10	1.36	0	7

为利用已有数据对此关系进行检验，本小节构建时间序列回归的计量模型：

$$\text{Bubble}_t = \alpha_1 \text{M2} + \alpha_2 \text{FDI} + \alpha_3 R + \alpha_4 \text{Index} + \beta_i \text{FX}_i + \gamma_1 I_{\text{bud}} + \varepsilon_t \qquad (8\text{-}1)$$

其中，ε为残差项；而FX为第i类型的体制性因素变量；Ibud为财政预算投资。假设残差项ε满足古典假定，随后，本节将采用最小二乘法对式（8-1）进行回归分析。

由于时间序列的样本性质要求各个变量都是平稳的，所以，我们根据Dickey和Fuller（1981）提出的ADF方法对回归分析所涉及的变量进行单位根检验，并对存在单位根的序列进行差分。变量的单位根检验结果见表8-2。

表8-2　变量的单位根检验

变量	ADF	结果	变量	ADF	结果
Bubble_re	−0.05（0.67）	I（1）	dBubble_re	−12.69（0.00）	I（0）
PBubble	−2.78（0.21）	I（1）	dPBubble	−8.97（0.00）	I（0）
M2	−2.97（0.04）	I（0）	Index	−4.19（0.00）	I（0）
FDI	−2.87（0.17）	I（1）	dFDI	−10.23（0.00）	I（0）
R	−2.16（0.22）	I（1）	DR	−9.07（0.00）	I（0）
Ibud	−1.08（0.93）	I（1）	dIbud	−2.96（0.00）	I（0）
Fbud	−3.57（0.00）	I（0）	Fref	−10.21（0.00）	I（0）
Fspe	−1.60（0.10）	I（0）	Fsys	−9.09（0.00）	I（0）

注：括号内为P值

2. 实证结果与解释

将被解释变量分为房地产领域内的游资总额和单位房价内所包含的泡沫成分，本节得到了两组时间序列估计结果。并且，为了修正第（2）组方程的DW值，我们加入了ar（1）进行修正。

根据对房价泡沫进行的回归分析结果（表8-3），预算投资在1%的水平下显著，系数为0.26。在体制性因素中，预算规范一项比较显著，系数为−81.23。与游资总额的实证研究相比具有不同的结果。相比之下，财政专项资金使用与房地产投机泡沫的关系并不显著，反而是预算一项比较显著。

表8-3　时间序列计量结果

分组	被解释变量 dtotalBubble_re					
（1）被解释变量 dtotalBubble_re	FDI_DT1 外商投资	4.56*** 3.73	dIbud	−0.11 −1.15	M2	1.72 0.28
	R1_D	−279.27* −1.65	Fspe	14.36 1.15	Fref	8.02 0.15
	Fsys	−69.59 −1.40	Fbud	−81.23* −1.91		
	C	−8.91 −0.08	R^2	0.16	DW	2.06

续表

分组	被解释变量 dtotalBubble_re					
（1）被解释变量 dp_Bubble_re	FDI_DT1 外商投资	-6.46^{***} -6.31	Dinvestfrom	0.26^{***} 3.37	M2	2.45 0.72
	R1_D	93.16 0.85	Fspe	-1.22 -0.15	Fref	95.45^{**} 2.53
	Fsys	32.31 0.95	Fbud	-11.591 -0.39	ar（1）	-0.35^{***} -4.12
	C	-52.36 0.84	R^2	0.44	DW	2.09

*、**和***分别表示 10%、5%与 1%的显著性水平

注：括号中为 t 值

将房地产投机泡沫与游资总额的实证分析结果进行对比：首先，财政专项资金使用与财政部门规章制度两项的显著性不同，其中，财政专项资金政策变量与游资总规模之间呈现负向相关，但却并未出现与房地产投机泡沫的线性关系。其次，预算规范这一变量的系数在对房地产泡沫的回归中非常显著，却并未影响到游资总规模的变化。这表明，预算资金虽然并没有大规模地成为游资的来源，却可能在非规范性的背景下流入房地产领域。

二、财政投资对房地产游资规模影响的非对称传递

对财政投资转化为游资途径的理论分析认为，财政投资可能具有非对称地影响游资的特征。相应地，对于存在于房地产领域的游资来说，前两节的实证分析也得出了比较不一致的结论。具体地，在财政投资与游资总量的实证分析中，并未发现财政投资的线性影响；然而，在以房地产单价泡沫为被解释变量的回归结果中，财政投资却在 1%的水平下显著。结合上述实证结果以及我们以前对财政投资非对称性特征的理论分析，这很可能是由于财政投资对房地产投机泡沫影响并非线性而造成的，尤其是近些年房地产领域投机的回报率比较明显地高于投资于其他领域，所以，我们认为，相比于其他领域，财政投资的过度增加实际上更有可能促成实体领域其他类型的资本向房地产投机泡沫的加剧扩张。据此，本小节将主要验证财政投资向房地产游资规模非对称传递的假设，实证地考察财政投资可能对房地产游资所产生的非线性影响。

对此，我们仍将采用第六章分析变量之间非对称影响的 STR 模型来实证地检验该假设。计量所使用的指标为存在于房地产市场的游资规模、财政投资和其他控制变量，其中，所采用的解释变量及控制变量都与第六章研究游资非线性影响的模型相同，解释变量仍为预算内资金与全社会固定投资完成额之比，仍表示为 ratio；控制变量则分别为物价水平 CPI、外商直接投资 FDI 与汇率 ex。随后，我

们发现 exchange 和 CPI 两个变量存在单位根，由于 STR 模型要求所使用的变量为平稳序列，所以，对其进行了一阶差分以消除序列存在的单位根。

遵照模型形式的设定要求，本小节使用的基础模型形式与第六章相同，根据线性假设与开关函数形式的判定结果（表 8-4），其同样拒绝了线性检验的假设，呈现为非线性特征，并且开关函数形式为 LSTR1。因此，可以大致做出以下判断，即现有财政投资对于房地产市场游资规模变化呈现非线性特征。

表 8-4　线性假设与开关函数形式的判定结果

变量组合	开关变量	开关函数形式	非线性特征
（ratio，sepculation_re）	ratio1（*t*–1）	LSTR1	是

在完成 STR 模型开关函数选择之后，我们对 STR 模型进行参数估计。与第六章一样，我们采用二维格点搜索法判断开关函数初值，再采用 Newton-Raphson 迭代的方法，最大化条件似然函数，并得到了非线性模型参数的估计值（表 8-5）。

表 8-5　财政投资比例对房地产游资规模非线性影响的估计模型

类别	变量	估计值	标准差	*t* 值
线性部分	Const	22.66	9.94	2.28
	CPI	–8.81	9.71	–0.91
	FDI	0.05	0.24	0.22
	Exchange	–3.19	1.39	–2.30
	Speculation_re（*t*–1）	0.72	0.08	8.58
	Speculation_re（*t*–2）	0.14	0.08	1.69
	ratio（*t*）	5.59	6.54	0.86
	ratio（*t*–1）	–0.86	8.00	–0.11
	ratio（*t*–2）	–13.90	6.36	–2.18
	ratio（*t*–3）	0.63	6.46	0.09
	ratio（*t*–4）	–4.76	5.91	–0.80
	ratio（*t*–5）	–8.52	6.19	–1.38
	ratio（*t*–6）	–1.02	6.61	–0.16
	ratio（*t*–7）	–10.58	5.85	–1.81
	ratio（*t*–8）	13.85	5.822 1	2.38
非线性部分	CONST	–23 313 038.44	14 053 854.15	–1.66
	CPI	28 048 392.47	16 908 536.73	1.66
	FDI	287 283.06	173 173.71	1.66
	Exchange	3 036 011.41	1 830 070.37	1.66
	Speculation_re（*t*–1）	–78 727.92	47 458.18	–1.66

续表

类别	变量	估计值	标准差	t 值
非线性部分	Speculation_re（t–2）	213 532.27	128 717.30	1.66
	ratio（t）	4 417 771.74	2 663 029.21	1.66
	ratio（t–1）	20 775 903.20	12 524 806.50	1.66
	ratio（t–2）	–7 161 588.34	4 317 017.30	–1.66
	ratio（t–3）	1 265 982.04	763 144.54	1.66
	ratio（t–4）	22 017 448.34	13 272 148.24	1.66
	ratio（t–5）	–224 617.71	135 480.89	–1.66
	ratio（t–6）	–8 341 952.19	5 028 532.80	–1.66
	ratio（t–7）	3 488 825.99	2 103 119.83	1.66
	ratio（t–8）	–14 525 850.82	8 756 129.19	–1.66
	Gamma	114.81	20.73	5.54
	C1	0.07	0.01	5.69
调整后 R^2		0.95		
迁移变量方差		0.000 2		
残差的 SD 值		0.68		
残差的方差		0.46		

就财政投资比例对房地产游资规模所产生的非线性影响来说，如表 8-5 所示，线性部分系数值较小，系数符号显著性不高，这说明，在财政投资比例非常低时，房地产市场中的游资规模与财政投资的相关关系并不明显。虽然许多学者的研究均发现财政支出的增加会引致住房价格的上涨（梁若冰和汤韵，2008；踪家峰等，2010），但结合线性部分的实证结果，可以认为，在财政投资占总投资的比重较低、政府财政投入力度较小时，财政投资并未显著地增加房地产市场价格中的投机成分。

然而，从非线性部分的实证结果来看，其系数值远大于线性部分，显著性也较高。这说明，一旦财政投资比例处于高位，非线性部分开始发挥作用时，房地产市场中的投机性资金将会随着财政投资力度的增强而出现大幅增加的情况。据此，不难发现，房地产市场中的游资规模对财政投资变化的敏感程度要远大于游资总规模的敏感程度。

将本节的实证结果与第六章相比能够看出，对房地产市场中的游资来说，财政投资变化所产生的影响与对游资总规模的影响相比存在较大的差异。首先，财政投资对两组游资规模序列的拉动起点不同。对于全社会游资总规模来说，当财政投资所占的比例大于 0.047 14 时，开关函数开始发挥作用；而对于房地产市场中的游资规模来说，当财政投资比例大于 0.074 72 时，开关函数才开始发挥作用。

由于房地产市场中的游资本身就属于社会游资总规模的一部分，可以得出这样的结论，即与房地产市场相比，金融市场内的游资更容易被财政投资拉动起来。其次，两组游资序列对财政投资变化的敏感程度不同。对于社会游资总规模来说，当投资比例超过门限值时，所估计的γ等于 5.587 66，变化速率相对较慢；相对地，对于房地产市场中的游资规模来说，所估计的γ为 114.809 6，变化速率则要快得多，充分说明了在财政投资比例超过门限值后，房地产市场中的游资变化速率更快，更为敏感。最后，当经济并未处于财政投资的扩张期时，两组实证结果也存在一些差异。如果不存在财政刺激政策，也就是说政府投资力度较小时，财政投资的增加会引起游资总规模的小幅上升，但活跃于房地产市场中的游资规模则并不随着财政投资而增加。

基于这些差异，我们进一步对财政投资影响游资变化的理论进行深入分析。首先，从游资的去向看，在可投机市场的内部，实际上也存在比较收益的差距，这就造成了财政对单个市场影响的非线性特征更加明显的情况。例如，单从房地产市场的情况看，作为推进城镇化的核心，房地产业始终处于十分重要的位置，其较好的投资前景以及需求的持续旺盛，使房屋供求关系经常处于紧张的状态。在这种背景下，实际上近些年房地产投机的回报率已经明显高于其他领域，并形成了上文所论述的虚拟经济与实体经济回报差。这样，对于已经积累起来的游资来说，房地产市场毫无疑问是非常具有吸引力的，加之财政投资本身就对房地产行业的发展具有正向影响，更使活跃于房地产市场中的游资对财政刺激政策格外敏感，所以，在房地产领域，财政投资对向游资传递的非线性特征也就十分明显。

第三节　基于省际面板的房地产泡沫实证分析

一、省际房地产市场泡沫测算

上文所有对游资的实证分析都是以第四章的总测算数据为基础展开的，然而，房地产具有其自身的特点：一是房地产市场本身的区域性较强，东部、中部和西部在土地与房价方面都存在较大差异；二是房地产市场的投机泡沫也并不必然是全国性的。因此，本节从省际的角度对房地产市场投机泡沫进一步展开实证分析。

我们结合省际面板数据对各省（自治区、直辖市）房地产泡沫进行更精确的估算。随后再基于测算数据，实证分析财政因素对房地产投机泡沫的影响。此处的测算方法仍然为第四章测算不同领域游资规模的价格解析法，但因为面板数据的样本性质，所以，在测算方程选择上还需进一步考虑面板数据的回归方法选择。

为了避免误差，我们报告了固定效应与随机效应两组估计结果①。从结果来看，对于房屋基础价值的决定变量来说，两组回归结果没有明显的差异，并且建筑价值、收入水平和利率均在 1%的水平下显著，能够较好地解释房屋价格的变化。但从泡沫变化的趋势项系数 λ_2 来看，固定效应模型显然是更合适的。所以，我们接下来所进行的实证分析也将基于 FE 的测算结果来展开。

根据回归方程测算出来的系数，我们计算出了各省（自治区、直辖市）的房价中所包含的泡沫成分②，并选取了东部、中部、西部的 12 个典型省（自治区、直辖市）的测算结果绘成了图 8-1。从图 8-1 可以很明显地看出，我国大多数省（自治区、直辖市）都从 2003 年开始出现明显的投机泡沫，而几乎所有的省（自治区、直辖市）都在 2005 年以后经历了泡沫的迅速膨胀。而在 1998 年以前，存在投机泡沫的地区只有海南。这也表明，本章所测算的投机泡沫与实际感知是较为相符的。

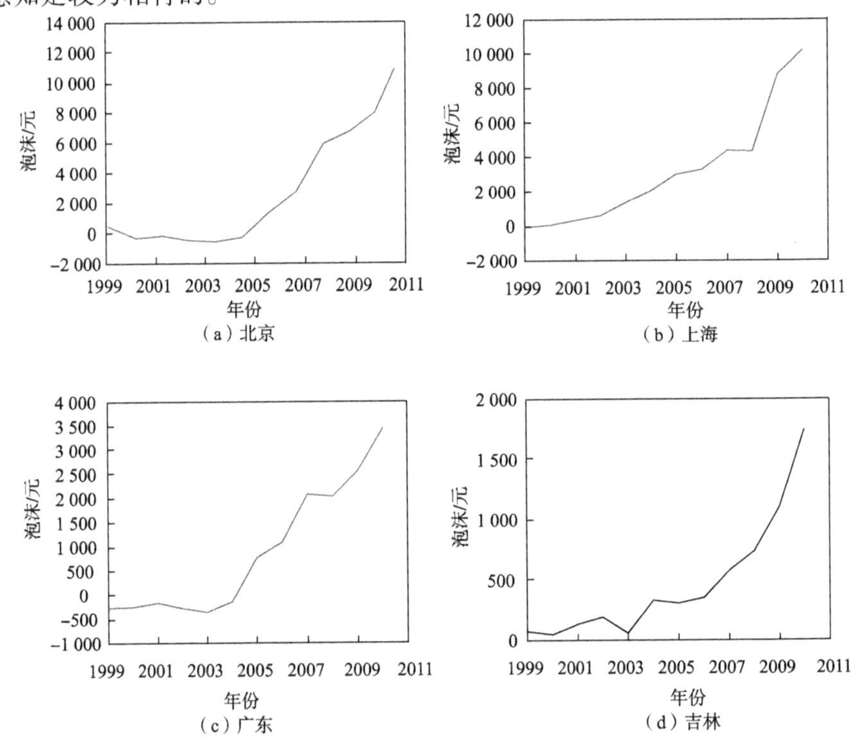

（a）北京

（b）上海

（c）广东

（d）吉林

① 详细计量结果略。

② 此处测算中允许负泡沫的存在。通常来说，负泡沫是投机的波动性所引起的。但在我国，测算中出现负数的原因是转轨中特殊情形导致的，并不属于一般意义上的投机负泡沫，但为了计算的精确性，本节没有对负数进行剔除。

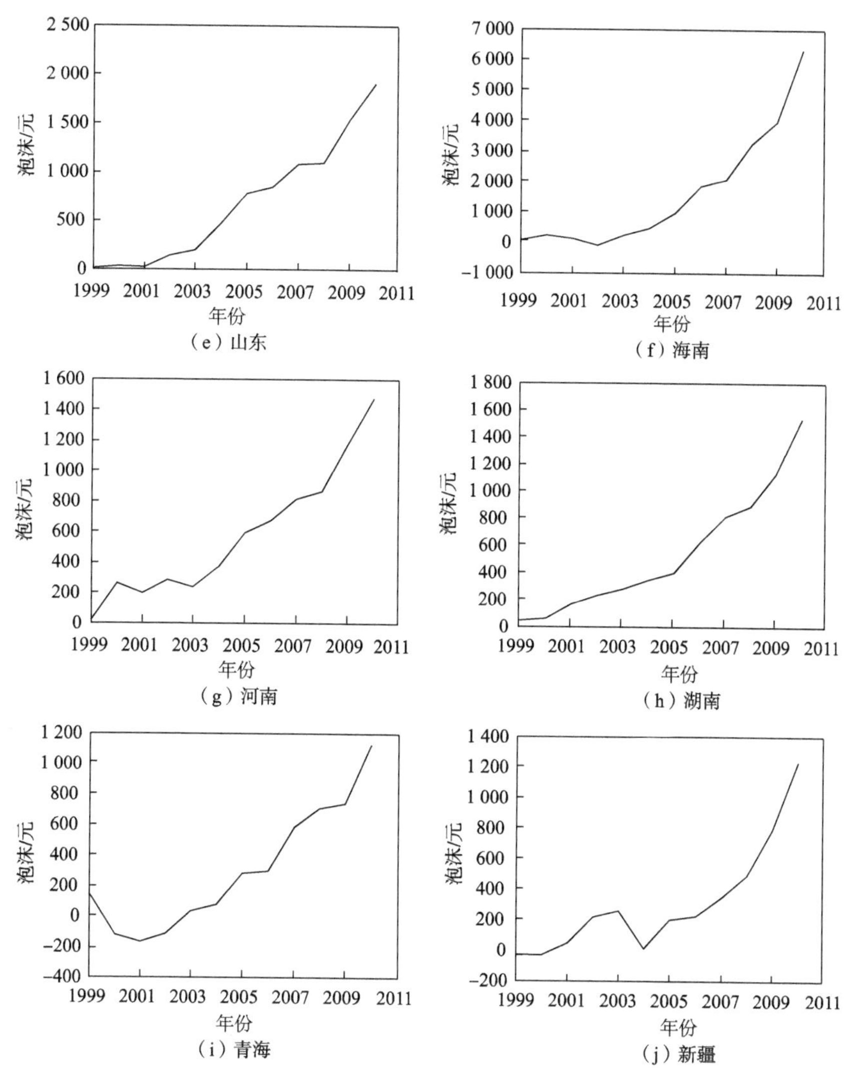

图 8-1　1999~2010 年我国东部、中部、西部典型省（自治区、直辖市）房价泡沫成分变动图

二、计量方法与数据

1. 计量方法

由于泡沫具有随着时间而自我积累的正反馈特征（de Bondt and Werner，1998；Richards，2005），所以，对于第 t 期的房地产价格泡沫 F_t 来说，其滞后项 F_{t-1} 是非常重要的解释变量，这样，就需要采用动态面板数据（dynamic panel data）模型来检验房地产泡沫的情况。由于在动态面板数据模型中，滞后的因变

量可能会与各截面上的个体效应和误差项相关，普通最小二乘估计和随机效应估计往往是有偏的，所以，为解决模型中存在的内生性、遗漏变量等问题，通常需要采用 GMM 方法来进行估计。

目前，差分 GMM 和系统 GMM 是动态面板数据模型的两种估计方法，但是，由于差分 GMM 方法存在弱工具变量（weak instruments）问题，并且仅对差分方程进行估计；而系统 GMM 则将差分 GMM 与水平 GMM 结合起来，将差分方程与水平方程作为一个方程系统，更好地利用了样本中的信息，能够较好地提高估计效率。所以，本节将采用系统 GMM 的方法。其中，对于系统 GMM 模型中可能存在的扰动项序列相关和工具变量的有效性，我们将进行 Arellano-Bond 检验和 Hansen 检验。

进行财政因素对房地产投机泡沫影响的实证分析的计量模型设定如下：

$$\ln B_{it} = \alpha_0 + \alpha_1 B_{it-1} + \alpha_2 \ln F_{it}^{x} + \theta C_{it} + \varepsilon_{it} \tag{8-2}$$

其中，下标 i 代表省（自治区、直辖市）；t 表示年份；B_{it} 表示房地产价格泡沫，作为进行实证分析的被解释变量，在下文的计量分析中它将从两个角度加以度量：一是单位房价中的泡沫成分；二是包含了房屋销售量影响的房地产投机泡沫总额，并分别记做 B^{price} 和 B^{total}。其中，F_{it} 为我们要着重分析的财政因素，由于着重考察的是财政因素与房地产投机泡沫之间的关系，根据现有的财政可能影响房地产市场投机的几个渠道，我们将财政因素分为三类，即财政总支出、政府投资及土地财政，根据上标 x 来加以区分，分别写作 F^{total}、F^{invest} 和 F^{land}。C_{it} 为其他的控制变量，ε_{it} 为误差项。控制变量 C_{it} 包括通常对投机泡沫有所影响的价格水平 CPI、外资流入 FDI 及利率水平 R，其中，CPI 主要用以控制影响投机泡沫的金融和物价因素，FDI 则主要控制来自外部影响的投机炒作，而利率 R 则用以控制资金进行投机炒作的成本。

2. 数据

受政府财政支出及土地财政[①]等数据的限制，我们的实证分析未能选择与测算数据相同的样本区间，而是选择了更小范围的 2004~2010 年的省级面板数据。根据上文对我国省级区域房地产投机泡沫的测算，单位房价中的泡沫成分 B^{price} 即上文在房价解析式中进行估算的值；而房地产投机泡沫总额 B^{total} 则为价格中的泡沫成分与同年房屋销售面积相乘计算得出，以对 B^{price} 所包含的信息进行补充。主要解释变量 F^{total}、F^{invest} 和 F^{land} 分别选取的是当地财政预算总支出、固定资产投资中的财政预算支出以及房地产开发企业购置土地总费用。本节除投机泡沫数

① 此处样本区间的选择主要是由于对我国土地财政影响较大的“招拍挂”制度是从 2003 年开始实施的。

据源于上文的估算之外，其他数据同样源于中经网统计数据库，变量的描述性统计见表 8-6。

表 8-6　变量的描述性统计（二）

变量	样本数	均值	标准差	最小值	最大值
B^{price}	205	1 446.454	1 706.745	−274.083 1	12 103.82
B^{total}	210	4 227 648	6 148 348	−677 541.6	3.27×10^{7}
F^{total}	210	1 411.896	971.277 5	123.017 7	5 421.54
F^{invest}	210	226.126 4	199.017	18.78	1 398.4
F^{land}	210	169.922 9	202.920 5	1.6	1 292.7
CPI	210	103.029	2.281 224	97.7	110.1
R	210	5.882 857	0.700 684 1	5.31	7.47
FDI	210	781.295 7	168.161 8	603.25	1 057.35

三、实证结果

我们使用 Stata 11 对方程（8-2）进行了估计。在实际估计时，我们将滞后的房价泡沫视为内生变量，其他变量视为外生变量。并且，在回归中，对价格和金额的相关变量进行了取对数处理。系统 GMM 估计的结果如表 8-7 所示，相关检验的结果也在表 8-7 中具体给出。

表 8-7　省际面板数据系统 GMM 回归结果

变量	B^{price}			B^{total}		
	回归（1）	回归（2）	回归（3）	回归（4）	回归（5）	回归（6）
$\ln B_{t-1}^{price}$	0.62*** （5.80）	0.713*** （10.15）	0.361*** （2.62）			
$\ln B_{t-1}^{total}$				0.729*** （21.67）	0.829*** （41.80）	0.531*** （6.01）
$\ln F^{total}$	0.062 （0.57）			0.303*** （2.81）		
$\ln F^{invest}$		−0.098* （−1.82）			0.075 （1.50）	
$\ln F^{land}$			0.204** （2.24）			0.408*** （3.71）
CPI	−0.038*** （−4.87）	−0.046*** （−4.90）	−0.045*** （−6.03）	−0.083*** （−8.02）	−0.088*** （−7.54）	−0.09*** （−9.28）
R	0.067*** （2.70）	0.065 7** （2.43）	0.075*** （3.24）	0.131*** （4.50）	0.131*** （4.21）	0.139*** （5.21）

续表

变量	B^{price}			B^{total}		
	回归（1）	回归（2）	回归（3）	回归（4）	回归（5）	回归（6）
FDI	0.624*** （3.96）	0.756*** （3.14）	1.017*** （4.85）	0.099 （0.58）	0.133 （0.87）	0.672*** （3.18）
常数项	1.788** （2.02）	2.025** （2.45）	1.025 （1.18）	9.331*** （7.71）	9.875*** （8.13）	9.137*** （6.81）
AB（1）检验 *P* 值	0.079	0.06	0.105	0.02	0.02	0.02
AB（2）检验 *P* 值	0.326	0.303	0.346	0.115	0.12	0.111
样本容量	175	175	175	175	175	175
Hansen 检验 *P* 值	0.131	0.175	0.237	0.875	0.848	0.858

*、**和***分别表示 10%、5%与 1%的显著性水平

注：括号中为 *t* 值

根据上文的分析，投机泡沫的正反馈特征使得在回归方程中加入一阶滞后项是非常必要的，而该项的内生性问题则是由 GMM 方法加以解决的。其中，Hansen 检验表明所选取的工具变量是有效的，而 Arellano-Bond 检验则表明，虽然模型的差分残差序列存在一阶自相关，但不存在二阶自相关，因此采用该模型进行估计是合理的。

根据表 8-7 所显示的估计结果：首先，滞后一期房价泡沫的增加能够显著地增加当期的房价泡沫，说明我国房地产的投机现象呈现出明显的正反馈特征，这也说明了当期房地产泡沫的积累会带动未来泡沫的进一步膨胀。结合前一部分的房价泡沫变动趋势图（图 8-1），可以发现，当前我国各个省（自治区、直辖市）都已处于泡沫积累的上升周期中。其次，对于财政因素的三个考察变量来说，我们的回归结果发现它们与房地产价格泡沫的关系并不相同。其中，从以土地财政为主要考察变量的回归（3）和回归（6）中，均可以发现，土地财政对房价泡沫具有显著的正向影响。由于回归（3）中的被解释变量是已经剥离了房地产基础价值的泡沫成分，结合其他学者的研究，表明土地费用的增加不仅推高了房价，而且会促成房地产投机泡沫的积累。再次，以财政总支出为核心的方程中，分别以 B^{price} 和 B^{total} 为被解释变量，其出现了不同的结果。当以房地产单位价格中的泡沫成分为被解释变量时，财政总支出的系数并不显著；但以总的投机泡沫作为被解释变量时，其系数则为正，且 1%的水平上显著，这很可能是因为，财政支出本身并不是投机的源头，它并不作用于单位价格中的泡沫成分，但当财政总支出增加时，很可能存在一部分流入虚拟经济中进行炒房的资金，导致了投机泡沫在量上的增加。最后，从投资角度来考虑的财政因素与房地产投机泡沫之间的关系并不明显，我们认为，出现这种情况源于下两点：一是我们所选取的数据为固定资产投资中的国家预算支出，而该支出在进行统计时往往容易出现较大程度的

低估，未能涵盖财政投资的全部范畴，因而在分析上无法很好地替代财政投资；二是财政投资对房价泡沫的影响本身也比较复杂，并不完全体现为线性关系。

四、稳健性检验

稳健性检验对于动态面板数据模型是非常重要的，本小节通过设置不同解释变量、改变样本范围等方法对方程（8-2）进行了不同的稳健回归。由于回归（1）~回归（3）是进行实证研究的重点，而对投机泡沫总额 B^{total} 的回归仅作为补充说明，所以，本小节仅对基于测算结果的泡沫成分 B^{price} 的回归方程进行稳健回归，并将结果分别列在表 8-8 中。

表 8-8　省际面板数据系统 GMM 稳健性回归结果

变量	B^{price}					
	回归（7）	回归（8）	回归（9）	回归（10）	回归（11）	回归（12）
$\ln B^{price}_{t-1}$	0.64***（5.53）	0.779***（9.81）	0.416***（2.93）	0.646***（6.14）	0.742***（10.56）	0.381***（2.74）
$\ln F^{total}$	0.10（0.89）			0.063（0.60）		
$\ln F^{invest}$		−0.023（−0.45）			0.083（−1.61）	
$\ln F^{land}$			0.207**（2.24）			0. 206***（2.25）
M2	0.017***（3.32）	0.019***（3.73）	0.018***（3.84）			
CPI				−0.029***（−4.43）	−0.035***（−4.77）	−0.035***（−5.31）
R	0.044*（1.86）	0.036**（2.43）	0.054**（2.39）			
R_{ex}	−0.047（−0.67）	0.000 2（0.00）	−0.180**（−2.26）			
FDI				0.449***（2.83）	0.539**（2.33）	0.841***（4.14）
常数项	1.772（1.64）	1.343**（1.05）	3.953***（3.39）	2.225***（2.42）	2.508***（2.81）	1.52*（1.74）
AB（1）检验 P 值	0.078	0.058	0.105	0.06	0.05	0.063
AB（2）检验 P 值	0.259	0.239	0.295	0.225	0.212	0.239
样本容量	175	175	175	175	175	175
Hansen 检验 P 值	0.079	0.088	0.069	0.123	0.08	0.105

*、**和***分别表示 10%、5%与 1%的显著性水平

注：括号中为 t 值

其中，回归（7）~回归（9）是通过替换控制变量得到的，对于可能影响房价泡沫所需控制的金融与物价因素，我们采用货币量 M2 增速对其进行了替换；而针对外商直接投资，则用汇率值 R_{ex} 进行了替换。结果显示，虽然 CPI 和 M2 由于存在共线性而无法同时作为控制变量，但 M2 同样在 1%的水平下显著，这表示，即使将 CPI 替换为 M2 也是可行的，但考虑到 M2 为宏观经济变量，无法像 CPI 一样存在省际变异，所以，仍认为选择 CPI 更为合理。另外，对于外资流动的替换变量，汇率并不像 FDI 一样显著，其可能是我国所实行的汇率制度并不允许汇率的自由浮动，这导致了汇率值仅仅经历过几次大的变动，并不能反映出真实的外资流动情况，所以，以 FDI 作为外资的控制变量也是更为合理的。另外，通过 Hansen 检验结果不难发现，回归（7）~回归（9）存在较明显的工具变量过度识别问题。

回归（10）~回归（12）是通过剔除解释变量而得出的回归结果，在其中，通过剔除控制变量利率水平，即投机的成本因素，获得了三组新的结果。根据回归结果来看，其与原来的回归相比并没有十分明显的变化。这表明剔除一个变量不会对重要估计变量的结果产生较大的影响。

另外，我们还通过改变样本时期和剔除某些省（自治区、直辖市）的数据进行了稳健回归，限于篇幅，其回归结果未列在表 8-8 中。其中，从剔除 2004 年的数据进行的三组回归结果来看，一阶自相关检验的 P 值分别为 0.079、0.06 和 0.105，二阶自相关检验的 P 值分别为 0.326、0.303 和 0.332，而 Hansen 检验的 P 值分别为 0.131、0.175 和 0.237，都与原来的回归非常接近，并且，其系数值及显著性水平也未出现明显变化。随后，我们又估计了剔除北京、天津、上海和重庆 4 个直辖市的数据，重新获得了三组回归结果，其系数与显著性也未出现明显的变化，且其一阶自相关检验的 P 值分别为 0.108、0.099 和 0.129，二阶自相关检验的 P 值分别为 0.332、0.323 和 0.333，Hansen 检验的 P 值分别为 0.335、0.323 和 0.335，同样与原来的回归比较相似。这可以说明，对于不同的样本来说，我们选用的工具变量均较为有效。因此，可以认为，本节所建立的回归模型及系统 GMM 估计方法对不同的样本容量是比较稳健的。

第四节　本章小结

本章以研究房地产领域内的游资为核心，主要对我国财政的体制性因素与政策性因素对房地产投机泡沫的影响进行了实证分析，并将得到的回归结果与上文对游资总额进行的实证结果进行了对比。在房地产领域，虽然已有研究提出财政因素可能是导致房地产泡沫生成与积累的重要原因，但到目前为止，对此命题专门进行的实证研究却几乎都是以房价波动作为投机程度的衡量变量，我们认为，当房地产市场存在投机泡沫时，房价不仅包括房屋价值本身，还存在泡沫所导致的溢价，如果不事先对房价中的价值因素进行解析，那么，财政因素究竟是由于资本化等原因提升了房地产本身的价值，还是真正促进了投机泡沫的积累则无法明确定论。对此，本章基于测算数据进行的实证分析通过技术方式解决了这一问题，并得出了以下几个结论。

首先，根据省际房地产投机泡沫测算的结果，我国各个省（自治区、直辖市）房价泡沫变动的趋势具有较强的相似性，泡沫的出现是在2002年左右，而到2005年以后泡沫的程度则开始出现较大的上升幅度。并且，由于实证分析发现滞后一期的房价泡沫对当期泡沫具有显著的正向影响，说明当前我国的房地产投机泡沫已经进入了一个自我积累的膨胀阶段，但从总量测算的结果上，还不满足泡沫破裂的条件。然而，当前我国存在的房地产泡沫问题并不是区域性的，而是已经扩展至全国范围，并逐渐形成了我国宏观经济的潜在威胁，迫切需要政府加以重视。

其次，着重考察财政体制性因素的实证结果表明，财政专项资金政策变量与游资总规模之间呈现负向相关，但却并未出现与房地产投机泡沫的线性关系。另外，预算规范这一变量的系数在对房地产泡沫的回归中非常显著，却并未影响到游资总规模的变化。这表明，预算资金虽然并没有大规模地成为游资的来源，却可能在非规范性的背景下流入房地产领域。

再次，从投资角度来考虑的财政政策因素与房地产投机泡沫之间的关系比较复杂。财政投资对泡沫总额的关系并不显著，但却与房价中泡沫成分之间呈现显著的正向关系。另外，以预算投资所占比例表示的财政投资变量与房地产投机泡沫之间并不完全体现为线性关系。随后，在此基础上，我们发现了财政投资与房地产投机泡沫之间非线性关系的存在。对活跃于房地产市场中的游资来说，当高于临界值时，即财政投资力度较大时，扩张的财政政策会引发房地产市场游资规模的剧烈扩张。结合总的游资规模来看，这种转化还未引起实体经济向虚拟经济的加速流动，但是，财政投资实际上促成了游资在不同市场之间的转移。当房地产市场投机回报率与实体经济投资回报率之间的出现差距时，财政投资扩张会促成大量涌入房地产领域的游资。可以预期的是，如果其他市场也出现投机回报率较高的情形，那么也会与房地产呈现相类似的非对称特征。这也说明，当前财政投资已成为游资积累与集中的重要驱动力。

最后，从以土地财政为主要考察变量的回归方程中可以得出，土地财政对房价泡沫具有显著的正向影响，并且土地费用的增加不仅推高了房价，而且会促成房地产投机泡沫的积累。土地财政对房价泡沫积累的影响却是不容忽视的。结合已有学者对财政与房地产价格进行的实证研究可以发现，以投资和民生支出等为代表的财政预算增长更多的是由于提升了房地产价值而随之呈现同房价正相关的特征，但对于土地财政来说，它不仅显著地加大泡沫总量，而且还会增加单位房价中的泡沫成分。这表示，当前土地财政已不仅仅通过成本的形式转移为泡沫的一部分，而且更成为我国房地产泡沫形成的根源之一。

第九章　货币因素与房地产投机泡沫

第一节　货币政策与房地产投机泡沫关系的理论解析

作为我国经济增长的支柱产业，目前的房地产处于起承转合的特殊时期，正在经历由无序增长向有序发展的过渡。虽然经过多年市场化改革，但我国房地产市场仍然受到诸多非市场因素的影响，加之处于高速城镇化阶段的特殊国情，使学术界在分析房地产问题时遇到诸多困难，在许多关键问题上存在较大争议。经过对现实情况的观察与文献梳理，我们发现造成上述困难的原因主要有以下两点：①忽略了我国处于高速城镇化过程的前提，大多数学者没有对房地产泡沫与房地产基础价格进行区分，甚至将两者混淆使用，导致最终结论出现偏离。②忽略了我国的动态制度背景。自 1998 年实施商品房改革以来，与其密切相关的资本市场经历了一系列改革，房地产市场所处的发展环境不断变化，然而大多数研究并未充分考虑制度环境的变化。本章立足于克服上述两点不足，在对房地产泡沫进行测算的基础上，采用非线性模型，深入讨论动态制度环境下房地产泡沫与货币政策之间的非线性关系，力图为我国房地产市场发展困局提供更加有效的解释与政策建议。

囿于工具与数据的双重限制，目前国内在动态制度视角下系统讨论房地产泡沫与货币政策之间关系的研究尚不多见，大多数研究或是针对单一的宏观或微观层面问题，或是局限于静态视角。从直观感觉上来看，在动态的制度背景下，货币政策对房地产市场的影响势必存在结构性差异，这种差异很可能成为形成与类似于货币政策执行过程中所产生的非对称性效应（王立勇等，2010；赵进文和闵捷，2005b），这也是本章选择的主要切入视角，在动态视角下讨论房地产泡沫问题，分析不同情况下房地产泡沫对货币政策变化的反应。国外有学者曾经讨论过房地产泡沫中存在的这种非对称效应，Kim 和 Bhattacharya（2009）采用 STAR 模型分析了美国不同地区房价的非线性特征，结果发现除了中西部外，美国其余区域的房价都呈现非线性特征。但 Kim 和 Bhattacharya 研究的基本前提是较为稳定的制度背景，因此，他们所分析的是政策技术层面所形成的非对称效应[①]。对于处在工业化与城镇化过程中的发展中国家来说，采用非线性模型似乎更具解释力，Simo-Kengne 等（2013）使用马尔科夫区制转换（Markov-switching-VAR，MS-VAR）模型讨论南非房地产市场与货币政策之间存在的非线性关系。目前，国内采用非线性实证方法讨论货币政策与房地产市场关系的文献还不多见，仅有少数学者进行了相关工作（段忠东，2012）。

作为吕炜和刘晨晖（2012）的后续研究，本章对以往研究的扩展主要基于以下几个方面：第一，继续使用第四章所采用的方法估算房地产泡沫与基础价值，并通过对两者之间关系的分析，讨论动态制度背景下房地产市场泡沫的形成、累积与破裂等问题；第二，分别使用两区制非线性 MS-VAR 模型和 Threshold VAR 模型，以货币供给量 M2 作为开关变量，根据脉冲响应曲线，分析房地产泡沫与流动性、实际利率等货币政策变量之间的非线性关系。

一、货币政策与房地产投机泡沫的理论和文献

货币政策是影响房地产市场的重要因素，几乎每一次房地产市场的剧烈波动均与货币政策密切相关。与此同时，货币政策也是各国政府对房地产市场进行调控的主要手段。这涉及两个层面的问题，即一般情况下货币政策对房地产市场的影响，以及异常情况下货币政策如何干预房地产市场。学术界对前者的观点较为一致，但对后者则存在较大争议（段忠东，2012；朱孟楠等，2011）。在 2008 年国际金融危机爆发以后，这种争论更是愈演愈烈。以中国为例，在国际金融危机爆发之初，房地产市场受到国际经济环境变化冲击，出现下行趋势，中央政府为稳定房价相继出台了一系列政策托市，却造成了过犹不及的状况。虽然扭转了房价下降的趋势，但也影响了市场的投资预期，导致房地产市场剧烈波动，而后，中央政府通过加息、调整准备金等货币政策手段力图重新稳定房地产市场，但均收效甚微，最终导致限购等行政手段的出台。此外，为应对国际金融危机，中央政府在 2008 年年底开始放松银根，大量流动性（市场上流动的 M2）进入市场，这在当时造成了较大争议。通常来说，流动性泛滥会引起资产价格的剧烈波动，催生投机泡沫（Allen and Gale，1999），但当时中国所处的国内外经济环境异常复杂，流动性与房地产剧烈波动之间是否存在联系仍未有定论。

在国际金融危机爆发之后，西方学者在学术层面的探讨至今尚未结束。学术界普遍认为，虽然“两房”出现大量亏损是国际金融危机的起因，但危机之前推

① 即使是相同的政策，在不同的制度背景下也极有可能形成不同的政策效果。1998 年东南亚金融危机以后，我国资本市场出现较大幅度变革，2008 年国际金融危机以后，我国进出口市场出现较大变革。因此，不需要对所选择的变量进行二次区分。

行的超低利率政策导致的房地产市场无序扩张才是国际金融危机爆发的直接原因，而事后的货币政策调控又未能及时有效地遏制房地产市场泡沫风险。因此，学术界达成的共识是中央银行应加强对资产价格泡沫的监控与干预，主要分歧是应进行事前干预，还是事后干预。当前，以 Bernanke、Mishkin 为代表的观点（Bernanke and Gertler，2001；Mishkin，2007）是比较受认同的，他们认为，货币政策的主要任务是稳定全社会物价，而非盯住资产价格。因此，如果房价等资产价格上涨并未拉动通货膨胀水平上升，中央银行不需要做出反应，直接盯住资产价格所出台的货币政策有可能会导致更大的经济波动。

自 1998 年中央政府实施住房商品化改革以来，围绕房地产市场的泡沫和调控两个主题，国内学术界一直争论不休。首先，对于房地产市场是否存在泡沫一直未能达成共识。部分学者认为，城镇化进程所释放出的巨大住房需求与土地供应不足是导致房地产价格上升的主要原因，因此，市场中并不存在泡沫；而更多的学者则认为，中国房地产市场广泛存在投机行为以及投资扩张，导致市场价格脱离基础价值，存在严重的泡沫。其次，在中央银行如何应对房地产市场价格波动的问题上同样存在争议，一部分学者认同 Bernanke 和 Mishkin 等西方学者的观点，如周晖和王擎（2009）、易纲和王召（2002）等均认为货币政策应关注而非盯住房价等资产价格。但更多学者指出，货币政策应该对房地产等资产价格泡沫进行事前干预，如徐忠等（2012）、邓富民和王刚（2012）等认为，中国货币政策与资产价格之间的关系非常紧密，尤其是货币政策在房地产市场的传递渠道对于房价变化至关重要，因此，一旦货币政策不能对房地产市场中的投机行为进行及时干预，就有可能导致风险集聚。

除此以外，国内学者还讨论了不同货币政策工具与房地产价格之间的关系。大部分研究认为，价格型工具对房地产价格的影响较小，而数量型工具对房地产价格的影响较大。其中，王来福和郭峰（2007）等发现货币供应量的增加会导致房地产价格上涨，而利率变化对房地产价格有较小的负向影响。马亚明和刘翠（2014）构建了含有九种不同货币政策工具规则的动态随机一般均衡模型，重点研究了关注房地产价格波动下的我国货币政策工具规则的选择问题，得出了我国更适合使用混合规则的货币政策工具规则的结论。但上述研究大多使用的是房地产价格，而非房地产泡沫作为关键变量。

二、房地产投机泡沫的阶段性变化

从图 9-1 可以看到，自 1998 年以来，中国房地产泡沫大致经历了三个主要阶段。

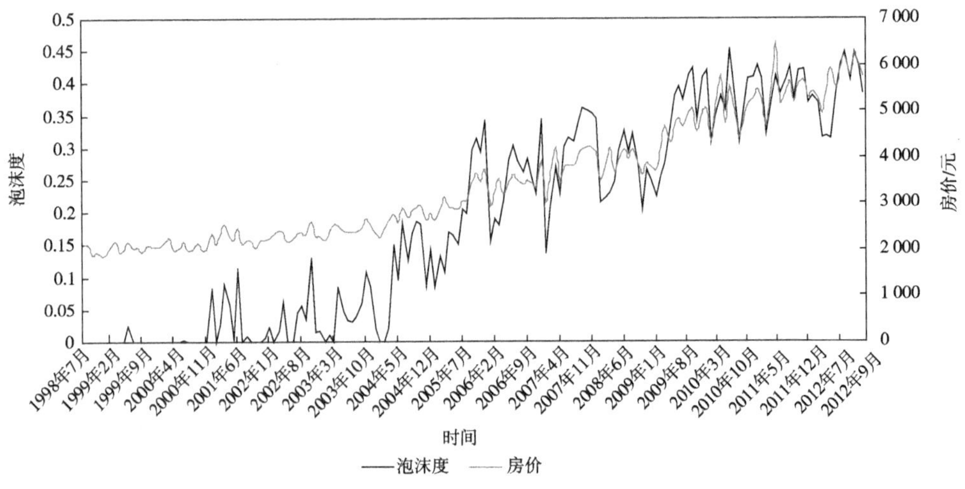

图 9-1　1998 年 7 月至 2012 年 9 月我国房地产泡沫度

（1）第一阶段。2005 年以前我国房地产市场基本不存在或者存在极少的泡沫，事实上，根据吕炜和刘晨晖（2012）对不同地区的测算，除了海南省以外，我国其他地区房地产均没有发现房地产泡沫，但应该看到，1998 年所推进的商品房改革以及随后颁布的一系列旨在加快推进银行个人房贷业务的政策在很大程度上促进了房地产业的发展，这一阶段的发展也为之后房地产资产泡沫积累奠定了基础，而更为关键的是，始于 1992 年的资本市场改革在 2005 年基本完成，初步形成了以四大国有银行为核心的资本市场构架，自此作为房地产发展最重要的动力来源，银行业开始发挥至关重要的作用。

（2）第二阶段始于 2005 年的房地产价格上涨，这也是我国房地产全行业第一次出现大规模上涨，但这一轮上涨相对较为平稳，可以被视为经历较长时间积累过程之后，房地产泡沫出现的一轮规模爆发，从直观上看，这轮泡沫上涨与以下两个因素密切相关：第一，2005 年进行的汇率改革（图 9-2）加快了境外投资者进入国内投资市场的步伐，作为当时经济增长的重要推动力，房地产受到了越来越多的关注，大量国外资产进入我国房地产行业，在这一阶段当中，房地产行业中利用外资数量均呈现大幅上涨；第二，商品房改革与个人房贷业务推广双重影响下，国民住房需求出现的一次较大规模爆发，住宅销售面积保持较高增速，直到 2007 年我国调控政策出台为止。而与此同时，在政府推进城镇化进程，大力发展房地产市场的大背景下，受 1998 年金融危机影响，持续下降的实际贷款利率也在这一时期出现了上涨的情况（图 9-3）。

（3）第三阶段，为应对美国房地产次贷危机影响，2008 年中央政府出台了一系列财政刺激政策，中国房地产泡沫在经历长期积累之后，出现了一次真正意义上的爆发。从图 9-1 中的序列形状能够清晰地看到，价格泡沫度较上一阶段出

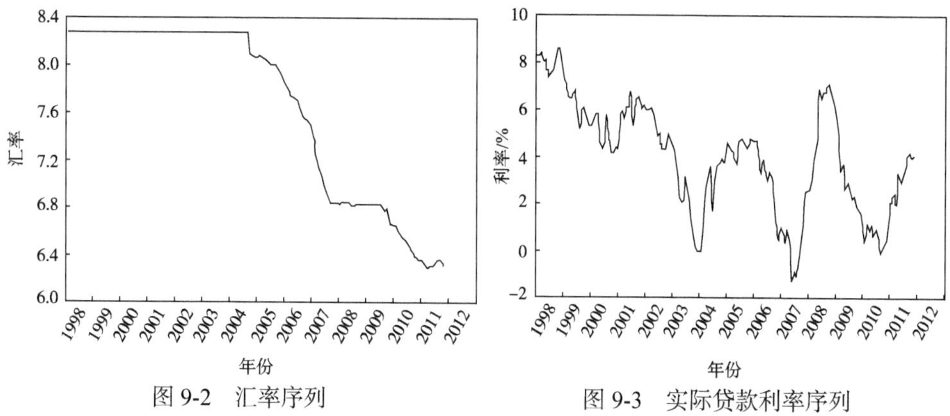

图 9-2　汇率序列

图 9-3　实际贷款利率序列

现了明显上涨。正是在这一阶段，市场资本逐利炒作现象变得越来越明显，包括房地产在内的一系列市场炒作，成为政府宏观调控真正要面对的问题。那么，为何只有这一阶段出现诸多的市场炒作问题呢？从图 9-4 中 M2 的增长率序列可以看到，虽然两个阶段当中的货币供给增长率均处于较高水平，但较前一阶段，第二阶段的增长速度明显要高得多，因此，从直观上感觉，第 2 轮房地产市场泡沫的爆发与货币供给水平增加之间必然存在关联，但这种直观感觉仍然需要科学的数据作为支撑，这也是本章接下来试图研究的问题，即针对不同的货币供给增长率，房地产泡沫与货币政策之间究竟存在什么样的联系。

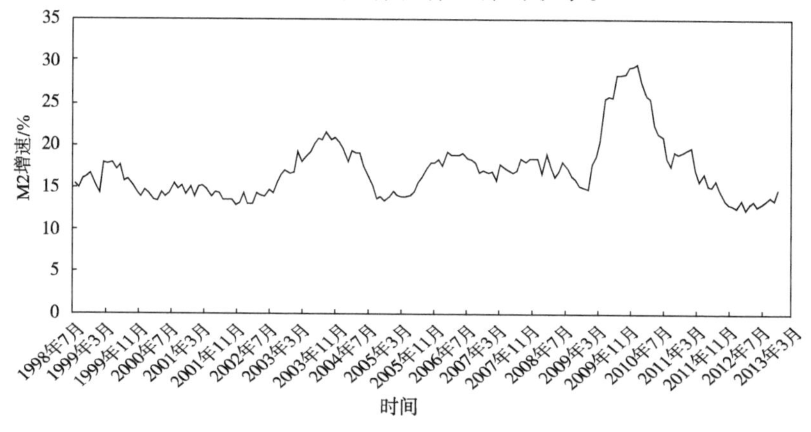

图 9-4　M2 增速变动

总的来说，过去 15 年间，中国房地产市场泡沫在国民经济领域进行了商品房、汇率和资本市场等诸多重大制度改革的背景下，经历了长达 8 年的积累期，随后发生了两次较大规模的爆发。虽然两次房地产泡沫爆发的原因不尽相同，但均显示出当前中国推进城镇化过程中所面临的困境：一方面，资本市场制度的滞后导致市场剩余资本难以得到有效控制；另一方面，满足城镇化所催生出的庞大居住需求又要求房地产行业必须对市场资本进行高效使用。这势必将成为政府未来在推进城镇化过程中长期面对的矛盾。

第二节　基于 MS-VAR 模型的非线性分析

虽然已有关于货币政策与房地产投机泡沫的文献非常丰富，但却普遍存在以下不足：①大多数国内研究忽略了中国处于高速城镇化过程的前提，将房地产泡沫与房地产价格这两个变量混淆使用。在选取房地产泡沫指标时，国内文献大多依照国外做法，采用价格变动来度量房价泡沫。这对研究中国房地产泡沫问题并不合理。按照资产价格理论，房屋价格中同时包含基础和投机两部分，前者由人均收入等基础因素决定，后者才是由市场投机活动造成的泡沫。由于西方发达国家早已完成城镇化进程，形成了完善的房地产市场制度，决定其房屋基础价值的因素变动很小，房屋价格的剧烈变动大多是由市场投机行为引起的，所以，西方学者通常不会对房价与投机成分两者进行区分。但在中国，价格与泡沫两者之间的差异却非常明显。除了市场投机行为以外，城镇化进程与经济增长对拉动房价上涨发挥了重要作用。因此，将货币政策对房地产市场影响的研究建立在对泡沫进行估算的基础上是非常必要的，已有学者意识到这一问题（韩冬梅等，2008；吕炜和刘晨晖，2012）。②囿于数据限制，大多数国内实证研究所使用的数据样本容量较小，且大多采用线性模型。现实中，自 1998 年中国实施商品房改革以来，与其密切相关的资本市场也经历了一系列制度变革，无论是货币政策的实施环境，还是房地产市场的发展环境均处于剧烈的变动过程当中，传统的线性模型难以充分描述动态制度背景下货币政策与房地产市场之间的动态关系。

针对已有研究中的不足，本节的贡献主要体现在以下两方面：①将商品房价格中的基础价值和泡沫进行分离，并讨论两者之间的关系。②利用测算得到的价格泡沫，构建包含长期实际贷款利率、M2 和 FDI 的非线性 MS-VAR 模型。接下来的结构如下：第一部分是研究方法与数据选取，重点介绍房地产泡沫测算和 MS-VAR 模型的研究方法；第二部分是对房地产泡沫测算的结果分析，重点讨论房地产价格分离结果及 1998 年 7 月至 2014 年 9 月房地产泡沫的演化历程；第三部分是广义脉冲响应的结果分析，讨论不同区制和同一区制下泡沫与实际利率对外部冲击响应的非线性特征，并对数量型工具和价格型工具两种货币政策手段的有效性进行比较。

一、包含货币政策与房地产泡沫的 MS-VAR 模型

借助“区制转换”概念，Hamilton（1989）将包含某些内生性的结构变化引入

VAR 模型中，从而捕捉经济或金融系统中的时变状态变化，目前已在宏观经济与金融时间序列分析中得以广泛应用。MS-VAR 模型主要分析的是时间序列存在明显的结构性变化，从而导致 VAR 模型参数不变且假设不再适用的情况。当房地产市场的发展环境、货币政策的实施环境出现较剧烈的结构性变化时，这些变化很可能会对货币政策与房地产泡沫之间的关系产生结构性影响（Simo-Kengne et al., 2013）。因此，基于中国的动态制度背景，从宏观政策与房地产市场之间的关系可能存在结构性变化的角度出发，采用非线性 MS-VAR 模型，能够得到一些更具解释力的研究结论。具体来说，根据 Krolzig（1997）的建议，我们使用 MS-VAR 模型的基本形式为

$$\begin{aligned}\text{Bubble}_t = & v_0(s_t) + v_1(s_t)\text{Bubble} + v_2(s_t)\text{load\_interest}_t \\ & + v_3(s_t)\text{M2}_t + v_4(s_t)\text{FDI}_t + \varepsilon_t\end{aligned}$$

其中，Bubble_t 表示房地产价格泡沫；load_interest_t 表示实际长期贷款利率；M2_t 表示货币供给增速；FDI_t 代表开放经济的影响因素；ε_t 表示一个白噪声过程，代表扰动项，$\varepsilon_t \sim \text{N}(0, \sigma^2)$。参考 Simo-Kengne 等（2013）、徐迎军和李东（2010）的研究思路，本节选择三区制的 MS-VAR 模型，即 $s_t \in \{0,1,2\}$。方程中，不可观测的状态变量 s_t 服从遍历不可约的一阶马尔科夫过程，其转换概率为 $\Pr[s_t | s_{t-1}] = p_{ij}$，其中，$i$，$j \in \{0,1,2\}$，满足：

$$\sum_{j=0}^{2} p_{ij} = 1$$

t 时刻的概率计算公式为

$$\Pr[s_i = i | \psi_{t-1}] = \sum_{j=0}^{2} \Pr[s_i = i | s_{t-1} = j] \Pr[s_{t-1} = j | \psi_{t-1}]$$

在每一时期的末尾，用以下方程所显示的迭代滤波对期初计算的概率进行修正：

$$\Pr[s_t | \psi_{t-1}] = \Pr[s_t | \psi_{t-1}, y_t] = \frac{f(y_t | s_i = i | \psi_{t-1}) \Pr[s_{t-1} = i | \psi_{t-1}]}{\sum_{i=0}^{2} f(y_t | s_t = i, \psi_{t-1}) \Pr[s_{s-1} = i | \psi_{t-1}]}$$

模型参数是由极大似然估计（即最大化下面的对数似然函数）得到的。

二、MS-VAR 模型的实证分析

本小节使用样本点的时间跨度为 1998 年 7 月至 2014 年 9 月，其中，进行房地产泡沫测算所使用的变量包括房地产销售额、销售面积、竣工价值、城镇居民的人均可支配收入等指标；而构建 MS-VAR 模型则借鉴了 Krolzig（1997）、周晖和王擎（2009）、朱孟楠等（2011）、邓富民和王刚（2012）等学者的建

议与变量选择思路，最终采用五年期实际贷款利率[①]、M2 同比增速分别表示货币政策的价格型工具和数量型工具，并且，我们在实证中还考虑了外资因素，即 FDI 增速。这里的计量分析除房地产泡沫数据为测算所得之外，其他所有基础数据均来源于中经网、wind 金融数据库、中国人民银行网站及国家统计局网站。

根据上述结果，我们采用第（4）轮的最终估计量作为预测值。将其代入原回归方程，就可以得到 1998 年 7 月至 2014 年 9 月的房地产基础价值序列。另外，由于测算结果存在季节性趋势，我们对其采用 Census X12 方法进行修正。所测算的房屋基础价值最终结果如图 9-5 所示。从图 9-5 中能够清楚地看到 1998 年进行住房商品化改革以来，中国房地产基础价值一直呈现明显的上升趋势。根据图 9-5 中的价值变动趋势，我们认为房地产基础价值的上涨才是中国房地产市场价格上涨最为关键的支撑，房地产市场炒作则是在房屋基础价格上涨的基础上进行的。而使这条基础价值曲线持续向上的原因，我们认为有以下三点：第一，由于全国范围内大规模城镇化政策的实施以及 20 世纪 80~90 年代的人口高峰影响，居民保持了旺盛的居住需求；第二，受 CPI 提升推动以及地方政府对于土地的垄断供给影响，房屋建筑成本不断提高；第三，受益于常年的经济高速增长，国民的人均可支配收入不断提高。

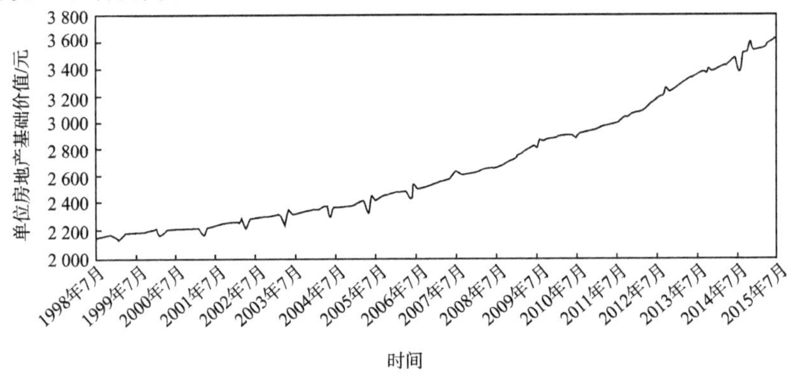

图 9-5　季节修正后中国单位房地产基础价值

为了更加直观地描述中国房地产泡沫的演变历程（图 9-6），我们计算出当期泡沫规模占房价的比例，将其称为泡沫度，用颜色较深的实线表示，对应左边的纵轴。为了便于对比，我们还在图 9-6 中画出了当期的平均房价水平，对应右边的纵轴。如图 9-6 所示，自 1998 年以来，中国房地产泡沫以及房价的演变具有以下特点：第一，房价呈现持续上涨的情况，中国住房均价从 1998 年 7 月的

① 其数值为当月实行的五年期名义贷款利率减当月 CPI。

2 000 元上涨至 6 000 元左右，涨幅达到 200%；第二，以 2005 年作为界限，房价曲线可以划分成两个阶段，且第二阶段的房价增速明显高于第一阶段；第三，房地产泡沫度呈现上升的情况，由 1998 年几乎不存在房地产泡沫，增加到 2014 年 9 月的 45%左右。

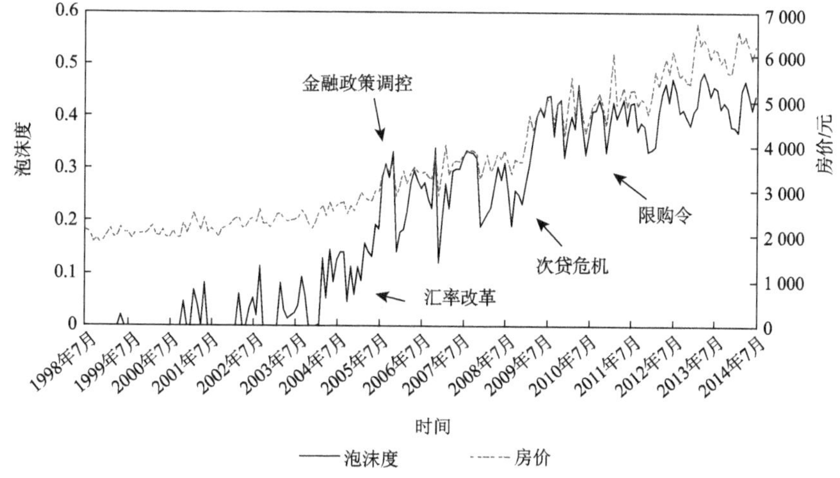

图 9-6　1998 年 7 月至 2014 年 9 月中国房地产泡沫度

根据所得到的测算结果，可以得出目前中国房地产泡沫已经存在，并且形成一定规模的基本判断；此外，以 2005 年 1 月和 2008 年 1 月为界限，泡沫度大致可以划分为以下三个阶段：第一阶段，泡沫积累期。在这一阶段，房地产市场中的泡沫仅是低水平的零星存在，普遍低于 0.1。在推行住房商品化改革初期，城镇居民长期被压抑的居住需求被激活，虽然这一时期房地产市场发展极为迅速，但并未大规模出现泡沫，这是长期被压抑的居住需求得以释放的结果。第二阶段，第一轮房地产泡沫积累。从图 9-6 中可以看到，在 2005 年以后，中国房地产泡沫度快速上涨至 0.3，随后，房地产泡沫度一直维持在 0.3 左右，虽然整体仍然处于可控水平，但泡沫已逐渐成为中国房地产市场乃至整个国民经济中的常态化现象。第三阶段，第二轮房地产泡沫积累与趋稳。2008 年国际金融危机爆发以后，中央政府为应对危机，大幅增加了流动性供给，导致房价的泡沫度由危机前的 0.25 上升至 0.4，为应对上述情况，中央政府通过各种调控尝试稳定房价，直至“限购”等行政手段的出台，泡沫度才逐渐趋稳。

回顾中国房地产泡沫和房价的演变历程不难发现，房地产市场泡沫是在房屋基础价格持续增长的基础上，是由外部资本、国内资本等多方投资行为交错影响下形成的，通常由金融、财政等重大制度改革或外部经济环境变化引起，以每阶段 15 百分点的速度积累，呈现向上的周期性波动。接下来，我们将使用 MS-VAR 模型对货币政策对于房地产泡沫的非线性影响进行实证分析。

首先，我们将进行实证分析所使用的数据进行统计描述（表 9-1）。其次，与采用线性 VAR 模型分析相同，为了防止“伪回归”的出现，使用 MS-VAR 模型分析要求所用变量的时间序列是平稳的。因此，我们对相关变量进行了单位根检验，并对非平稳序列进行了差分。对于滞后阶数选择，原始的时间序列构建 ARMA 模型，按照 AIC、SC 等标准进行判定，根据不同标准的判定结果，最终确定滞后阶数为 6。

表 9-1　变量的数据描述

变量	均值	中位数	最大值	最小值
FDI	9.886 243	8.2	109.8	−32.7
M2	16.693 12	16	29.7	12
Loan_interest	6.039 894	4.94	14.62	−1.14
Bubble	1 058.762	893.764 9	3 116.907	0

根据参数特征的差异，MS-VAR 模型主要可以分为 MSI-VAR 和 MSM-VAR 两种形式，前者是截距变化模型，后者是均值变化模型。除非有特殊的理论要求，通常来说，选择 MSI 模型即可（Krolzig，1997）。而后按照自回归参数（A）与异方差（H）存在与否等情况，可以进一步选择模型形式①。根据之前所确定的滞后阶数 6，并按照 Hansen（1992）的建议，通过 LR 非线性检验和 DAVIES 检验来检查模型设定是否合理，随后采用 EM 算法对模型参数进行估计，最终选择了 MSIH（3）-VAR（6）。

检验结果显示，MSIH（3）-VAR（6）均在 1%显著性水平下通过了 LR 线性检验与 DAVIES 检验，表明我们所选择的模型的滞后阶数和区制数是比较合理的。根据 Hamilton（1989）的建议，当 t 时刻模型系统处于某一状态下的概率大于 0.5 时，我们就可以认为 t 时刻处于该状态之下。因此，样本期内整个系统所处的状态分布情况。总的来说，系统处于区制 2 的时间最长，其次为区制 1 和区制 3。那么，究竟这三种区制分别代表了“高”、“中”和“低”的哪种状态，则还需要进一步分析。从表 9-2 所列的实证分析结果可以看到，大多数变量是显著的，而通过对截距项与区制特征的分析，可以确定不同区制所对应的图形。具体来说，区制 1 下所估计的标准差 u_1 最大，区制 3 所估计的标准差 u_3 最小，并且两者相差将近 5 倍。而区制 2 下所估计的标准差 u_2 则大致介于区制 1 和区制 3 之间。因此，我们大致可以推断，区制 3 作为系统运行波动的“低”状态，区制 1 作为系统运行的“高”状态，区制 2 作为系统运行的“中”状态。从图 9-6 可以看出，当系统在“高”状态运行时，泡沫度会出现较大幅度增加；当系统在“中”

① 对 MS-VAR 模型形式选择更加详细的分析，参考 Krolzig（1997）。

状态运行时，泡沫度是处于平稳波动的；当系统在“低”状态运行时，泡沫度会出现明显下降。

表 9-2　MS-VAR 模型估计结果

变量	Bubble	变量	Bubble
Const（Reg.1）	−628.778（0.037）***	loan_interest_1	0.743（0.109）***
Const（Reg.2）	−525.849（0.067）***	loan_interest_2	−0.820（0.168）***
Const（Reg.3）	−598.035（0.399）***	loan_interest_3	0.292（0.136）
Bubble_1	−0.211（0.018）***	loan_interest_4	0.195（0.096）**
Bubble_2	−0.417（0.018）***	loan_interest_5	0.173（0.152）
Bubble_3	−0.088（0.019）***	loan_interest_6	−0.285（0.116）***
Bubble_4	−0.416（0.019）***	FDI_1	−3.549（0.325）***
Bubble_5	−0.455（0.018）***	FDI_2	2.143（0.395）
Bubble_6	0.130（0.022）***	FDI_3	−1.006（0.473）***
M2_1	35.802（2.289）***	FDI_4	−2.034（0.434）***
M2_2	−5.903（1.609）***	FDI_5	2.742（0.400）***
M2_3	−18.680（1.959）***	FDI_6	−1.167（0.362）***
M2_4	22.816（2.188）***	SE（Reg.1）	294.727
M2_5	−58.250（2.253）***	SE（Reg.2）	233.665
M2_6	41.573（2.886）***	SE（Reg.3）	66.191

*、**和***分别表示 10%、5%与 1%的显著性水平

就转换概率矩阵和区制特征而言（表 9-3），三种状态下的持续概率均较高，说明系统在三种状态内的运行均比较稳定。我们还发现，整个系统在由“低”状态向“中”状态转换时比较容易，从“中”状态向“低”状态转化则比较难，具有一定的“棘轮效应”，而这种情况在由“中”状态向“高”状态转换时，则不存在。具体来说，由“低”状态向“中”状态转换的概率达到 0.230 6，由“中”状态向“高”状态转换的概率达到 0.161 6，反之，则为 0.113 3 和 0.242 1。需要指出的是，一旦系统进入“中”状态，则向“高”状态与“低”状态转换的概率均比较低，这进一步表明系统对于“中”状态具有较强的偏好。在三种运行状态下，处于“中”状态下的样本点数量最多，占整个样本点数量的 46.61%，并且持续时间也最长，为 85.3；而处于“高”状态的样本数量为 63.8，占 34.86%；“低”状态的样本点数量最少，仅占 18.53%。这表明，房地产市场在过去 10 余年间大多处于平稳或较活跃的状态。

表 9-3　转换概率矩阵与区制特征

区制	区制 1	区制 2	区制 3	样本数	转换概率	持续时间
区制 1	0.728 6	0.242 1	0.029 3	63.8	0.353 8	3.69
区制 2	0.161 6	0.725 2	0.113 3	85.3	0.464 3	3.64
区制 3	0.115 4	0.230 6	0.654 0	33.9	0.181 9	2.89

注：转换概率矩阵中 p_{ij} 是从区制 i 转换至区制 j 的概率

三、广义脉冲响应分析

根据 MS-VAR 模型的分析结果，我们进一步采用广义脉冲响应函数（generalized impulse response function，GIRF）讨论货币政策对房地产泡沫的非线性影响，根据 Koop 等（1996）所提出的非线性多元模型背景下的广义脉冲响应函数：

$$\text{GI}\left(n, v, \omega_{t-1}\right) = E\left[X_{t+n} \middle| v, \omega_{t-1}\right] - E\left[X_{t+n} \middle| \omega_{t-1}\right], n = 0, 1, 2, \cdots, N$$

其中，GI 表示变量 X 的广义脉冲响应函数；ω_{t-1} 表示包含用来预测 X_t 的信息集 Ω_{t-1} 的一个特定实现；$E[\cdot]$表示期望算子。此处分析了三种区制下房地产泡沫与实际贷款利率对外部冲击的响应情况。本小节主要研究以下三个问题：第一，不同区制下，房地产泡沫与实际利率对外部冲击的响应是否存在非线性特征。第二，在同一区制下，房地产泡沫与实际利率冲击响应之间存在何种联系。第三，货币政策的数量型工具与价格型工具对房地产市场调控是否有效。

为了能够更清晰地分析房地产泡沫与实际利率对外部冲击的响应，我们根据响应曲线的波动范围，依据一定标准列出了响应的强弱程度（表 9-4）。接下来，我们将结合表 9-4 对上述问题进行分析。

表 9-4　三种不同区制下冲击响应特点总结

区制	（1）泡沫对自身的冲击响应	（2）泡沫对 M2 的冲击响应	（3）泡沫对实际利率的冲击响应	（4）实际利率对泡沫的冲击响应	（5）实际利率对 M2 的冲击响应	（6）实际利率对其自身的冲击响应
区制 1（高）	强	中	弱	弱	中	中
区制 2（中）	强	中	中	弱	中	强
区制 3（低）	中	强	中	中	中	强

注：1 单位外部冲击如果能造成响应曲线最大值在 25 单位变化以下的，则为弱；最大值介于 25 至 50 单位变化之间的，则为中；最大值在 50 单位变化以上的，则为强

1. 不同区制下外部冲击的非线性效应

除（5）以外，其余各组在不同区制下对外部冲击的响应均是非线性的。其中，（1）、（2）和（4）的响应类似，即在区制 1 和区制 2 下的响应曲线变化

是一致的，但与区制 3 下的响应曲线变化不同；（3）和（6）则是在区制 2 与区制 3 下的响应曲线变化一致，而与区制 1 下的响应曲线变化不同。接下来，我们分别对上述实证结果的经济意义进行分析。

首先，（5）的结果表明实际利率对 M2 冲击的响应曲线变化在所有区制下均是“中”，M2 冲击对实际利率的冲击影响时间较长，由于实际利率中包含 CPI 的变化，所以，这体现的是数量型货币政策工具对 CPI 的长期影响。而（4）的结果显示，实际利率在区制 1 与区制 2 中对泡沫冲击的响应曲线变化是“弱”，而在区制 3 中对泡沫冲击的响应曲线变化是“中”，这表明在区制 3 下，实际利率会自发抵消泡沫冲击所产生的影响，但在区制 1 和区制 2 下，实际利率对泡沫冲击几乎不做出任何响应，根据凯恩斯理论，当经济处于紧缩期时，由于流动性稀缺，实际利率较高，所以任何泡沫的出现均会很快被化解；在经济处于发展或繁荣期时，由于流动性充裕，实际利率较低，泡沫的出现主要作用于其自身的扩张，而非实际利率。上述结果与彭方平等（2012）的研究结果一致。

其次，（1）和（2）的结果显示泡沫对其自身及 M2 冲击的响应曲线变化在区制 1 与区制 2 下分别是“强”和“中”，而在区制 1 下分别是“中”和“弱”，泡沫的响应曲线在不同区制下明显是非线性的，泡沫对其自身和 M2 冲击的响应曲线影响时间较长，这表明房地产市场越活跃，泡沫的自身扩张速度以及泡沫对 M2 变化的敏感程度就越高。（3）的结果则显示了泡沫对实际利率冲击的响应曲线变化在区制 1 和区制 2 是“中”，而在区制 3 是“弱”，这表明在房地产处于正常或不活跃状态时，泡沫对于实际利率的变化仍然是敏感的，而一旦房地产处于活跃状态，则泡沫对实际利率的变化就变得不敏感。

2. 同一区制下不同响应曲线之间的内在联系

除了不同区制下对外部冲击表现出明显的非线性特征以外，我们还发现，无论在何种情况下，房地产泡沫与实际利率对外部冲击的响应曲线之间短期内均呈现强烈负相关关系，但随着时间推移，这种负相关联系则趋于弱化。我们认为，这有可能是以下原因造成的：首先，从整个样本期内房地产泡沫与长期贷款利率的相关系数来看，仅为 0.05，表明两个变量之间并不存在长期联系。这种情况有可能与房屋基础价值一直在上涨有关。房屋基础价值的持续上涨使投资者的长期投资预期非常稳定，从泡沫脉冲响应曲线与贷款利率之间的关系可以看到这一点，因此，造成了房地产泡沫与实际利率的负相关联系趋于弱化。其次，房地产泡沫对于短期资本价格变动非常敏感。这是由房地产市场的特殊属性决定的，商品房作为一种特殊的社会产品，既包含消费属性，又包含投资属性。随着商品房的投资属性受到追捧，房地产市场中开始出现相当数量的短期炒作资本，对于房价提升以及泡沫度提高均发挥了重要作用。在炒作中，一个重要的手段就是利用银行按揭、贷款等业务作为资金杠杆，以实现短期牟利的目的。

3. 货币政策对房地产调控——数量型工具？价格型工具？

从表 9-4 显示的结果来看，房地产泡沫对实际利率冲击的响应曲线变化幅度随着区制状态的增加而减弱，而房地产泡沫对 M2 冲击的响应曲线变化幅度随着区制状态的增加而增强。然而，由区制 2 向区制 1 转换时，泡沫对实际利率冲击的响应曲线变化幅度随区制状态变化减弱，泡沫对 M2 冲击的响应曲线变化幅度随区制状态的变化增强；而由区制 3 向区制 2 的转换中，泡沫对实际利率冲击的响应曲线变化幅度随区制状态变化减弱。上述两个阶段蕴含了以下逻辑：对于中国房地产市场来说，货币政策调控，无论是数量型工具，还是价格型工具的调控效果，均存在最优的情况。这是一个非常重要的研究结论，表明只要政府能够将房地产市场的运行状态保持在区制 2，则无论是数量型工具，还是价格型工具，均能够发挥出最大的作用。一旦运行状态保持在区制 3，则价格型工具的作用就会下降，而数量型工具虽然能够发挥作用，但效果也会出现折扣；而一旦运行状态保持在区制 1，则会出现相反的情况，数量型工具的作用会下降，而价格型工具虽然能够发挥作用，但效果也会出现折扣。因此，政府应尽量将房地产泡沫控制在温和水平，一旦进入过热的状态，则应尽量使用数量型工具；而一旦进入紧缩的状态，则应尽量使用价格型工具。除此以外，我们还发现，泡沫的响应曲线围绕实际利率的响应曲线波动，这表明，相对于 M2 来说，房地产泡沫与实际利率之间存在更为紧密的联系。价格型工具发挥的是直接效应，能够在短期内发挥遏制泡沫的作用，但长期内难以发挥作用，而数量型工具发挥的是间接效应，需要通过实际利率发挥作用。因此，从作用时效来看，价格型工具持续时间有限，数量型工具能够影响实际利率，从而实现遏制泡沫的目的，但实现时间较长。

第三节　基于 Threshhold VAR 模型的非线性分析

一、Threshhold VAR 模型估计方法

借鉴 Balke（2000）所构建的 Threshold VAR 模型框架，本节分析货币供给增长率高、低两种状态下，货币政策对房地产泡沫所产生的影响。与国内目前使用较为广泛的 STR 方法和 MS-VAR 相比，Threshold VAR 模型描述的情况介于两者之间。具体来说，与 MS-VAR 模型根据总体参数对区制依赖性判断非线性关系不同，Threshold VAR 模型是通过构建开关函数来判断变量之间非线性关系的，但其开关函数形式相对简单，无法像 STR 模型那样精确描述不同状态之间

的转换过程，但也正是因为如此，Threshold VAR 模型大大降低了对数据的要求，能够分析 STR 模型无法进行有效估计的情况。此外，由于 STR 模型从本质上说，是基于经典计量方法构建的，需要考虑 CRLM 假设，尤其是内生性假设，这制约了 STR 方法的使用，而 Threshold VAR 模型则是完全基于 VAR 方法所构建的，能够通过构建良好的模型系统避免内生性问题。

具体来说，本节所使用的两区制 TVAR 模型如下：

$$\boldsymbol{y}_t=\boldsymbol{A}_1\boldsymbol{y}_t+\boldsymbol{B}_1(L)\ \boldsymbol{y}_{t-1}+(\boldsymbol{A}_2\boldsymbol{y}_t+\boldsymbol{B}_2(L)\ \boldsymbol{y}_{t-1})\ I(z_{t-d})\ +\varepsilon_t$$

其中，$\boldsymbol{y}_t$ 表示 $k\times 1$ 维内生变量组成的向量，$\boldsymbol{y}_t=(y_{1t},\cdots,y_{kt})'$；$\boldsymbol{A}_i$ 表示当期的系数矩阵；$\boldsymbol{B}_i$ 表示滞后阶数的系数矩阵；d 表示滞后阶数；ε_t 表示扰动项；$I(\cdot)$ 表示开关函数，具体形式为

$$I(z_{t-d})=\begin{cases}1, & z_{t-d}>\gamma\\ 0, & z_{t-d}\leqslant\gamma\end{cases}$$

其中，z_{t-d} 为门限值，它必须是 $\boldsymbol{y}_t$ 中的一个变量，且满足稳定性要求。根据门限值的序列判断 $I(z_{t-d})$ 等于 1 或者等于 0，相当于判断整个系统所运行的状态。我们选择货币供给增长率作为门限值，当 $I(z_{t-d}>\gamma)=1$ 时，整个系统处于宽松的运行状态，而当 $I(z_{t-d}\leqslant\gamma)=0$ 时，整个系统处于紧缩的运行状态。

二、变量选取及说明

本节构建的 Threshold VAR 模型系统由房地产资产泡沫（价格泡沫）、实际贷款利率、FDI 的增长率和 M2 增长率 4 个变量组成。其中，房地产资产泡沫（价格泡沫）来自已有的测算结果；一年贷款利率减去当月 CPI 作为实际贷款利率，货币供应 M2 增长率表示政府货币政策的影响，上述两个变量代表货币政策的变化；FDI 的增长率衡量外部经济投资水平，作为控制变量。样本点的时间跨度为 1998 年 7 月至 2012 年 9 月，共计 171 个样本点，所使用的数据均来自于中国人民银行网站、中经网统计数据库和 wind 金融数据库，数据描述如表 9-5 所示。此外，使用 Threshold VAR 模型分析需要保证序列的稳定性，我们对所选择变量进行了 ADF 单位根检验，数据生成过程与最终结果如表 9-6 所示。

表 9-5　数据描述

变量	单位	样本数	均值	标准差	最小值	最大值
Bubble_asset	亿元	171	650.722	817.454	0.000	3 289.661
Bubble_price	亿元	171	833.919	836.107	0.000	2 794.783
interest	%	171	3.991	2.329	−1.230	8.590
FDI	%	158	8.177	20.712	−48.300	66.100
M2	%	171	17.126	3.660	12.400	29.740

表 9-6　对变量的 ADF 单位根检验

变量	数据生成过程	P 值
Bubble_asset	（c，t）	0.000
Bubble_price	（c，t）	0.000
profit	（c，t）	0.057
FDI	（c，0）	0.026
M2	（c，0）	0.038

注：Bubble_price 和 Bubble_asset 是经过对数调整以后的变量

三、非线性检验与门限值估计

通常来说，在进行非线性计量分析之前，首先要对模型进行非线性检验。使用Threshold VAR模型进行非线性检验的关键是解决"戴维斯问题"[①]。参照Hansen（1996，1999）、Galbraith（1996）、Balke（2000）的解决方法，首先对门限变量和所有可能的门限值采用网格搜索法（grid search）分析，在每个可能门限值的情况下，通过最小二乘法对门限模型进行估计。这样，所选择的门限值将Threshold VAR 模型分割成两个不同区制下的系统，之后就可以利用 Wald 统计量检验两种区制下的模型系数差异情况。这一判别方法包含三个 Wald 统计量，即 sup-Wald、avg-Wald 和 exp-Wald，其中，sup-Wald 是所有可能门限值中最大的 Wald 统计量，avg-Wald 表示所有可能门限值 Wald 统计量的平均，exp-Wald 是指数 Wald 统计量和的函数。如果上述检验拒绝了原假设，门限值也就被估计出来。

为了多角度衡量房地产泡沫与流动性之间的关系，我们分别选择了资产泡沫与价格泡沫两组变量进行分析。根据 SC、AIC 法则，确定基准线性模型的滞后阶数 d，并将其作为 Threshold VAR 模型的滞后阶数。根据以前文献的分析结果，无论选择 STVAR 模型或者 TVAR 模型，结果均不会发生变化，因此，本小节只对选择的 STVAR 模型进行分析。结果如表 9-7 和图 9-7 所示[②]。可以看到，以房地产的资产泡沫与价格泡沫为核心的两组数据在三种 Wald 检验下，均在 1%显著性水平上拒绝"模型为线性"的原假设，呈现出明显的非线性特征，但与资产泡沫相比，选择价格泡沫的系统，其门限值更高，由于价格泡沫与资产泡沫之间的区别是房屋销售量，所以，从直观感觉来看，在房屋需求支撑下，由货币供给增加所产生的泡沫炒作问题可能会有所减轻，而对这一问题的讨论，还要通过脉冲响应来进行分析。这里需要指出的一点是，使用 Threshold VAR 模型分析的结果

① 在"不存在门限效应"的原假设下，模型中 $A_1=A_2$ 成立，则 Threshold VAR 模型的门限参数无法识别，这就使传统的检验统计量不再服从χ^2分布，而非标准分布的临界值又无从获得。

② 本小节所使用的计量均是使用 WINRATS 7.0 编程实现的。

有可能依赖于系统内变量的变量顺序选择[①]，我们所选择变量顺序为房地产资产泡沫（价格泡沫）、实际贷款利率、FDI 的增长率与 M2 的增长率。

表 9-7　TVAR 模型的非线性检验与门限值

类别	门限变量	STVAR 模型 同期关系中存在门限效应		
价格泡沫 d=3	18.300 0	sup -Wald 141.60 （0.000）	avg-Wald 113.39 （0.000）	exp -Wald 66.71 （0.000）
资产泡沫 d=3	15.185 0	153.52 （0.000）	124.15 （0.000）	72.39 （0.000）

注：括号内为通过 Hansen （1996）提出的 bootstrap 方法得到的 P 值，重复次数为 500

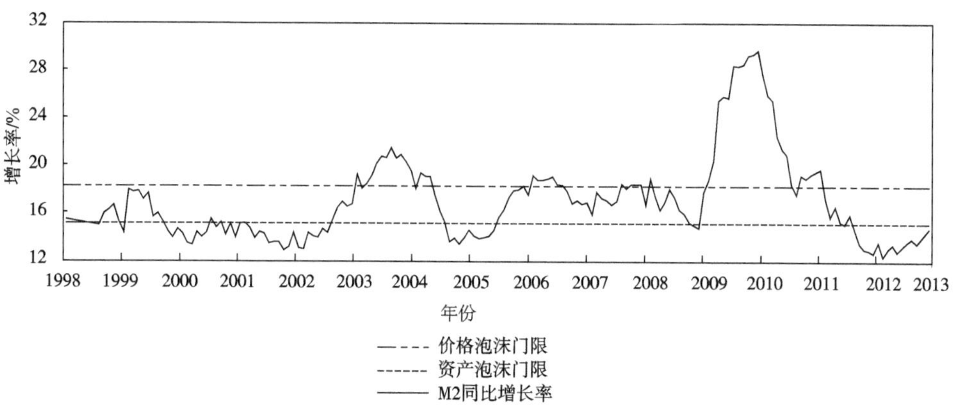

图 9-7　M2 增长率在不同泡沫变量下的门限值

四、脉冲响应分析

为了进一步讨论货币供给紧缩与宽松两种状态下，房地产泡沫对各个变量的反应，我们将采取以模型的非线性为基础，通过系统脉冲响应函数进行分析。与传统线性模型有所不同，非线性模型的脉冲响应函数条件依赖于包括初始值以及冲击的大小和方向在内的历史信息，计算过程较为复杂。参照之前文献（Balke，2000；赵振全等，2007）的处理方法，采用 Koop 等（1996）提出的广义脉冲响应函数来计算非线性脉冲响应。

根据 Koop 等（1996）的定义，广义脉冲响应函数可以表示为

$$\text{GIRE}_y(n, v_i, \omega_{t-1}^s) = E\left[y_{n+1} \middle| v_i, \omega_{t-1}^s\right] - E\left[y_{n+1} \middle| \omega_{t-1}^s\right], n = 1, 2\cdots$$

① 从之前文献的研究来看，这种变量顺序的区别对 Threshold VAR 分析不同步骤结果的影响并不相同，对非线性检验影响不明显，而有可能对脉冲响应结果产生一定影响。

其中，v_i表示产生的冲击响应；i为冲击类型；ω_{t-1}^{s}为t–1时刻的历史信息集；区制 s 表示到达系统的时刻；n 为预测水平；$E[\cdot]$为期望算子[①]。我们分别计算了货币供给宽松与紧缩两种状态下，房地产泡沫对于 1 单位正向标准差、1 单位负向标准、2 单位正向标准差与 2 单位负向标准冲击下的房地产泡沫、实际贷款利率、FDI 增长率和 M2 增长率的脉冲响应。结果如图 9-8~图 9-11 所示，横轴表示预测期间，预测水平 K=16。其中，黑色实线代表 2 单位正向脉冲的响应曲线；长短虚线表代表 2 单位负向脉冲的响应曲线；长虚线代表 1 单位正向脉冲的响应曲线；短虚线代表 1 单位负向脉冲的响应曲线。

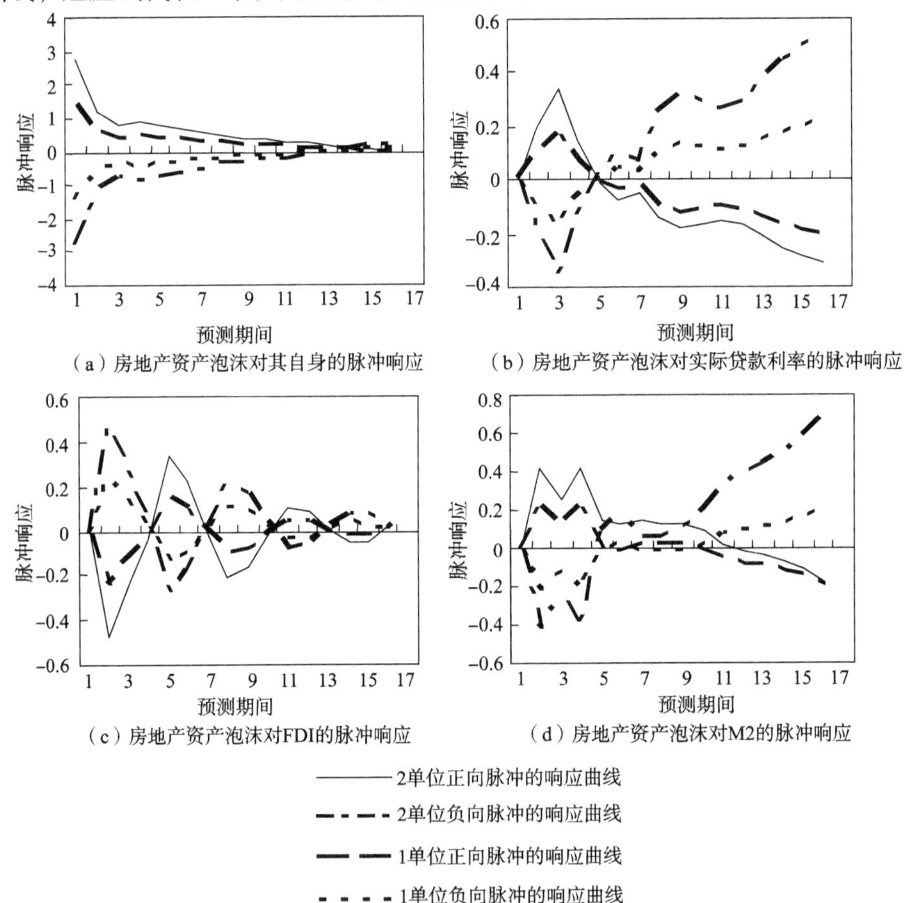

图 9-8　紧缩水平下房地产资产泡沫对其自身、实际贷款利率、FDI 与 M2 的脉冲响应

① 更为详细的过程参考 Koop 等（1996）的相关研究。

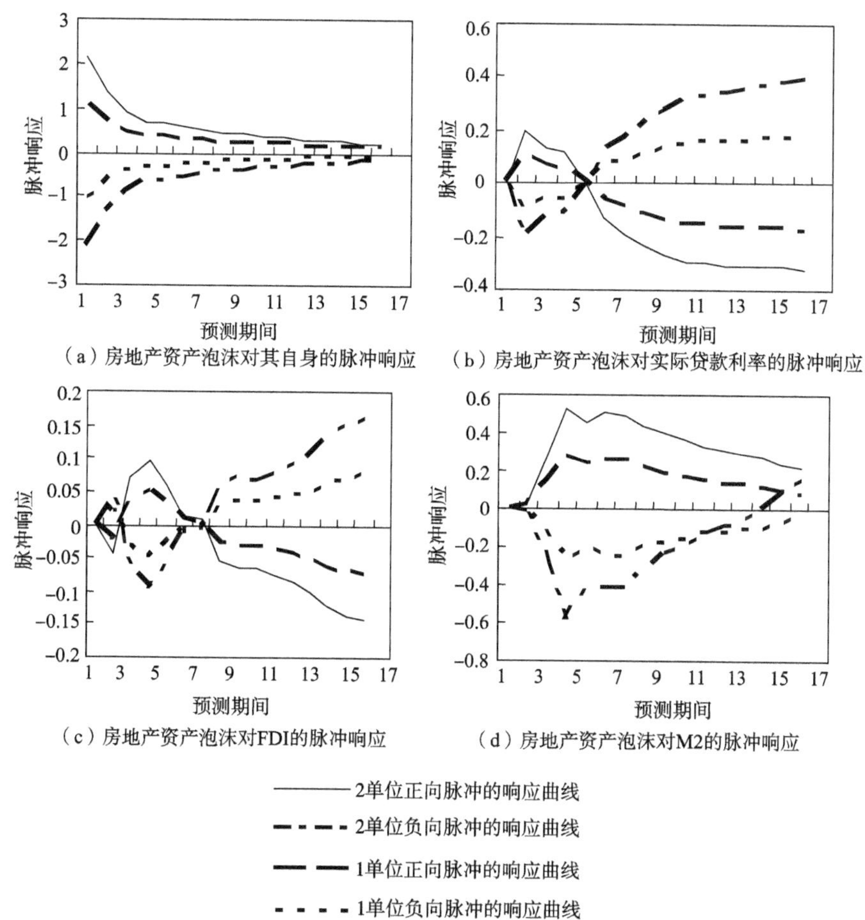

图 9-9　放松水平下房地产资产泡沫对其自身、实际贷款利率、FDI 与 M2 的脉冲响应

1. 当前的房地产泡沫是否会破裂？

从图 9-8（a）与图 9-9（a）可以看到，无论是在紧缩或是放松水平下，房地产资产泡沫对其自身的正负冲击均未显示出明显的非对称性，更为重要的是，虽然正向冲击在短期内会造成自身泡沫较大幅度的增加，负向冲击会使自身泡沫较大幅度的减少，但在长期内，均会恢复至临近初始状态的水平（或比原有的零状态略有增加），因此，如果按照通常判断泡沫是否会破裂的标准（Abreu and Brunnermeier，2003），可以认定，在所选择的样本区间段内，虽然我国房地产市场存在泡沫，但并未达到泡沫破裂条件；从图 9-10（a）与图 9-11 的（a）可以看到，价格泡沫对其自身冲击的反应与资产泡沫大致相同，但在不考虑房屋销售因素之后，放松状态与紧缩状态下，价格泡沫的反应在短期内出现了一定的非对

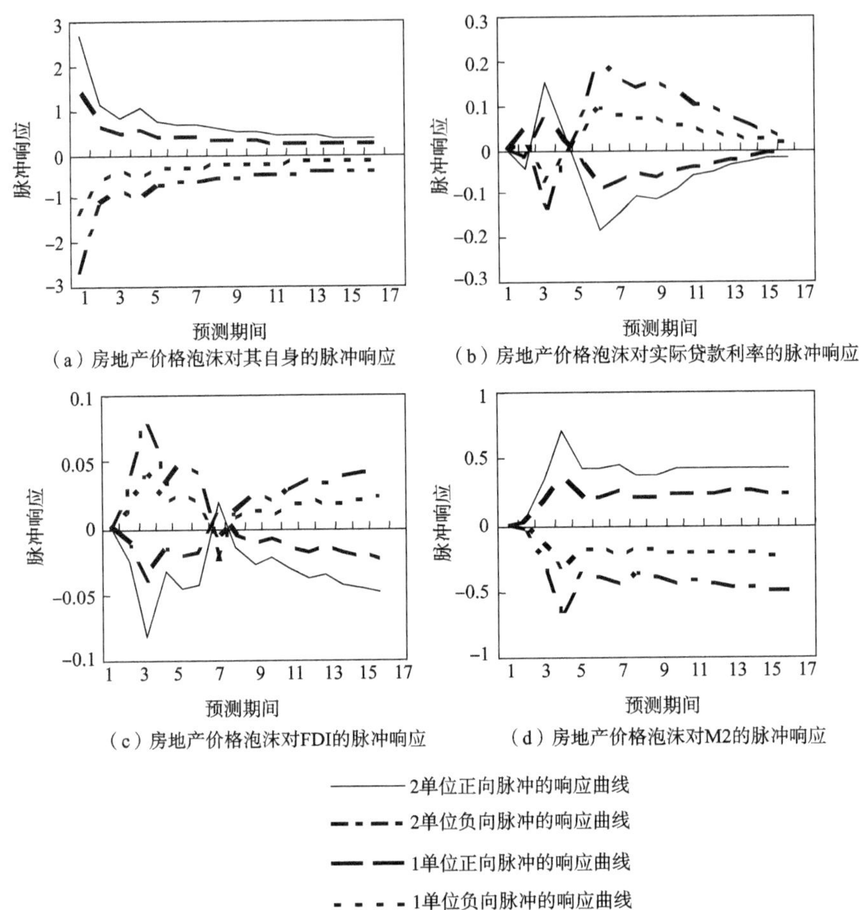

图 9-10　紧缩水平下房地产价格泡沫对其自身、实际贷款利率、FDI 与 M2 的脉冲响应

称性效应，即在紧缩状态下，房地产价格泡沫对其自身冲击反应幅度较大，且长期回归初始状态的速度较为缓慢，而在放松状态下，房地产价格泡沫对其自身冲击反应的幅度较紧缩状态下的反应幅度小，并且较短时间内就能回归到初始状态。这表明，房地产价格泡沫在紧缩状态下对其自身反应更为敏感，而这有可能是近年来投资者持续的房地产上涨预期决定的，这使得即使经济处于紧缩状态，不仅并未影响其对房地产市场的投资预期，反而使其对泡沫变动所产生的冲击更为敏感。

2. 货币供给冲击的非线性效应

在两种不同状态下，房地产泡沫对货币供给增长率的反应分别如图 9-8（d）、图 9-9（d）、图 9-10（d）和图 9-11（d）所示。可以非常明显地看到，无论是资产泡沫还是价格泡沫，在紧缩和放松状态下，对货币供应增长率的反应都存在非常显著的非对称性特征。具体来说，首先，图 9-8（d）和图 9-9（d）表明，虽然

仅从反应曲线形状来看，在紧缩和放松状态下，资产泡沫对货币供给增长率的冲

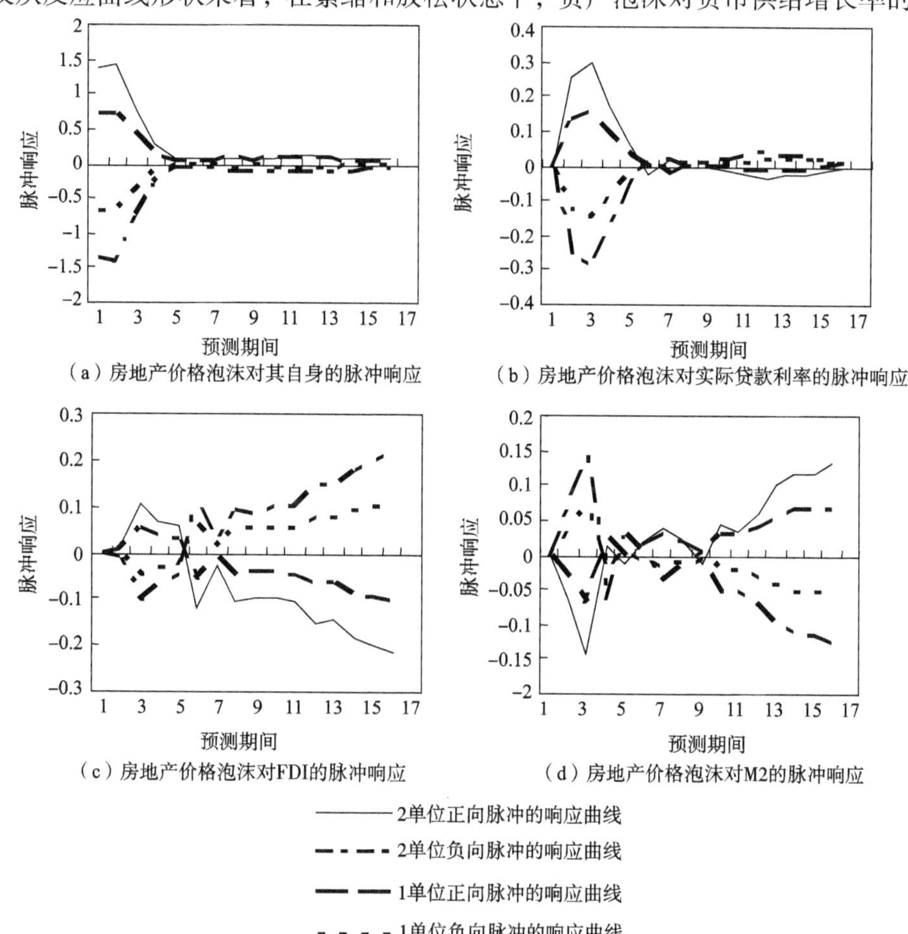

（a）房地产价格泡沫对其自身的脉冲响应

（b）房地产价格泡沫对实际贷款利率的脉冲响应

（c）房地产价格泡沫对FDI的脉冲响应

（d）房地产价格泡沫对M2的脉冲响应

图 9-11　放松水平下房地产价格泡沫对其自身、实际贷款利率、FDI 与 M2 的脉冲响应

击有类似之处，但事实上，却存在非常大的差异。以 2 单位正向冲击为例，虽然在紧缩和放松两种状态下，短期内（$K\leqslant 5$）资产泡沫对冲击的反应为正值，并且形状相似，但在紧缩状态下的长期内（$K>5$），资产泡沫的反应迅速下降，并最终变为负值，而放松状态下的资产泡沫响应则呈现出非常缓慢的下降。因此，可以认定，在货币供给增长水平较高的状态下，对房地产泡沫正向冲击所产生的影响能够维持较长时间，而在货币供给增长水平较低的状态下，这种影响只能存在于短期。需要指出的是，无论是在放松或者紧缩状态下，房地产资产泡沫对于货币供给增长率的冲击仍然都是收敛的，并不会使泡沫出现破裂的风险，对由城镇化所产生的庞大居住需求有可能能够解释为何出现上述情况，而从泡沫演变过程的角度来看，货币供给量增速过高很有可能是造成房地产泡沫积累的重要原

因。结合上文关于 M2 变化情况的分析，可以看到，房地产泡沫大致经历了三个积累时期，即 2002~2004 年、2005~2007 年以及 2008~2010 年。

其次，相对于资产泡沫不易被观察来说，价格泡沫对于冲击的反应则与近期民众对房地产的直观感觉较为一致。从图 9-10（d）和图 9-11（d）可以看到，在紧缩状态下，价格泡沫对于货币供给冲击的影响是比较正常的，即一旦中国人民银行减缓货币供给的增长速度，则价格泡沫就会相应减少，反之，则会增加，并且更为重要的是，这种反应是收敛的。但在放松状态下，价格泡沫对于冲击的反应就十分不稳定，以 2 单位的正向冲击为例，虽然在短期内（$K\geqslant4$），价格泡沫出乎意料地出现一个较小负值，但随即转向为正值，而在经历一定时期的上下波动之后（$4\leqslant K\leqslant9$），在长期内（$K\geqslant10$）呈现正的发散状态。综合上述两种情况可以发现，房地产价格泡沫对于货币供给速度的变化是比资产泡沫更为敏感的，通过调整货币供给的增长水平能够在长期内比较有效地影响价格泡沫。

3. 实际贷款利率冲击的非线性效应

如图 9-8（b）、图 9-9（b）、图 9-10（b）和图 9-11（b）所示。首先，对于资产泡沫来说，虽然不同状态下的脉冲响应曲线存在差异，但整体上这种差异并不明显。此外，以 2 单位的银行利润正冲击为例，无论是在紧缩或是放松状态下，短期内（$K\leqslant6$），资产泡沫对实际贷款利率冲击的反应为正值，而在长期（$K\geqslant6$），则变为负值，并且呈现发散状态，这表明，虽然实际贷款利率增加在短期内刺激房地产资产泡沫增加，但在长期内，则会使资产泡沫减少。

其次，与货币供给增长率对于价格泡沫的非线性效应相似，价格泡沫对实际贷款利率的冲击反应也更为敏感，呈现出非常明显的非线性特征。仍以 2 单位的实际贷款利率正冲击为例，在紧缩状态下，短期内（$K\leqslant5$），价格泡沫对冲击的反应为正值，但是之后很快变为负值，并在长期内最终收敛至初始水平；在放松状态下，短期内（$K\leqslant5$），价格泡沫对冲击的反应为正值，但并不会像紧缩状态那样变为负值，而是收敛至初始水平。从上面的分析可以看到，总体上，实际贷款利率与房地产泡沫积累之间并不存在长期联系。

4. 开放经济冲击的非线性效应

如图 9-8（c）、图 9-9（c）、图 9-10（c）和图 9-11（c）所示。首先，FDI 增长率对房地产资产泡沫在两种状态下呈现非常明显的非线性特征。以 2 单位的 FDI 正冲击为例，在紧缩状态下，响应曲线呈现类似于余弦波动的情况，并且振幅逐渐减小，最终恢复至初始状态，这表明，紧缩状态下 FDI 对资产泡沫的影响是不稳定的；而在放松状态下，响应曲线在极短的时间内变为负值（$K\leqslant2$），而后变为正值（$K\leqslant7$），但在长期内（$K>7$）最终变为负值，并呈现发散状态。

其次，FDI 增长率对房地产价格泡沫同样呈现较为明显的非线性特征。以 2 单位 FDI 的正冲击为例，在紧缩状态下，除了在中间很短时间内为正值之外，无论长期或是短期，价格泡沫对冲击影响均呈现负值，并最终呈现负的发散状态；在放松状态下，虽然短期内（$K\geqslant5$）价格泡沫对冲击的影响为正值，但是随后很快变为负值，并呈现发散的状态。因此，可以发现，FDI 投资的增加并非价格泡沫形成的主要原因。而从本节内容的分析，也能充分体现出国外投资者趋利避害与逆市操作的理念，在放松时期，对房地产泡沫保持较高的预警态度；而在紧缩时期，利用其资本优势进行投资。

再次，实际贷款利率与房地产泡沫积累之间不存在长期联系。对于资产泡沫来说，虽然不同状态下的脉冲响应曲线存在差异，但并不明显，并且长期内冲击对房地产泡沫并不会产生影响。对于价格泡沫来说，它对实际贷款利率的冲击反应更为敏感，并且呈现出较为明显的非线性特征。但无论是在紧缩状态下，还是在放松状态下，价格泡沫对冲击的反应最终都会向初始状态收敛，不会造成长期影响。

最后，无论是资产泡沫还是价格泡沫，在紧缩和放松状态下，对 FDI 增长率冲击的响应均存在非常显著的非线性特征。对于资产泡沫来说，在紧缩状态下，短期内对于冲击的响应呈现明显的波动，长期内恢复到初始状态；在放松状态下，外商投资长期内会使泡沫减少。对于价格泡沫来说，无论是在紧缩状态或者放松状态下，对于 FDI 增长率冲击的长期响应均与冲击是负相关的。

从政策含义的角度来看，随着推进城镇化的必然性以及我国产业结构长期存在的缺陷，房地产炒作成为政府宏观调控中的重要影响因素。由于房地产泡沫形成于积累，依附于动态制度的演变以及经济增长模式，这一问题势必将会长期存在。因此，短期内，根本不可能解决房地产泡沫问题。但根据所得到的研究结论，除了抑制需求之外，还能够通过短期的政府干预来影响房地产泡沫的形成。首先，整体上来看，当前房地产市场中，无论是资产泡沫还是价格泡沫，均未达到破裂的条件，这为政策实施提供了相对宽裕的空间与时间，政府能够据此以相对较小的成本出台抑制房地产泡沫的政策，这是后续房地产调控重要的前提；其次，控制货币供给增长率作为有效的政策手段能够对房地产泡沫产生非常明显的影响，这一作用是不可能替代的，而就研究结论而言，无论是在放松或是紧缩状态下，政府都应尽可能减少货币供给对房地产市场的正向冲击，以防止房地产泡沫的增加，而促进货币供给对房地产市场的负向冲击，以消除市场中存在的泡沫，进行非对称的政策操作。

从进一步研究的角度，应更为系统地讨论宏观动态制度背景下，投资者行为对房地产泡沫的影响。无论是房地产价格泡沫，还是资产泡沫，其形成积累最重要的支撑因素都包括居住与投资在内的需求。中国在实现人均 GDP 达到 1 000

美元之后，市场对资本投资需求已变得越来越旺盛，这将是未来中国市场经济重要的改革与发展方向。因此，仅在单一的宏观层面或微观层面讨论中国房地产泡沫问题是远远不够的，在结合中国投资者行为的前提下，通过宏观与微观的结合，解析房地产泡沫的形成将是未来研究的重点方向。国外已有一些文献从上述角度进行了研究。例如，Westerhoff（2008）、Lengnick 和 Wohltmann（2010）采用基于主体的建模仿真（agent-based computational economics）方法，将投资选择模型引入房地产市场模型分析中，为日后进一步讨论中国房地产泡沫的形成与积累提供了有益的参考。

第四节 本章小结

针对已有文献在研究货币政策对房地产泡沫影响上的不足，本章根据 1998 年 7 月至 2014 年 9 月中国房地产价格泡沫大小和泡沫度得到的测算结果，构建了一个包含房地产价格泡沫、五年期房地产实际贷款利率、FDI 增长率与 M2 供给增长率组成的两区制 Threshold VAR 模型和 MS-VAR 模型，利用广义脉冲响应曲线，讨论了动态制度背景下货币政策与房地产价格泡沫之间的非线性关系，主要研究结论如下。

第一，通过所构建的房地产泡沫度指标以及对其演进历程的分析，我们发现房地产基础价值的上涨才是中国房地产市场价格上涨最为关键的支撑。而以汇率改革和国际金融危机作为时间节点，房地产泡沫演进大致可以划分为泡沫平稳上升期、第一轮泡沫膨胀和第二轮泡沫膨胀三个阶段。

第二，无论是在紧缩或是放松水平下，房地产资产泡沫对其自身的冲击并未显示出明显的非线性特征，且长期内趋于收敛；而价格泡沫对其自身冲击的反应与资产泡沫大致相同，但价格泡沫的反应在短期内出现了一定的非对称性效应，即在紧缩状态下，房地产价格泡沫对其自身冲击反应幅度较大，且长期回归初始状态的速度较为缓慢；而在放松状态下，房地产价格泡沫对其自身冲击反应的幅度较紧缩状态下的反应幅度小，并且较短时间内就能回归到初始状态。因此，如果按照通常意义判断泡沫是否会破裂，可以认定，在所选的样本区间内，并未达到泡沫破裂条件。

第三，MS-VAR 模型显示，在同一区制下，房地产泡沫与实际利率对外部冲击的响应之间短期内均呈现强烈负相关关系，而在长期，这种负相关联系则趋于弱化。房屋基础价值的持续上涨以及房地产市场大量短期炒作资本的杠杆化操作，很有可能是导致上述现象的原因。对于中国房地产市场来说，货币政策调控手段，无论是数量型工具，还是价格型工具，均存在最优。具体来说，只要能够将房地产市场保持在温和的运行状态，则无论是数量型工具，还是价格型工具，均能够发挥出最大的作用。然而，一旦进入过热的状态，应尽量使用数量型工具；一旦进入紧缩的状态，则应尽量使用价格型工具。此外，价格型工具虽然能够短期内遏制泡沫，但持续时间短，而数量型工具能够更加有效地遏制泡沫，但实现时间较长。

第四，Threshold VAR 模型显示，无论是资产泡沫还是价格泡沫，在紧缩和放松状态下，对货币供应增长率的响应均存在非常显著的非线性特征。对于资产泡沫来说，在货币供给增长水平较高的状态下，冲击对资产泡沫所产生的影响能够维持较长时间；而在货币供给增长水平较低的状态下，这种影响只存在于短期，并且无论是放松或者紧缩状态，房地产资产泡沫对于货币供给增长率的冲击仍然都是收敛的，并不会使泡沫出现破裂的风险。对于价格泡沫来说，在紧缩状态下，货币供给的增长速度增加，则价格泡沫就会相应增加；在放松状态下，价格泡沫对于冲击的短期内反应是不稳定的，且长期内呈现发散状态，将有可能达成泡沫破裂的条件。

第十章 房地产去泡沫化的“双向失调”风险

在 1998 年商品房市场化以后，我国房地产市场进入了一段较长的繁荣时期，商品房价格大幅上涨，泡沫也在这一时期出现并积累起来。随后，虽然房价的涨势在 2008 年国际金融危机的影响下出现了转变，但在主动应对金融危机、扩大内需的政策背景下，很快我国各地区的房价又重新大幅反弹，直到限购等行政措施出台才趋于稳定。自此，我国的房价开始越来越脱离市场机制的范畴。如今，基于复杂的经济形势和各类政策效果的叠加，凭借直觉，公众已经很难判断当前房价的平稳是市场作用的结果，还是行政、信贷等政策的后续影响。2015 年以来，房地产政策导向逐渐转向对以往过严的管控进行松绑，然而，在增进市场需求的同时，一线城市（如深圳等）的房价泡沫也出现反弹。这些均表明，对于以“去泡沫化”为目标的政策而言，未来的房地产调控政策仍然面临“两难”的境地——无论是调控力度过大，进而与市场下行的压力一起引发泡沫破裂的连锁反应，还是过度松绑导致投机资金重回房地产领域，掀起新一轮泡沫积累的周期，都有悖于调控的意图和政策的初衷。

基于上述背景，我们将通过对房地产去泡沫化过程中的“双向失调”风险原因进行剖析，以房地产泡沫的分解与测算为依据，对 2010 年我国实施限购政策以来房地产市场预期的变化和泡沫风险状况做出定量判断，并对房价风险临界值进行实证分析，力求为房地产调控过程中相关政策的制定与调整提供可资借鉴的依据。

第一节 房地产去泡沫化政策的“双向失调”风险

“去泡沫化”成为当前房地产市场调控的主要目标，这与经济发展步入新常态是紧密联系的。过去由于房价大幅上涨，大量库存被积压、资金被占用，随着经济增速趋缓和货币政策收紧，具有高杠杆率的房地产业的潜在违约风险被暴露出来。此时，长期积累起来的泡沫若不能被消化，不仅会影响房地产业的健康发展，甚至会对包括银行业在内的整个金融系统构成极大的威胁。相应地，以“去泡沫化”为核心的调控政策就是要在房价保持基本稳定或略有升降的前提下，消化掉过剩的库存，降低杠杆率，使过去大量的投资、投机等虚拟需求平稳地转化为实际居住需求，促使房地产业回归理性发展的轨道。

归纳起来，现有的房地产业调控政策包括总量型货币政策、信贷政策、土地政策和行政干预政策等几类，而实现去泡沫化的目标，政府也需要从这几类政策着手。值得注意的是，对房地产去泡沫化政策及其风险的分析，需要与经济环境相结合，考虑房地产与其他宏观经济变量之间的相互作用。作为经济体的重要组成部分，房地产市场的发展水平、健康与否均与经济社会发展和人民生活密切相关，受整个经济环境的影响。反过来，作为重要的支柱产业，房地产本身也是调控政策所关注的重点领域，很多宏观经济政策本身就是针对房地产市场调控而出台的。例如，2007 年中国人民银行六次调高利率，其核心目标之一就是抑制房价过快上涨。即使不以调控房地产为直接目标的经济政策，它们也可能直接或间接地影响房地产领域，尤其是货币政策与金融政策的调整更是难以避免对房地产市场的波及。以此为前提，深入理解去泡沫化政策的“双向失调”风险表现，系统剖析政策风险的成因，对于下一步更好地把握政策方向和政策力度具有重要的实际意义。

一、泡沫积累风险

受市场预期和政策预期因素的影响，泡沫积累风险，即去泡沫化政策“失灵”的风险，是我国未来房地产市场面临的重要风险之一。政策失灵引致的泡沫积累风险主要表现为，在政策松绑力度较大的情形下，投资者很可能重新建立起关于政府“救市”和“托市”的预期，诱使投机资金重回房地产领域，引发新一轮泡沫膨胀。特别是自 2015 年以来股市接连上涨表明经济体内仍存在规模较大的投机性资金，一旦它们转而流入房地产市场，势必加大泡沫积累的潜在风险。

从市场预期视角，理性经济人通常根据经济变量过去的情况来预判变量未来的走势。按照 Muth（1961）所概括的，静态预期理论假设经济主体完全按照上一期的情形来预测当期，即认为对房价 P 的预期 P^e 来说，$P_t^e = P_{t-1}$；而外推型预期在静态预期的基础上认为，对未来的预期不仅应以经济变量的过去水平为依据，还要考虑经济变量在两期之间的变动幅度，即 $P_t^e = P_{t-1} + \beta\left(P_{t-1} - P_{t-2}\right)$；根据适应性预期理论，经济主体会根据过去的预期是否准确而对未来的预期进行不断修正，即房价 $P_t^e = P_{t-1} + \lambda\left(P_t - P_{t-1}^e\right)$，其中，$\lambda$ 为修正因子。基于上述预期理论，无论是静态预期还是适应性预期，个体对变量预测的依据均是该变量过去的变化情况。

再考虑近些年我国房地产市场发展的历程，在商品房市场化之后，伴随城镇化进程的推进和人民生活水平的提高，大量居住需求被释放，投资和投机需求也随之高涨。在整个过程中，我国房价从每平方米均价 2 000 元上涨到 6 000 元左右。从图 10-1 中也能够发现，长期以来，房价几乎没有出现过大幅下调，一直呈现上涨的趋势。即使 2008 年全球金融危机波及我国时，房价也仅略微下跌就很快出现了反弹。虽然这种反弹与当时实施的积极财政政策和宽松货币政策密切相关，但带给投资者的直观印象却是，哪怕发生了金融危机或实施“限购”，房价依然会稳定或继续上涨。这实际上更强化了公众关于房价的乐观预期。

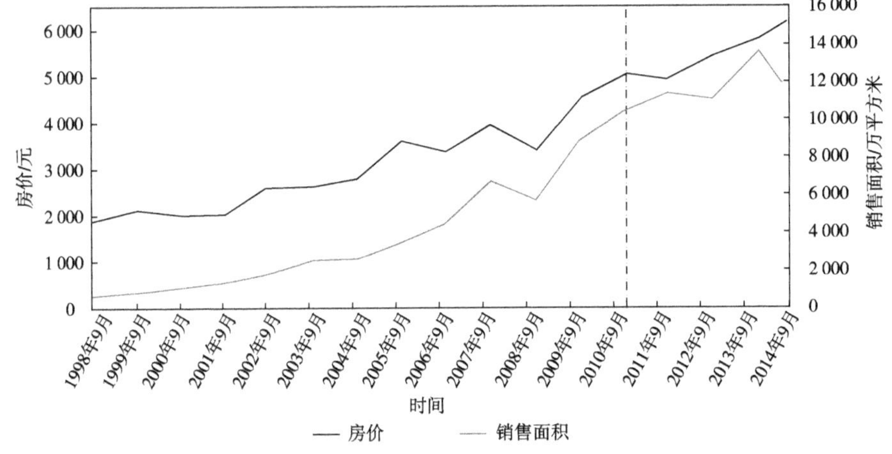

图 10-1　1998 年 9 月至 2014 年 9 月我国房价和销售面积变化情况

从政策预期视角来看，20 世纪 90 年代至今，我国房地产大致经历了“计划→市场→政策调控→行政干预”几个阶段。在此期间，容易观察到以下两个现象：第一，以抑制房价过快上涨为目标的调控政策效果往往差强人意，“越调越涨”情况时常出现；第二，地方政府托市意愿极强，具体表现为房价上涨期起推动作用，房价下降期屡屡出手救市。无论是从中央和地方相互协调来看，还是从政策目标出发，都很难认为我国各类房地产调控政策存在较好的一致性。各类政策之间相互矛盾、政策措施短期化等问题普遍存在，使经济主体难以形成稳定的政策预期。

综合起来，正是市场预期与政策预期的叠加构成了去泡沫化政策“失灵”风险的原因。随着“去泡沫化”目标的逐渐明确，其对政策调控也提出了更高的要求，包括通过政策手段保持房价的平稳性、通过政策方式促进房屋库存消化、降低房地产业的杠杆率等。接下来，本小节将以三类政策措施为例，分别剖析政策调控“失灵”的风险。

其一，在经济增速趋缓的背景下，市场存在下行压力，通过政策手段保持房价平稳，表明决策层并不能任由房价随市场趋势而起伏。面临供大于求的房价下行压力，为保证政策环境稳定，一些中小城市很可能仍需要类似于“救市”的松绑措施。根据前面对市场预期和政策预期的分析，一旦政策表现出维持房价稳定的意图，投资者或投机者就会观察到，并认为在政府托市意愿下投机仍然有利可图，就有可能再次出现类似于 2010 年左右的“房价下降→政府出手救市→泡沫反弹”的局面。其二，房屋去库存是去泡沫化政策的重点之一，即让真正的居住需求取代因投机泡沫而产生的空置和占用。在尽量不出现大幅降价的前提下，这类政策的重心不得不放在对需求的拓展上，也就是说，政策的实施要立足于增进居民的首套房需求或改善型需求。这类可行的措施除 2015 年房地产新政提及的“降低首付比率”等方式外，还包括对首套房或改善房实施利率优惠、降低相关交易的税费、直接或间接补贴等。但这类拓展需求的政策措施有一个共同点，即与“托市”政策极为相似，所以，它们在拓展居住需求的同时，也可能成为强化房价上涨预期、带动投机资金进入房地产业、诱使泡沫积累的推动力。其三，高杠杆率是房地产业的固有特征之一，其中，地产商利用财务杠杆获得土地，进而用土地抵押获得银行资金的经营杠杆；投机者则主要采用金融杠杆扩大交易规模，以去杠杆为目标的调控政策，如限制流动性、收紧信贷等，显然不会加剧泡沫的积累。这里，政策“失灵”的风险主要在于，如货币供应、利率调控等宏观经济政策，它们并不是为了房地产本身而存在的，去杠杆的房地产调控政策有时会与宏观经济调控的总方向相悖。尤其是“去杠杆”与“去库存”之间还存在矛盾之处，“去杠杆”要求政策紧缩，而“去库存”又要求政策放松，这显然加剧了政策的难度。

二、泡沫破裂风险

当前，我国房地产业杠杆率早已超出国际警戒线，无论是开发商还是消费者，均与银行信贷密切相关，房价一旦出现短期快速下降，很可能直接诱发银行风险，进而传导至整个宏观经济。20 世纪 90 年代日本的房地产泡沫破裂曾引起全国性经济衰退，这不得不使我们提高警惕。

迄今为止，过去 10 余年市场长期积累的投机泡沫仍然存在于市场内部，由于缺乏消化渠道，大量房屋仍囤积在投机者手中，一旦市场预期发生变化，就会产生抛售压力。根据吕江林（2010）对房地产泡沫的判断，2009 年的房价收入比指标显示，我国 35 个大中城市住房市场泡沫平均高达 85.6%，总计有 22 个城市房价收入比在 10 倍以上，其中，有 10 个城市房价收入比在 16 倍以上，泡沫高达 130%。而根据图 10-1 中我国房价和销售面积变化情况可知，2009 年以后房价并没有大幅下降，尤其是在“限购令”影响下，2010 年以后，价格和销量还出现了一定程度的偏离，表现为“量减价增”，部分地区甚至有价无市。这也间接表明，行政干预已经导致市场配置机制逐渐失效。已往市场积累起的泡沫仍然存在于市场之中，并没有消失，仅仅是暂时性地被控制住。

实现去泡沫化需防范的还有政策对预期的过度打击。虽然过去十余年来房价一直处于上升通道之中，大部分居民建立起了房价不断上涨的乐观预期，但自 2008 年国际金融危机以来，原来的乐观预期已开始被市场的观望情绪所取代。一方面，国内经济增速有所下滑，虽然政策及时出台并稳住了经济增速，但外部经济环境一直比较严峻，市场投机者也担心房地产业是否会受到经济形势的影响。另一方面，政府已明确表示即将开征房产税，即使对征税方式、征税范围还没有出台细则，但仍进一步加剧了未来房价的不确定性。此外，自 2015 年 3 月 1 日起施行的《不动产登记暂行条例》也在一定程度上引发了对于房产抛售的担忧。

总的来说，正是由于国内外形势异常复杂，关于房价变动的预期也就较以往更加敏感，这也成为未来房价不确定的一个重要原因。事实上，正因为“预期”的不确定性，去泡沫化政策才同时产生了泡沫积累与泡沫破裂的双向失调风险。并且，“去库存”“去杠杆”措施之间还存在冲突。泡沫风险很大程度上取决于投机者的预期，一旦政策实施使投机者建立起政府“托市”的预期，显然泡沫积累风险就会加大；若政策紧缩过度，导致市场预期彻底转向，当房价涨幅不足以支撑高杠杆率，资金成本较高的投机资本抽逃，又会引发泡沫破裂风险。

第二节　房地产去泡沫化的“双向失调”风险测度

根据上文分析，“预期”已成为去泡沫化政策“双向失调”风险中最为关键的变量，也是未来把握政策方向和政策力度所需着重考虑的因素。因此，本节将从房地产泡沫解析式出发，根据对房地产泡沫水平及其变化的估算，对 2010 年限购政策实施以后我国房地产市场的预期变化和泡沫风险情况进行定量判断。

基于 Abraham 和 Hendershott（1994）、吕炜和刘晨晖（2012）关于房地产泡沫的研究，以不同时间段商品房销售数据为基础，采用价格解析法，可以将房价分解为价值因素和依赖于预期的泡沫成分，并通过构建回归方程来测算房地产泡沫风险的大小。在接下来的分析中，首先，我们将通过对房价的分解来确定房地产泡沫的存在性及其规模；其次，根据房价解析式来分析市场化条件下决定泡沫风险的“预期”的变动情况；最后，对房地产泡沫风险的临界值进行实证判断。

经过四次迭代回归，方程的内生性被逐渐消除，最终得到了方程的系数估计值，随后，将所测算出的房价泡沫大小和泡沫占价格的比重（泡沫度）绘为图 10-2。

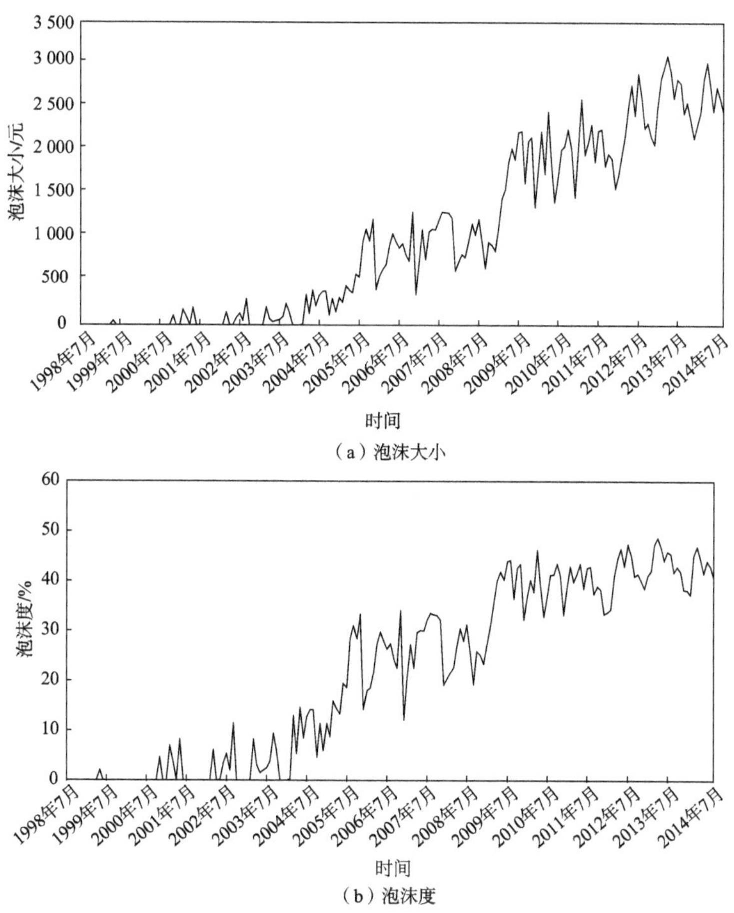

（a）泡沫大小

（b）泡沫度

图 10-2　1998~2014 年我国房价泡沫大小和泡沫度

为了更好地衡量近几年我国房地产市场预期的变化，接下来，在全样本分析的基础上进一步划分时间段，分别研究房价解析式中预期项的变动情况。由于限购令是从 2010 年开始实施的，从图 10-2 中也能够看到，房地产泡沫度的上升趋势自 2010 年开始受到遏制，因此，在判断预期时，我们着重考虑了 2010 年以后的情况，在 2010~2014 年挑选出五个时点，作为样本截止时期，分别对房价解析式进行估算，得到不同样本期的五组回归结果，从数据上观察预期是否出现了变化。具体地，按时间段分组回归的估计结果见表 10-1，样本起始期均为 1998 年 7 月。

表 10-1　分组回归估计结果

样本截止期		第（1）组	第（2）组	第（3）组	第（4）组	第（5）组
		2010 年 9 月	2011 年 9 月	2012 年 9 月	2013 年 9 月	2014 年 9 月
价值项	可支配收入	0.586*** （4.10）	0.798*** （5.91）	0.716*** （5.92）	0.749*** （6.83）	0.748*** （8.01）
	竣工价值	0.184 （1.48）	0.167 （1.30）	0.178 （1.41）	0.159 （1.28）	−0.014 （−0.72）
泡沫项	λ_1 （前期价格）	0.313*** （4.48）	0.294*** （4.60）	0.326*** （5.31）	0.316*** （5.48）	0.315*** （5.66）
	λ_2（前期价格变动率）	−1 165.43*** （−4.42）	−1 134.31*** （−4.22）	−1 113.36*** （−4.22）	−1 084.21*** （−4.19）	−1 077.99*** （−4.33）

*、**和***分别表示 10%、5%与 1%的显著性水平

注：括号内为 t 值

从表 10-1 的回归结果看，在五组回归结果中，可支配收入作为价值项均在 1%水平下显著，成为决定房价最主要的价值因素。与理论假设不同的是，作为建房成本的竣工价值变量并不够显著，且从第（1）组开始接近 10%的显著性水平最终变为第（5）组的完全不显著。这说明，房价与建筑成本的相关性已经越来越弱，侧面印证了当前房价已经或多或少地同市场配置产生了背离。从泡沫项系数来看，λ_1 项为前期价格，其系数显著为正，系数值约等于 0.3，表明当期房价约有 30%是由前期价格所决定的。通常来说，在同时具有投资和投机属性的市场，当期价格与前期价格普遍表现出显著的正向关系，表 10-1 的回归结果证明了我国房地产市场也符合上述规律。同时，λ_1 项还可以代表房价的正反馈程度，其系数越大，表明当期价格越取决于前期价格，即预期越敏感。根据不同样本期的五组结果，λ_1 项系数在 2011 年出现下降，随后又在 2012 年有所上升，2013 年和 2014 年则比较稳定。

λ_2 项为前期房价超出其价值的变动率，相对于房屋价值来说的价格变动率越大，λ_2 的系数值就越大。λ_2 项符号为负表明，前期价格的变动率与当期价格是反向关联的关系，即市场自发性泡沫还没有向着破裂的方向发展，仍在理性的范围内。λ_2 系数若为正值，也就是前期价格变动率越大、价格越高，就说明泡沫进入了几何级数增长期。从数值来看，到 2014 年 9 月，该项系数值通过了 1%的显著性检验，为−1 077.99，还远没有达到几何级数增长范围。但需要注意的是，随着时间的推移，λ_2 项系数值正在逐渐变大，已经由第（1）组的−1 165.43 上升到第（5）组的−1 077.99，说明 2010~2014 年的样本将该项系数拉高了 90 左右，市场对泡沫的自我调控能力正在逐渐下降。

从泡沫大小来看，与 2010 年之前相比，近几年，泡沫确实呈现相对稳定的

状态；但考虑行政式的“限购”和“限贷”等方式，这并不能说明实际市场泡沫已出现趋于稳定的态势。事实上，从λ_1项和λ_2项逐渐变大的系数值来看，泡沫的敏感性不仅没有下降，反而有所加强。

第三节　房地产泡沫风险的临界值分析

根据理论分析，我国房地产去泡沫化的政策风险体现在两个方面：一是泡沫再次积累与膨胀的风险；二是泡沫破裂的风险。为明确房价对价格波动和政策冲击的实际承受力，以现有的 1998 年 7 月至 2014 年 9 月的数据为基础，我们又利用简单趋势预测法和包含宏观经济政策的 VAR 模型分析风险临界值以及基于预期变动的房价承受能力。

在假定政策调控外生性的前提下，房地产泡沫风险更多地取决于市场预期的变动。根据计量结果，前期房价超出其价值的变动率λ_2项系数为负，说明房价泡沫还没有出现剧增和崩溃的系统性风险。进一步地，假设其他宏观经济政策不变，我们还希望得到以“去泡沫化”为目标的泡沫风险临界值，即所能承受的房价下降程度。

基于房价解析式，首先，根据基础价值决定因素的变化趋势预测可支配收入 YD 和建房成本 C 在样本期之后的值，随后，通过加入预期项进行迭代计算，对包含预期项λ_1和λ_2的房价变化趋势进行预判（图 10-3）。从图 10-3 可以看出，加入预期后，所预测出的房价仍然具有向上的趋势，说明目前我国房地产泡沫的积累风险仍然大于破裂风险。另外，预测线比房价本身的趋势线更平缓，即预期的存在减缓了房价上涨的趋势，表明公众对于房价的实际预期已经比较谨慎。值得注意的是，虽然目前市场中的泡沫积累风险更大一些，但根据上文所测算的泡沫项系数值来看，泡沫破裂风险正在逐渐加大。

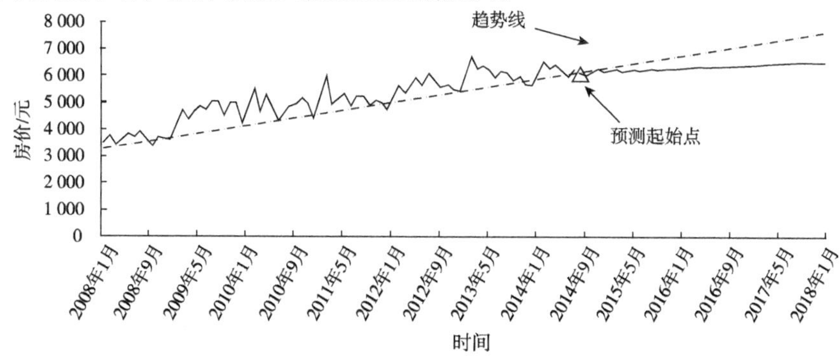

图 10-3　假定政策环境不变条件下的房价趋势预测

假设房价受外力作用突然变化，我们根据预期方程，又计算得出了不同情景模拟下的房价承受力（表 10-2）。当负冲击大约在 10%时，房价会开始出现不升不降的状况，随后，分别对–10%以下的数值进行试验得出，当冲击导致实际价格降到原价的 82.5%时，受预期变化的影响，房价会迅速降至基础价值以下，即出现泡沫破裂。

表 10-2　房价对政策冲击的敏感性

价格变化程度		−17.5%	−10%	−5%	0%	+5%
基准期	2014 年 10 月	5 202.252	5 675.184	5 990.472	6 171.915	6 621.048
	2014 年 11 月	4 850.395	5 421.115	5 856.260	6 262.803	6 838.801
	2014 年 12 月	4 318.102	5 018.789	5 601.299	6 154.912	7 034.823
预测期	2015 年 3 月	6 087.264	5 357.831	5 748.400	6 156.485	6 925.185
	2015 年 6 月	3 763.445	—	—	—	—
	2015 年 9 月	—	5 389.213	5 836.936	6 225.804	6 973.662
	2016 年 3 月	—	5 481.457	5 927.400	6 311.185	7 068.556
	2016 年 9 月	—	5 557.358	6 004.830	6 387.153	7 150.970
	2017 年 3 月	—	5 619.179	6 070.782	6 454.684	7 222.126
	2017 年 9 月	—	5 683.240	6 135.647	6 519.341	7 290.410

第四节　“双向失调”风险剖析及政策应对

中央经济工作会议提出，“化解以高杠杆和泡沫化为主要特征的各类风险”，但在实际中，去泡沫化却面临“双向失调”的风险，不仅加大了房地产调控的难度，也使未来宏观经济政策面临两难的困境。结合上文关于泡沫风险的定量分析，以及未来的房地产相关政策，本节将进一步剖析泡沫的“双向失调”风险，并提出风险应对的政策建议。

一、谨慎采取托市、救市政策，防范泡沫积累

根据对市场预期及房地产泡沫化程度的估算结果，截止到 2014 年 9 月，泡沫积累风险仍然高于泡沫破裂风险，因此，当维持价格稳定、去杠杆、消化库存等政策目标存在相互冲突之处时，适度紧缩的房地产业去杠杆化政策应优先于略宽松的去库存政策，防范市场泡沫积累与膨胀仍然是最为重要的。但需要注意的是，上述判断是根据现有市场预期得出的，并没有考虑政策措施对预期的影响。根据实证分析结论，与过去三年相比，目前公众关于房价的预期正在变得更加敏

感，这说明，近期在政策上应尽量避免采取直接抬高房价的主动措施来消化库存，尤其是要避免鼓励地方政府的托市或救市行为，以免诱发投机者的乐观预期。一直以来，房地产对经济增长的带动作用以及土地财政的存在使政府非常偏好发展房地产业，地方政府具有很强的动机将房地产作为地区发展的主导和支柱，尤其是在市场观望情绪浓厚的时期，地方不愿房价下降，更容易产生托市意愿。因此，为防范未来的泡沫积累风险，需要防止地方颁布与中央调控方向相悖的地方条例，尤其是要避免公众建立起房价小幅下降就直接“托市”的不合理预期。

二、适度紧缩将房价保持在合理区间

以对泡沫破裂风险临界值的定量分析为依据，2010~2014 年，从市场自发的角度，泡沫还没有出现自积累的破裂趋势。去泡沫化政策是在调结构的大背景下，提前防范风险而进行的主动选择，因此，政策的实施还存在一定空间。从实证结果看，若受到政策等因素的负面冲击，当房价低于现价的 85%左右将出现泡沫破裂的情况，即现有市场对价格下降的承受度在 15%左右。但考虑到价格下降可能引起投机者恐慌，为谨慎起见，大致可以认为房价下降 10%以内是可以承受的。基于上述分析，无论是加息等紧缩政策，还是对房价可能产生负面冲击的房产税，应在政策实施之前谨慎地论证它对房价影响的大小，如果房价的预测降幅超出了 10%或 15%的警戒线，那么，就需要通过降低政策力度或出台配套政策来化解泡沫破裂风险。

其中，房产税尤其需要谨慎论证并温和实施。在诸多房地产调控政策中，正在论证阶段的住房保有税被普遍认为将有助于调控房价、抑制涨幅。从研究结论来看，当前房地产泡沫积累风险大于破裂风险，因此，应加快房产税的立法和推行。另外，根据房地产去泡沫化的要求，在针对投机性炒房者征税的同时，还要通过谨慎论证以减少政策对真正住房需求的误伤，达到去库存、去泡沫的目的。在政策力度方面，随着公众对房价变动的预期更加敏感，有必要温和实施房产税政策，可以通过试点等方式，将政策的短期影响控制在房价的 10%以内。

三、逐步减少房地产市场中的行政干预

在房地产市场中，行政干预的存在已经使房价越来越脱离市场配置的范畴，当前，我国土地要素市场化程度不高，价格无法真正反映市场供求关系和资源稀缺程度。自 2010 年起，各大城市的“限购”又通过行政手段直接干预了市场需求。如果长期采用行政手段调控市场走向，直接干预市场中的供给和需求，价格就难以反映真实的市场情况，那么，不仅基于市场价格的分析和预判都会失灵，而且会在市场中产生极大的不确定性。要引导房地产市场健康发展，就要使房地产市场尽早回归市场配置的轨道。

虽然 2014 年以后大部分城市的“限购”已经放开，但行政调控的色彩仍然浓厚。

在市场机制不够健全的背景下，我国实业投资回报率相对较低，市场投机回报率较高，大量资本在房地产、股票等领域直接或间接地参与投机炒作。目前，去泡沫化的一个重要前提就是使这类投机资金不再流向房地产。这一过程中，直接行政控制房地产市场显然是不够的，因为行政方式毕竟难以长期化和规范化，只要根源仍然存在，若企业和个人为其剩余资金寻求投机回报率时，仍然会流向收益较高的房地产领域，因此，最根本的办法仍然是通过市场方式来解决问题，在以政策方式降低房地产业投机回报率的同时，再长期提高实体经济的投资回报率。

第五节　本章小结

中央经济工作会议提出要“化解以高杠杆和泡沫化为主要特征的各类风险”，但在实际执行中，房地产调控政策却存在泡沫积累与泡沫破裂的“双向失调”风险。对此，在剖析“双向失调”风险表现的基础上，本章采用泡沫解析法对我国房地产泡沫度和市场预期的变化情况进行判断，并对房价风险临界值进行了实证分析。结论表明，当前我国房地产市场的泡沫积累风险仍大于泡沫破裂风险，但市场预期正在变得更加敏感。进一步分析发现，如果采用紧缩的去泡沫化政策，房地产市场对于价格下降的风险承受能力大约在 15%。

第十一章　中国式“投机资本过剩-投资资本短缺”配置失衡的理论解析

2008 年国际金融危机之后，中国宏观经济中出现了以下两种现象：一是短期投机资本活跃程度提高，它们以高流动性为主要特征，出于行情和政策原因在不同市场间流动，导致资本市场、房地产、农产品和艺术品等领域投机炒作活动增加，对宏观运行造成严重影响；二是实体经济流动性缺乏问题越来越突出，市场感受到来自现金流方面的压力，企业依靠高利贷维持生产运营的现象越来越普遍，社会投资，特别是私营经济出现了增长乏力的情况。特别是，2013 年 6 月 20 日，银行间隔夜回购利率最高达到史无前例的 30%，7 天回购利率最高达到 28%，而在以往，上述两项利率往往不到 3%。随着未来几年经济结构调整进程加快，政府推行稳健性货币政策，银根趋紧的情况已经成为经济新常态。毋庸置疑，上述两个现象均与资本配置失衡密切相关，我们将其称为中国式“投机资本过剩-投资资本短缺”资本配置失衡现象。直观上，这一现象作为经济虚拟化的主要特征，将对实体经济与金融市场的健康发展构成严重威胁。基于上述认识，我们将在对这一失衡现象进行深入系统分析的基础上，积极寻求解决当前中国实体经济与金融市场之间资金配置失衡问题的解决途径。本章的研究对于促进实体经济与金融市场之间协调发展具有重要意义。

第一节　中国式“投机资本过剩-投资资本短缺”资本配置失衡问题

一、中国式“投机资本过剩-投资资本短缺”资本配置失衡的界定

一般意义上，中国式“投机资本过剩-投资资本短缺”资本配置失衡现象可以分别从狭义上资本参与投机和广义上经济虚拟化两个角度加以界定。狭义上，

资本活动领域由实体经济转向金融市场，说明所有者持有资产的目的已由通过生产获得平均利润转而通过交易获得溢价。根据 Kindleberger 和 Manias（1989）对“投机者”与“投资者”的区分，投资者关注的是资产本身的使用和盈利能力，而投机者的目标仅是通过买卖牟取利润，从资产价格变动中获利。因此，“投机资本过剩–投资资本短缺”现象的出现说明中国市场中相当部分资本的属性发生了变化，这是资产持有者逐利方向变化的结果，资本从事交易而非生产成为部分实体经济资本的最优选择。

广义上，中国式“投机资本过剩–投资资本短缺”现象可以被视为实体经济与虚拟经济之间的固有资本配置平衡被打破，以及资本配置寻求再平衡的过程。Dore（2002）认为，虚拟化是金融资本在总资产中的支配权、各种资本运作（包括财务转移、风险管理、公司重组、资产证券化、衍生交易和其他形式的金融化包装）稳步取代实体生产（制造、扩张和运输活动）；Fligstein 和 Markowitz（1993）提出了相似的观点，认为企业会根据可赚取的短期回报率配置重新配置资产束，从而导致非金融企业管理者的短期行为和虚拟化。随着实体经济与金融市场的相对收益水平波动，资本配置在实体经济上的比例相对于金融市场越来越低。

在市场经济机制主导下的国民经济发展过程中，实体经济与金融市场之间存在“滚雪球”式的双向因果关系，这种关系可能是正向的，也可能是负向的。正如 Minsky 所提到的，市场经济中有两套价格体系：①现行商品的价格，取决于短期的预期；②金融资产的价格，反映长期的预期。其中，前者是由商品市场供需关系决定的，后者是由虚拟市场供需关系决定的。在合意的经济发展环境下，两个市场相互依存，两套价格体系互为支撑：一方面，虚拟部门依托于实体，如债券、信托；另一方面，股票市场和债券市场均是企业融资的主要渠道，所以，活跃于商品市场的投资资本与活跃于金融市场中的投机资本之间也应满足上述关系。进一步，La Porta 等（1997，1998）[①]的研究指出，上述局面的形成并非是无条件的，而是需要规范的市场制度与法律体系作为保障，一旦这些前提条件不满足，则投资资本与投机资本之间的平衡点就是不稳定的[②]。从 LLSV 的角度来说，中国式“投机资本过剩–投资资本短缺”资本配置失衡现象本质上就是在缺乏规范市场制度与法律体系保障下，实体经济与金融市场间发展的脱节。

事实上，不难发现，无论从广义还是狭义角度来界定“投机资本过剩–投资资本短缺”资本配置失衡，实体经济与金融市场之间利差都是理解这一现象的起点。但是，这种利差并非只存在于中国，同样存在于其他国家，Piketty（2014）基于法

① Rafael La Porta，Florencio Lopez-de-Silanes，Andrei Shleifer，Robert Vishny，简称 LLSV。

② 不稳定与不合意是不同层面的概念，前者是指投资资本与投机资本之间的关系并非是固定的，可能促进经济增长，也可能阻碍经济增长，带有不确定性，后者则是指投资资本与投机资本之间的关系无法促进经济增长。

国、英国、美国等西方国家历史数据的分析，所提出的资本回报率水平长期大于经济增长速度的观点就可以被视为实体经济与金融市场之间利差普遍存在的表述。那么，为何其他国家没有出现类似的现象？要回答上述问题，就需要我们更深刻地理解中国式“投机资本过剩–投资资本短缺”资本配置失衡现象，对这一现象的特征、背景、形成机理以及所产生的影响等一系列问题进行深入剖析。

二、中国式“投机资本过剩–投资资本短缺”资本配置失衡的特征

经济虚拟化并非是中国独有的，而是市场经济机制主导的发展过程中必然会出现的现象。历史上，西方国家著名的金融泡沫破裂事件，如郁金香狂热、密西西比公司事件等，均是不同程度的经济虚拟化造成的。但是，由于在市场经济制度发展路径上的特殊经历，中国式“投机资本过剩–投资资本短缺”资本配置失衡现象与目前西方国家资本配置失衡相比，在特征上存在一些差异。这些特征有些是西方国家金融市场发展历程中出现过的，有些则是中国独有的。

1. 投机资金具有较强的实体经济依赖性

与西方国家投机资本专业化程度较高且集中于信贷信用、有价证券、产权、物权及金融衍生品等领域不同，实体经济的投资资金是中国投机资本的重要来源，并且规模不容小觑。所以，中国投机资金具有较强的实体经济依赖性，这与中国金融市场发展阶段密切相关。近些年，在房地产市场、生产要素市场、农产品市场甚至新兴产业进行投机炒作的收益率明显高于投资于实体经济的收益率，导致大量投资资金从实体经济中抽离，成为从事投机炒作的短期资本。目前，实体经济资金向虚拟经济转换主要通过以下两种形式：一是在政府政策允许情况下，成立中小型金融机构，以实体形式存在，兼具投资与投机双重属性，视行情与政策而定；二是直接绕过政府监管，从事投机炒作。前者多见于大型集团或企业的子公司或附属企业，后者则以民间资本的私下聚集为主。无论以哪种形式存在，这些资金更偏好房地产、艺术品，甚至农产品等具有较强实体投资属性的市场，而非股票或债券这类专业市场。

出现这一特征的原因在于受制于资本市场发展水平、制度建设及金融监管等约束，目前中国金融市场证券化程度发展较为滞后，除股票、期货等传统金融市场之外，大多数市场并不满足投机资本进行证券化运作的条件。此外，以下两个因素也是导致中国投机资金具有较强实体经济依赖性的重要原因：第一，由于大量投机资本持有者来自实体经济企业主，缺乏专业性的金融知识，难以与股票、期货等市场中的机构投资者抗衡，大量来自于实体经济的投机资本只能在传统商品市场中通过交易进行套利；第二，虽然中国市场经济框架已初步形成，但由财

政分权以及政治晋升锦标赛模式所造成的地方保护主义风气仍然盛行，导致区域市场分割严重，商品与生产要素在不同区域之间的流动并不通畅，存在投机资本套利的空间，而政府主导经济模式下的经济战略，如推进城镇化、发展战略性新兴产业等，也为投机资本在实体经济环境中套利创造了条件。

2. 投机资金与经济增长模式内生弊端密切相关

混合所有制经济发展是 1998 模式①的基石，动力来源分别是国有经济部门与私营经济部门，前者主要依靠廉价资本，后者主要依靠廉价劳动力，两者相互独立，自成一体。从资本配置角度来看，1998 模式的一个重要成功之处是在不完善的法治环境下，实现金融市场与经济增长之间的良好互动。按照林毅夫（2002）、易纲和林明（2003）的研究，国有经济部门的基本特征是政府引导与缺乏自生性，不仅是正规金融系统中的资本和居民储蓄，而且包括政府调控所产生的市场增益资金，均能够通过不同途径进入国有企业；私营经济部门通过对外贸易积累的一部分资金也会以企业利润与劳务薪酬的形式进入正规金融系统，使其资本规模不断积累，如此循环。银行作为金融系统的核心，不仅能完成与国有经济部门的自我循环，还能单向吸纳来自私营经济系统的剩余资金。只要私营经济部门不断扩张，正规金融系统的规模就会不断扩大，为国有经济部门提供廉价资本。因此，私营经济部门扩张对国有经济部门乃至国民经济稳定均具有非常重要的意义。

私营经济部门扩张需要满足以下两个条件：廉价的劳动力与旺盛的外部需求。然而，2008 年国际金融危机之后，劳动力成本的大幅增加与外贸需求的持续下降导致中国劳动密集型制造业的比较优势出现了明显弱化，前者是中国二元经济发展进入末段的必然结果，后者是经济危机产生的外部冲击，私营经济部门扩张的两个条件均不再满足。在这种情况下，中国实体经济投资收益增速（或者劳动收益率增速）出现持续下降的局面，导致实体经济与金融市场之间的资本配置失衡。此外，经过十余年的高速增长，从事对外贸易的私营经济部门早已完成了初步的资本积累，这些资本必然要寻求更高的利润，实现配置的再平衡。上述分析均表明，2008 年国际金融危机之后，外部环境发生了一系列变化，导致 1998 模式的内生弊端逐渐显现。

事实上，1998 模式是依靠投资与外需驱动的，没有彻底解决内部需求不足问题，因此，这一模式必然是过渡性质的。一旦出现私营经济部门外贸扩张缓慢的情况，原本活跃于实体经济的资本很难通过国内需求保持高收益水平，而是受利

① 1998 年东南亚金融危机之后，中央政府在 1994 年财政分权基础上，构建了新的“财政制度–资本市场”框架与混合所有制企业架构，形成了以“投资–建设+对外贸易”为核心的经济增长模式，这里将其称之为 1998 模式，中国经济迈入“边际收益>边际成本”增长合意期。

差吸引流向虚拟经济，转化为投机资金，造成经济虚拟化，过程是由中国 1998 模式特有的驱动方式内生决定的。

3. 投机资金与投资资金之间的界限模糊

按照金融市场理论，在金融市场中必然会存在相当数量的专门从事投机活动的资金，这是金融市场的基本特征，中国也不例外，这部分投机资本由专业团队运作，在金融监管机构与投资者的约束下，活跃于股票、证券、期货等领域，进行套利活动。通常情况下，较高的专业知识要求与严格的监管使其他领域的资金很难进入。然而，如前所述，由于中国投机资金带有较强的实体经济依赖性，主要活跃于房地产、艺术品甚至农产品等具有较强实体投资属性的市场，在实体经济投资收益回升的情况下，还会重新转化为投资，继续从事生产。例如，相当数量从事铁矿石、铜矿石炒作的资本，本身就来自生产企业，这些企业同样进行生产，但并不以生产盈利，其盈利模式主要建立在利用铁矿石价格波动的买入卖出上。所以，中国相当部分资金的属性界限比较模糊，既有投资属性，又兼具投机属性，带有很强的择机性，导致常规性的金融监管难以发挥作用。

三、中国式“投机资本过剩–投资资本短缺”资本配置失衡的微观机理

那么，中国式“投机资本过剩–投资资本短缺”资本配置失衡现象究竟是如何形成的呢？回答这个问题，首先需要明确中国是如何进行资本配置的这一关键问题。正如前面关于投机资本形成与 1998 模式间关系的讨论，从资本配置角度来看，1998 模式的成功源于国有经济部门与私营经济部门各自形成了一套自我循环的资本配置模式。其中，受惠于正规金融系统与国有经济部门之间的密切联系，国有企业能享受低价资本；私营经济部门集中于劳动力密集型产业，利用生产效率与廉价劳动力的优势，非正规金融系统则能够满足其较低的资本需求。然而，1998 模式对资本配置扭曲所蕴含的风险内生于混合所有制经济发展过程当中，一旦混合所有制经济发展遇阻，资本误配置所产生的弊端便会显现。所以，本质上，1998 模式是在特定的混合所有制经济及企业规模约束下，以次优解而非最优解为目标形成的，基本特征是私营经济部门要素配置均衡和国有经济部门要素配置均衡之间存在割裂，特别是资本要素并未按照市场规则进行配置，显而易见，这里存在一个明显的帕累托改进，即国有经济部门中的廉价资金流向私营经济部门。然而，实现这一目标必须要进行比较彻底的金融市场化改革以及进一步推进企业混合所有制改革，上述两项内容均是改革过程中的深水区，并非是一朝一夕能够完成的。所以，从推进市场化改革的角度出发，“投机资本过剩–投资资本短缺”

资本配置失衡现象可以在一定程度上视作中国市场经济改革过程中出现的摩擦。

通过上述分析不难发现，中国式“投机资本过剩-投资资本短缺”资本配置失衡现象的直接诱因是私营经济部门扩张速度减缓所引发的实体经济与虚拟经济间的利差，但这并不足以对“投机资本过剩-投资资本短缺”资本配置失衡现象提供足够的经济解释。我们认为，导致“投机资本过剩-投资资本短缺”资本配置失衡现象的原因主要有以下三个：第一，在经济新常态下，1998 模式依赖资本配置模式效率偏低的问题暴露，已不再适应新的经济发展要求；第二，地方政府竞争主导下不合理产业政策影响了企业目标函数，导致企业投资行为出现短期投机化；第三，区域市场不统一导致套利空间的广泛存在。由于之前已对实体经济与虚拟经济间利差形成原因进行了系统分析，本节我们将从以上三个角度对中国式“投机资本过剩-投资资本短缺”资本配置失衡现象形成的微观机理进行经济解释。

1. 内生于分割化资本市场的配置效率偏低问题暴露

如前所述，根据 La Porta 等（1997，1998）的经典理论，法律、投资者保护等制度的完善与否对于金融市场作用发挥起到至关重要的作用。然而，Allen 等（2005）发现中国的情况与 LLSV 的研究结论并不相符，在法律与金融系统不发达的情况下，经济依然保持了高速增长，因此，他们最早从“资本市场分割-异质性企业”角度，对这一现象给出经济解释。他们将中国企业划分为国有、上市和私营三大类，分别讨论了这三类企业的融资渠道、生产效率等问题，发现国有和上市企业融资主要依靠正规金融系统，而私营企业主要依靠非正规金融系统，但由于在生产效率上的优势，私营企业增长显著高于另外两类企业，并将中国找到分割化资本市场问题的解决办法视为 1998 模式成功的重要原因。鉴于 1998 模式下私营企业的成功，Allen 提出了一点疑问，中国是否还有必要在私营经济中引入现代企业管理制度？然而，2008 年国际金融危机之后，这一问题得到了一个显而易见的答案。“投机资本过剩-投资资本短缺”资本配置失衡现象很大程度上是由私营经济投资收益回报下降造成的。其中，既有资本配置方式的因素，也有私营经济自身的原因。

首先，1998 模式下金融发展与经济增长之间的联系主要依靠高投资率，而非资本配置效率。1998 模式取得成功隐含的基本前提是混合所有制经济发展并未对全局资本配置效率提出过高要求。根据世界银行数据，除了中国和韩国以外，大多数国家的资本形成率均在 30%以下，但除了印度、肯尼亚和斯威士兰以外，国家资本配置效率均在 0.2 以上，这清楚地表明，中国资本配置模式带有明显的高规模低效率的特点。

其次，资本市场分割与垄断行业进入门槛导致民间资本实体经济投资收益难以得到保证。一是在分割化资本市场下，国有企业和私营企业面临完全不同的融资约束。一旦原有的需求结构发生变化，企业转型压力加大，但受限于自身经营风险与融资约束，一部分私营企业很难获得足够的资金进行转型。二是能够产生高投资回报的垄断行业被国有企业控制，民间资本很难进入。上述两点是导致实体经济投资回报水平难以提升的重要原因。企业经营者在建立上述预期之后，就有很强的动机将资金从实体经济中抽离，导致经济虚拟化。

2. 地方政府竞争主导下的产业政策导致市场机制失灵

事实上，受限于中国资本配置方式自身存在的问题，即使政府想通过政策扶持等措施促使正规金融系统为私营企业转型投资提供资金，也很难达到预期，只能转而依靠效率较低的产业政策补贴。然而，在地方政府竞争思维主导下出台的产业政策会导致市场机制调节失灵，进一步降低实体经济投资收益回报。以光伏产业为例，中央政府出台《国务院关于加快培育和发展战略性新兴产业的决定》之后，光伏产业的生产门槛较低，各地纷纷颁布光伏产业发展规划，以政府补贴的方式支持光伏产业发展，直接导致全行业出现产能过剩问题。上述现象的微观机理如下：第一，缺乏规划的产业政策使政府补贴以扰动形式进入企业利润函数，使企业经营行为短期化，而在需求结构未发生重大变化的情况下，势必会导致供给过剩的情况，造成产业过剩问题；第二，政府作为经济社会管理主体，不可能全面掌握新兴产业的发展特征以及企业经营行为，无法消除由此产生的道德风险与逆向选择问题，导致企业套取政府补贴现象出现。

3. 区域市场分割为投机资本套利创造了空间

从实体经济与虚拟经济空间配置的角度来看，在完全一体化市场中，资本会在区域市场需求度达到饱和时自然地向周边区域进行扩张，而扩张所产生的溢出效应会通过影响资本相对价格的方式对产业结构进行优化使其更符合资本扩张要求，最终在空间层面实现地区平衡发展的目标，上述过程正是在市场机制作用下，由实体经济与虚拟经济配合完成的。一体化市场的形成与地区发展不平衡密切相关，且两者之间非常复杂。结合研究主题，我们发现，投机资金具有较强的实体经济依赖性这一特征部分依托的正是区域市场并未充分实现一体化这一前提，原因在于区域市场分割导致商品交易过程被控制的难度很低，为投机资本炒作创造了条件。一般来说，投机资金进行炒作的基本思路是在某些商品供给上形成时间或空间上的局部垄断，待价格大幅上涨之后，缓慢释放或异地释放需求。上述操作的实现依赖于局部垄断的形成，而通常情况下，投机资金主要有以下两条途径形成局部垄断：第一，地方保护主义。在某些商品的主要生产地或集散地，投机资金通过与地方政府合谋的方式建立排他机制，阻止其他企业进入，而地方政府出于本地短期利益最大化的目的，乐于与投机资金建立合谋关系。第二，利用规模或时间优势。投机资金利用体量优势拉高收购价格，或是早于以往集中采购时间进行收购。无论是上述哪种方式，均会透支市场需求，对市场稳定造成严重影响。

四、中国式“投机资本过剩–投资资本短缺”资本配置失衡的影响

那么，中国式“投机资本过剩–投资资本短缺”资本配置失衡现象究竟会对经济产生何种影响呢？从微观机理来看，“投机资本过剩–投资资本短缺”资本配置失衡现象会产生以下两方面影响：一是对财政政策造成干扰，加快财政政策传导路径异化；二是导致货币政策对经济虚拟化的影响非线性。

1. 财政政策传导路径异化

按照经典宏观经济理论，财政政策的基本思路是采用政府投资或减税解决需求不足的问题，带动经济实现内生增长，基本传导路径是当经济未能达到充分就业的均衡时，政府以增支或减收的方式实现对总产出与总收入的拉动，通过乘数效应进一步带动消费和投资，最终恢复经济的自主增长。就中国财政政策的现实情况来说，政府更偏好采用直接投资。在 1998 模式下，中国曾经实行过两次较大规模的积极财政政策，主要投向均是基础设施建设。然而，在混合所有制经济和资本市场分割下，财政政策效果主要通过国有企业和正规金融系统发挥作用，大多数私营企业很难从财政政策中获益，并且随着投资期限的不断增加，难以避免地会出现投资边际收益下滑的情况。这是中国财政政策的基本特征。所以，从资源配置的角度，财政资金配置同样存在类似于资本市场的失衡情况。数量庞大的财政资金以政府投资形式进入国有企业，在面临国有资产增值保值和投资边际收益下降双重压力下，虽然中央政府三令五申，但部分国有企业受到实体经济与虚拟经济利差的诱惑，仍然会允许一部分资金流向虚拟经济，诱发短期逐利行为，导致财政政策传导路径异化。因此，从转轨经济体中财政政策的作用来看，直接拉动经济增长的财政政策只能起到维持一定经济增速从而为体制改革营造良好发展环境的作用，并不能直接替代改革的措施。在这个前提下，无论怎样加大政府投资力度，它也只能在异化的传导链条中以非规范收入或储蓄的形式沉淀下来。虽然“投机资本过剩–投资资本短缺”资本配置失衡并不是导致财政政策传导路径异化的直接原因，但它所产生的实体经济与虚拟经济间的利差会大大加快财政政策传导路径的异化过程，导致财政政策效果降低。

2. 货币政策对经济虚拟化的影响非线性化

在“投机资本过剩–投资资本短缺”资本配置失衡以及实体经济投资回报率下降的双重背景下，如果出现经济收缩，中央政府希望采用宽松的货币政策来刺激经济，所释放的流动性并不会流向实体经济，一部分资金还会从实体经济流出成为投机资金，最终导致虚拟经济流动性泛滥，这些投机资金会涌向房地产等领域，导致资产价格上涨，加快经济虚拟化进程。相反，如果经济出现投机行为泛滥的情况，中央政府希望采取紧缩的货币政策进行扼制，市场流动性降低，实际利率上升，原本投资资本短缺的问题会更加严重，从而将会进一步加重实体经济负担。所以，从上述分析可以看到，“投机资本过剩–投资资本短缺”资本配置失衡导致货币政策对经济虚拟化进程的影响非线性化，即宽松的货币政策会加快经济虚拟化，而紧缩的货币政策只会减缓经济虚拟化进程，而并非使其倒退，根本原因是货币政策无法消除实体经济与虚拟经济之间的投资回报利差。

五、研究结论

本节在总结中国式“投机资本过剩–投资资本短缺”资本配置失衡现象的基础上，对这一问题进行了全面分析，从理论层面全面讨论了这一问题的特征、微观机理以及对宏观政策的影响等一系列问题。研究结果表明，2008 年国际金融危机之后，实体经济与资本收益间出现的利差所导致的经济虚拟化是中国式“投机资本过剩–投资资本短缺”资本配置失衡现象出现的直接原因，而深层原因则是1998 模式下的资本配置方式自身弊端显现，这是由中国 1998 模式特有的驱动方式内生决定的，由此所产生的投资资本“短缺”与投机资本“过剩”的悖论将成为未来中国经济发展和转型升级面临的主要矛盾。更为严重的是，这一现象还会削弱宏观经济调控效果，加快财政政策传导路径异化过程，并导致货币政策对经济虚拟化的影响非线性。历史经验表明，对于世界大国来说，实体经济健康与否是国民经济长期稳定发展的根本，无论是资本的过度投机，还是投资资本的不足，均会对实体经济稳定增长产生不利影响，严重削弱经济的持续发展能力。毋庸置疑，解决上述问题的根本在于改变经济增长方式，提高实体经济的投资收益率，同时推进金融市场改革，提升资本配置效率，降低虚拟经济投机溢价，但上述两项工作均需要长期不懈的努力才能实现。就短期目标而言，结合之前对中国式“投机资本过剩–投资资本短缺”资本配置失衡现象的剖析，我们主要提出以下三方面的政策启示。

第一，中国式“投机资本过剩–投资资本短缺”资本配置失衡已成为制约货币政策效果的主要原因，单一货币政策已很难发挥作用，需要加强与相关领域监管手段的相互配合。近些年，政府在调控过程中偏好采用积极的财政政策和稳健的货币政策，但实际效果却不甚理想，主要原因就是政策释放的相当数量资金流入虚拟经济，而非实体经济。因此，政府在实施宏观经济政策，特别是降息或降准等宽松货币政策时，一是应增加货币政策工具的针对性，目前中国人民银行已对货币政策工具进行了创新，减少降息或降准，转而采取定向降准、抵押补充贷款（pledged supplementary lending，PSL）等定向性货币政策工具；二是在实施货币政策之前，加强与中国证券监督管理委员会、中国银行业监督管理委员会等机构的配合，对资金流向进行监管，避免所释放出的资金流入虚拟市场，降低货币政策效果。

第二，加强对财政资金使用方向的监管，减少并清理不合理的产业政策和补贴政策，加强公共服务的财政投入。首先，财政资金使用规范性不足是导致财政资金向虚拟经济转移的基本前提，因此，政府应逐步完善财政资金的使用、管理和监督机制。通过更加制度化、规范化的方式，落实各地方、企业作为财政政策实施主体的职责，通过降低政策的中间损耗避免财政资金直接注入虚拟经济。其次，在唯 GDP 论影响下，地方政府出台了大量不合理的产业补贴政策，这也是导致财政资金漏出的主要原因。2009 年积极的财政政策实施之后，地方政府出台了大批产业政策和补贴政策，鼓励战略性新兴产业发展，但核心技术、人才、配套政策的缺失导致大部分补贴政策不仅未能达到培育产业发展的目的，反而影响了正常的市场秩序，导致产能过剩问题。最后，随着基础设施建设项目推进时间的不断增加，政府直接投资的边际收益已经处于较低的水平，再继续对这类领域加强投资只会引起财政资金向投机资本的加速转变，因此，政府应适时转变理念：一是调整经济发展中公共投资与公共服务支出的比重，更优先增加基础教育、基础科研、公共卫生和公益文化等方面的公共支出；二是创新投资方式，通过公共私营合作制（public-private-partnership，PPP）模式等方式，吸引民间资本进入基础设施建设项目，提升资本投资效率，减少虚拟经济中的投机资金规模。

第三，投机资金存在本身并不是宏观经济风险的直接来源，但如果规模庞大的资金离开资本市场流入实体经济进行投机，就会给经济社会带来严重的打击，从这个角度来说，对投机的管控也应从培育资本市场发展的角度入手，通过大幅度改革资本市场相关制度，加强对投资机构的培育与监管，从而合理地引导和调控，促进虚拟经济与实体经济之间资本流动的良性循环。从措施上，首先，从目前的情形来看，应逐步降低证券等资本市场的税收，如印花税等，使经济体中存在的闲置资本回归到资本市场；其次，减少政府对资本市场的直接行政干预，为资本市场发展创造良好的制度环境。

第二节　中国式“金融发展悖论”与私营企业转型投资决策

2008年国际金融危机之后，中国私营经济部门面临的转型压力骤然增加，然而转型步伐却相对缓慢。基于银行资本误配置视角，本节对Allen等（2005）所描述的中国式“金融发展悖论”与私营企业转型投资决策两方面内容进行深入讨论，探求私营经济部门转型缓慢的原因以及可能存在的破解路径。研究结论显示：过去十余年间私营经济部门依靠劳动密集型产业发展对外贸易得以不断扩张，加之存在正规金融系统与非正规金融系统的分割，形成了“规模换效率”路径，这一路径有效缓解了经济增长对资本配置效率的要求，为中国式“金融发展悖论”提供了经济解释。随着私营经济部门扩张势头减缓以及经济对增长质量要求的提高，经济增长对于资本配置效率要求逐渐提高，但正规金融系统与非正规金融系统的分割以及相关制度的滞后导致资金配置效率偏低的情况短期内难以改善，私营经济部门融资约束趋紧，这是当前私营经济部门转型缓慢的主要原因。

一、问题的提出

从国民经济运行规律来看，2008年国际金融危机很可能成为中国经济发展一个新的分水岭。危机发生之后，1998模式进入“边际成本>边际收益”阶段，从收益端来看，经济增速放缓迹象明显，增长含金量下降；从成本端来看，维持给定经济增长水平的难度增加，产能过剩、市场投机及环境污染成为经济运行的经常性副产品。此外，在经济规模持续高速增长的背景下，民众对经济增长质量的要求也在不断提高。与以往不同，上述问题是原有经济模式内生弊端显现造成的，难以依靠系统内政策工具解决，中国经济要重新进入“边际成本≤边际收益”的合意增长期，必须要像1998年那样再次进行结构性经济转型。然而，巨大的国民经济规模和长期形成的经济增长模式很难在短期内发生结构性变化，使未来很长一段时间内，国民经济很可能要在偏低的经济增长速度中运行。习近平总书记在多次重要讲话中将上述情况表述为经济“新常态”。经济“新常态”的核心是经济转型。因此，要想充分理解经济“新常态”就离不开对经济转型问题的深入考察。

经济转型本质上说就是企业转型，推动经济转型必然要通过推动企业进行转型来实现。由于次贷危机对中国私营经济部门占据的对外贸易冲击最为明显，私营企业也自然而然地成为经济转型的核心。站在企业经营者的角度，资金毫无疑问是当前私营企业转型所面临的最大约束。根据吴家曦和李华燊（2009）对浙江中小企业转型所做的调查，53.8%的企业认为资金投入过大而自身融资不足是制约企业转型的重要因素，高达 74.8%已准备转型的企业存在资金短缺问题。近年来，中央政府不断出台政策推进私营企业转型，但效果大多不甚理想，究其原因，就是融资约束这一私营企业转型面临的最大难题迟迟无法解决，而私营企业融资难问题无法解决的深层原因就是 1998 模式下资本误配置问题暴露。

Allen 等（2005）曾针对 La Porta 等（1997，1998）经典理论的不足，指出其无法解释 1998 年之后中国金融市场为何能在相关制度不完善情况下仍能推动经济增长，他们将其称为中国式“金融发展悖论”，并从“异质性企业–分割化的金融市场”视角给出了经济解释，但是他们也承认中国存在比较严重的资本误配置问题。近年来，随着资本误配置问题的负面影响更加严重，国内学者也逐渐开始关注这一问题。鄢萍（2012）发现不同所有制企业面临的差别利率是造成资本误配置最重要的因素。马光荣（2014）则分析了制度对企业资本配置效率的影响，发现制度安排是造成资本误配置的重要原因。综上所述，目前关于中国资本误配置的文献多是延续 Allen 等（2005）思路，讨论资本误配置的原因，或按照 La Porta 等（1997，1998）的思路讨论制度对资本配置效率的影响。但这些研究通常是在静态的经济和制度环境下，以单向逻辑进行的。

我们还试图从 1998 模式特征、国际金融危机之后私营经济转型困境等一系列典型事实入手，在中国式“金融发展悖论”和私营企业转型投资决策两方面内容之间建立一个内在逻辑统一的动态理论框架。以银行发展为例，论证了中国式“金融发展悖论”的存在原因是内生于 1998 模式当中的“规模换效率”路径，而这一路径能够发挥作用的前提是私营经济部门扩张，一旦私营经济部门扩张趋势减缓，固化的资本配置方式将放大金融抑制（financial constraint）对私营企业的融资约束，使私营企业融资约束趋紧，对私营企业转型投资决策形成制约，影响经济转型。

二、中国经济增长模式特征与国际金融危机后的经济转型困境

1. 1998 年中国经济增长模式特征

1998 年国际金融危机之后，中央政府在 1994 年财政分权的基础上推进了一系列财政、产权方面的改革，构建了新的“财政制度–资本市场”框架与混合所有制企业架构，形成了以“投资–建设+对外贸易”为核心的经济增长模式，中国经济再次迈入长达十年的经济增长合意期。1998 模式的经济增长动力主要来源于国有经济和私营经济两部门。前者的特点是较少的企业数量、较大的企业规模、较低的资本使用成本以及较低的生产效率，发挥稳定经济的作用；后者的特点则恰恰相反，较多的企业数量、较小的企业规模、较高的资本使用成本以及较高的

生产效率，发挥拉动经济增长的作用。其中，前两项特点较为明显，而后两项特点也被近期研究不断验证（Hsieh and Klenow，2009；Brandt et al.，2009；Brandt and Zhu，2010；聂辉华和贾瑞雪，2011；Dollar and Jin，2007）。根据相关统计数据显示，1998 年至今国有企业从正规金融系统与政府补贴中获得的融资占其总融资水平的 35%，而私营企业仅占 10%，私营经济获得外部融资的渠道主要是非正规金融系统，且外部融资的成本也远高于国有企业；但国有企业的利润率仅为私营企业的一半左右，并且相当部分的国有企业存在严重亏损。Song 等（2011）基于上述特征，对中国 1998 模式进行经济解释，他们构建的分析框架较为全面地覆盖了 1998 模式中的核心要素，包括异质性企业的融资约束、投资行为、生产效率、收入分配和对外贸易等方面的内容。作为集大成之作，Song 等（2011）成功地解释了 1998 模式中经济增长、持续不降的投资回报水平、私营经济比例增加及贸易顺差的原因。

从资本配置角度来看，1998 模式的成功源于国有经济部门与私营经济部门，两者各自形成了一套能够自我循环的增长模式，两者之间的资本配置比例达成相对稳定的均衡。其中，受惠于正规金融系统与国有经济部门之间的联系，国有企业能够以较低的成本享有资本，参与国内基础设施的投资与建设；而私营经济部门集中于劳动力密集型产业，对资本需求较小，大多与非正规金融系统合作，利用劳动力与生产效率优势，参与对外贸易。

2. 2008 年国际金融危机后的经济转型困境

2008 年国际金融危机之后，在对外贸易需求下降及劳动力成本上升的（图 11-1）影响下，出口总值增长率急剧下降至 26.4%，虽然政府推出的刺激政策使出口增长率一度回到国际金融危机之前的水平，但随着刺激政策退出，出口增长率再次出现下降（图 11-2），表明外部环境已发生结构性变化，对外贸易扩张趋势大幅放缓（王孝松等，2014）。在这种情况下，私营经济部门面临转型，资金成为主要制约因素，原因如下。

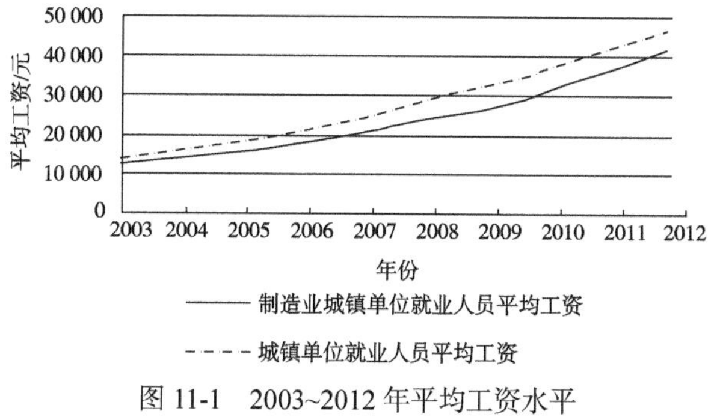

图 11-1　2003~2012 年平均工资水平

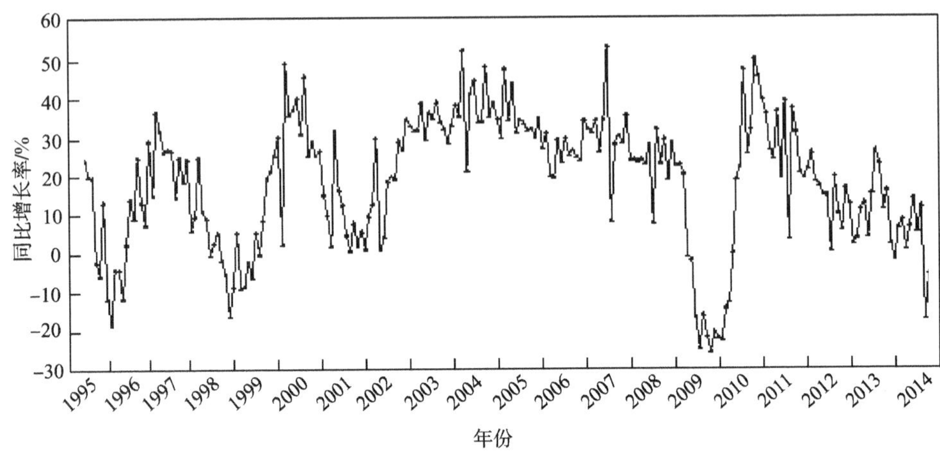

图 11-2 1995 年 8 月至 2014 年 3 月出口总值增长率

（1）非正规金融系统难以向私营经济部门转型提供资金支持。虽然 Allen 等（2005）发现非正规金融系统是中国私营经济部门持续扩张的关键，但 Ayyagari 等（2012）利用世界银行对中国企业调查数据发现，当企业进行创新或转型投资时，正规金融系统的效果更加明显。Degryse 等（2012）使用同一组数据发现，非正规金融系统仅能对小型企业规模扩张发挥作用。上述两项研究表明，非正规金融系统只会在私营企业扩张与日常运营时提供资金，而在私营企业进行创新或转型时很难发挥积极作用，这很有可能是出于规避风险的考虑。此外，由于 1998 模式偏好采取货币刺激，使实体经济发展与市场投机之间存在的利差越来越大，大量非正规金融资金转而进行市场投机，严重削弱了非正规金融系统的作用①。

（2）金融市场发展不完全导致私营企业融资路径断裂。如前所述，国有企业和私营企业面临截然不同的外部融资约束。在这种情况下，西方国家的经验与传统企业投资理论的研究结论不再适用。现实情况是，即使政府想通过正规金融系统为私营企业转型投资提供资金，受限于正规金融系统与非正规金融系统的分割，也很难达到目的②。

除了融资约束以外，以下两点同样是导致私营经济转型步伐缓慢的重要原因：

（1）1998 模式成功产生的发展惯性。通过 1998 模式，中国经济实现了十余年的高速增长，已形成强大的发展惯性，这不仅体现在各级政府、企业在心理上

① Allen 等（2012）将从事市场炒作的民间资本视为地下融资，并认为这部分民间资本对经济增长不具备任何建设性。

② 易纲和林明（2003）非常详细地描述了上述过程的微观机理。

对当前经济模式的依赖和对转型的排斥，更体现在技术、资本和劳动力三种生产要素在生产函数配置中的固化。此次经济转型本质在于提高生产函数 Y=AF（L，K）中“资本/劳动力”（K/L）的比例，也就是资本深化。然而，作为“世界工厂”，中国拥有位居世界第二的经济总量，改变高度固化的生产要素配置必然要消耗规模巨大的资金，以补偿转型所产生的摩擦成本。

（2）转型失败的高风险与路径选择困难。改变生产函数中投入要素的配置比例，势必造成现有产品供给结构的变化，经济系统需要寻找新的市场出清。事实上，转型成功的重要标准就是调整之后的生产函数能否实现市场出清。然而，需求结构的不确定性显著地增加了转型投入的沉没风险。即便能成功捕捉市场需求，以成本最小化路径实现转型目标同样是非常困难的。

综上所述，当前经济转型缓慢的根本原因在于 1998 模式资本配置方式难以满足生产力的发展要求。这表明，如同 1998 模式形成时所发生的那样，新经济增长模式形成的关键在于形成一套具备自我循环能力的资本配置方式，并且能够满足新生产力的发展要求。下文我们借助对中国式“金融发展悖论”的经济解释来讨论未来资本配置方式的轮廓。

三、理解中国式“金融发展悖论”

根据 MM 定理，在无摩擦经济中，金融市场[①]按照边际原则将资本配置于不同的生产部门当中，使每单位资本的边际成本与其价格相等，实现产出最大化。进一步，以 La Porta 为代表的“法与金融学”研究表明，产权、投资者保护等制度完善与否对金融市场与经济增长之间联系的建立发挥了至关重要的作用。然而，中国似乎并非如此。虽然相关制度尚不完善，但并未影响金融系统的自身发展以及向生产部门提供大量廉价资本，这是 La Porta 等学者的理论无法解释的。因此，La Porta 等（1997，1998）以及后续的实证研究均将中国作为样本异常值排除在外。Allen 等（2005）考虑到中国混合所有制经济特征，放松了单一所有制企业假设，提出“国有经济部门与私营经济部门分别实现资本配置效率，进而实现全局资本配置效率”理论命题。但是，Allen 等的研究存在以下两个问题：第一，他们所给出的仅是一个概念性框架，并未确定国有经济部门与私营经济部门的资本配置达到何种程度的效率；第二，他们仅发现了非正规金融系统能够在企业经营的某些方面给予帮助，并未找到非正规金融系统能够全面支持私营经济部门发展的证据。尽管存在上述不足，但作为一篇具有开创意义的研究，Allen 的研究仍然非常具有启发性，提升了对中国式“金融发展悖论”的理解。

---

① 西方学者定义的金融市场包括银行、股票市场和债券市场等，在考虑了中国金融市场发展的实际情况之后，将金融市场视为银行业。

事实上，大量实证研究（马光荣，2014；Hsieh and Klenow，2009；韩立岩和王哲冰，2005；李青原等，2013）表明，中国金融市场的资本配置效率是比较低的①。由于政府干预的广泛存在与正规金融系统与非正规金融系统的分割，资本配置所遵守的并非是“边际成本=边际收益”原则，存在比较严重的资本误配置问题，这与 La Porta 等学者关于发展中国家金融市场的观点是一致的，从内在逻辑上说并不存在悖论。所谓中国式“金融发展悖论”的本质是不完善的法治环境与市场制度导致效率较低的资本配置方式，而这种低效的资本配置方式并未妨碍金融市场与经济增长之间形成良好的互动关系。首先，自 2005 年实施全面改革以来，中国金融市场一直保持高速增长的态势，存款和贷款余额分别由 2005 年 1 月的 245 368.6 亿元与 181 083 亿元增长至 2012 年 12 月的 917 368.11 亿元及 629 906.60 亿元，涨幅分别达到 2.74 倍和 2.48 倍；其次，虽然速度有所下降，但与世界其他主要经济体相比，中国近年来的经济增长仍然处于较高水平，保持在 8%左右。直观感觉上，两者之间似乎并不存在矛盾之处。那么，应如何解释中国式“金融发展悖论”呢？

我们认为，解释这一悖论的突破点存在于 1998 模式特征当中。金融市场影响经济增长的路径主要有两条，即规模和效率。正如之前提到的，1998 模式的核心之一是“投资-建设”，结合之前所列举的文献和数据不难发现，中国金融市场发展和经济增长主要是依靠规模联系起来的。从 1998 模式制度安排来看，混合所有制经济发展并未对资本配置效率提出过高要求，换而言之，即使资本配置效率偏低，仅依靠资本积累便足以推动经济增长。

除此以外，中国式“金融发展悖论”存在的另一个重要原因是 1998 模式中国有经济部门和私营经济部门增长模式的差异。具体来说，国有经济部门主要依靠廉价资本，私营经济部门主要依靠廉价劳动力，两者相互独立，自成一体。按照林毅夫（2002）、易纲和林明（2003）的研究，国有经济部门的基本特征是政府引导与缺乏生存能力，不仅是银行资本和居民储蓄，还包括政府宏观政策产生的市场增益资金，均能通过不同途径流入国有企业，而银行不仅能完成与国有经济部门的自我循环，还能通过利润、工资等形式单向吸纳来自私营经济部门的剩余资金，只要私营经济部门不断扩张，银行规模就会不断扩大，为国有经济部门提供廉价资金。因此，私营经济部门对国有经济部门乃至国民经济稳定具有非常重要的意义。这就是中国式“金融发展悖论”存在的原因。我们将上述资本配置方式称为“规模换效率”路径。

① 一些采用 Wurgler（2000）方法的实证研究发现，中国资本配置效率已达到中等发达国家水平，这是由指标选择造成的。Wurgler 提出的标准方法是选择工业增加值作为解释变量。潘文卿和张伟（2003）选择 GDP 作为解释变量，由于未剔除中间投入，所以资本配置效率估计值较高；方军雄（2006）虽然采用工业增加值作为因变量，但将工业增加值按照增加则为 0 以及下降则为 1 的规则转换为哑变量，导致资本配置效率估计值较高。

基于上述分析不难发现，1998 模式的健康运行非常依赖于私营经济部门的持续扩张。从这一角度来看，目前中国经济运行出现困难局面是私营经济部门扩张趋势减缓之后，“规模换效率”路径难以为继，资本配置效率偏低问题暴露造成的，因此，中国式“金融发展悖论”并未偏离 La Porta 等学者的理论。然而，经济转型的目的在于使原有经济增长模式中的不合意因素转为合意因素，从这一角度出发，未来中国经济增长模式的轮廓便逐渐清晰起来，关键就在于纠正 1998 模式资本配置方式所产生的扭曲，提高国民经济的资本配置效率。下文我们基于 Fazzari 等（1988）、Fazzari 和 Petersen（1993）、Hubbard 等（1995）、Hubbard（1998）提出的信息不对称条件下企业投资决策模型（简称 FHP 模型），将研究对象拓展至异质性企业，并引入金融抑制，讨论融资约束究竟是如何影响私营企业进行转型投资的。

四、以资本误配置视角理解私营企业转型投资困境

首先，我们给出关于异质性企业的切入角度。异质性企业概念是经济学者放松新古典经济理论中代表性企业假设之后提出的，而将异质性经济主体（包括消费者、厂商等）引入经济学理论分析是现代经济学研究发展的主要趋势之一。目前，对于中国经济问题具有较强解释力的理论大多在分析过程中引入了企业异质性（Song et al.，2011；Allen et al.，2005）。常见的处理方法是按照不同所有制特征，将企业划分为国有和私营两类，假设国有企业具有较低的生产率和较宽松的外部融资约束，私营企业则具有较高的生产效率和较苛刻的外部融资约束，分别分析后进行对比。这样处理的好处在于清晰且直观，缺点则是过于强调两类企业之间的差异，忽视了两者之间的共性及相互影响。本节分析的理论基础是信息不对称条件下的企业投资决策模型。在该模型中，企业投资决策及融资成本与项目净值密切相关（Hubbard，1998）。因此，我们将尝试使用净值作为划分企业异质性的标准。现实中，上述划分是存在依据的，在不考虑腐败因素影响的情况下，开展项目净值较大的私有企业，如苏宁、联想、吉利、万达、华为、阿里巴巴以及区域性大型私营企业等，与国有企业在特征上的差异远小于净值较小的私营企业。如果深入探讨其中的原因，可能是这些私营企业更易于同政府建立联系，从而获得与国有企业类似的资源（于蔚等，2012）。

其次，模型没有考虑非正规金融系统，而是引入了金融抑制。这样处理的原因在于：第一，金融市场向生产率效率较高的经济部门提供低成本的资金是市场配置的基本原则，但在 1998 模式中混合所有制经济发展要求下，资本配置并未按照上述规则进行。因此，即使这种配置方式存在合理性，但仍属资本误配置。从最终目的来说，消除金融抑制与“规模换效率”路径的内在逻辑是一致的，都

是为了在金融市场发展与经济增长之间建立良性关系。第二，造成资本误配置的原因是正规金融系统配置方式所产生的市场扭曲，而不是非正规金融系统，因此，当前私营企业转型投资不足问题的解决关键在于如何纠正正规金融系统的资本误配置，提高实体经济资本配置效率。第三，现实中对非正规金融系统的量化非常困难，很难对相关理论命题进行实证检验。

1. 异质性企业投资决策模型

假设存在一个封闭的经济体，包含按净值划分的两类企业、政府、银行三个部门。其中，企业通过开展项目进行生产，项目资金来源有内部融资、外部融资与政府补贴；政府进行税收并向企业所投资的项目提供补贴，银行提供外部融资。按照 FHP 模型的经典假设，企业的资金需求曲线位置是由投资收益决定的，供给曲线是由投资风险（或投资成本）决定的。由于企业在进行外部融资过程中存在信息不对称，所以，企业面临的资金供给曲线是倾斜的。假设银行资金供给是有限的，不可能满足所有企业的需要，只能将有限的资金按一定比例在不同企业之间进行配置。我们在上文分析中暂不考虑金融抑制与政府。为了刻画企业转型投资决策，我们给出以下重要假设：如果企业无法获得合意投资①，将不会进行项目投资。这就剔除了企业投资决策的内部解，所以企业面对的是一个“接受或放弃”（take-it-or-leave-it）的选择，这里我们将其理解为企业是否决定进行转型投资。

如图 11-3 所示，横轴表示融资规模 K，纵轴表示融资价格 r，S 是资本供给曲线，W 是净值，在以基准利率 r_0 耗尽 W 之后，如果产出减去外部融资成本之后大于（$1+r_0$）W_0，企业将进行外部融资，并面临斜率为 α 的资本供给曲线 S，上述假设与 Hubbard（1998）的研究一致。不同之处在于，r^* 和 K^* 是由异质性企业共同决定的。假设存在两个风险中性的企业 h 和企业 l，两者净值不同（$W^{\mathrm{l}}<W^{\mathrm{h}}$，我们可以视净值较小的企业 l 为私营企业，将净值较大的企业 h 视为国有企业），W^{l} 到左边纵轴的距离要小于 W^{h} 到右边纵轴的距离。S^{h} 和 S^{l} 斜率相同，且 S^{h} 与 l 的需求曲线 D^{l} 重合，而 S^{l} 与 h 的需求曲线 D^{h} 重合，中间的虚线代表中线。按照 MM 定理，如果不存在信息不对称，则外部融资与内部融资价格一致，企业所面临的资本供给曲线与横轴平行，资本的需求曲线与供给曲线不再重合。在需求曲线不变的情况下，可以得到企业的合意融资水平，即 $\left|W_0^{\mathrm{l}}W_0^{\mathrm{h}}\right|$，因此，就得到了企业进行转型投资所要募集的资金量。

① 这里的合意融资水平指的是在企业面临一条平行资金供给曲线情况下所获得的外部融资水平，同时可以视为企业进行转型投资所需的资金水平。一旦企业达到合意融资水平，则企业至少能够获得与不转型一样的收益，在转型决策上实现激励相容。

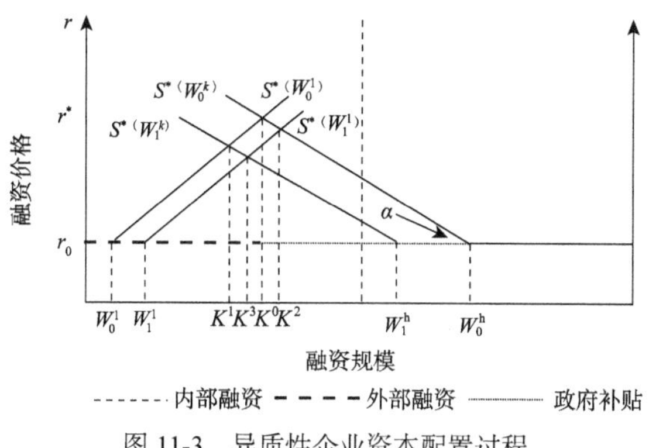

图 11-3 异质性企业资本配置过程

在 0 状态下，$S^{\mathrm{h}}(W_0)$ 和 $S^{\mathrm{l}}(W_0)$ 共同确定了企业外部融资规模 $\left|W_0^{\mathrm{l}}W_0^{\mathrm{h}}\right|$、融资价格 r 以及外部融资分配比例 K^0，其中，$\left|W_0^{\mathrm{l}}K^0\right|$、$\left|W_0^{\mathrm{h}}K^0\right|$ 分别是企业 l 和企业 h 的外部融资规模。此时，企业 1 与企业 h 均未达到合意融资水平，因此，都不会进行转型投资；由于 $S^{\mathrm{h}}(W_0)$ 和 $S^{\mathrm{l}}(W_0)$ 斜率一样，无论是企业 h 还是企业 l，各自获得了一半外部融资，表示为 $\left|W_0^{\mathrm{l}}K^0\right|=\left|W_0^{\mathrm{h}}K^0\right|$。根据比较静态分析，$W_0^{\mathrm{h}}\to W_1^{\mathrm{h}}$，$S^{\mathrm{h}}(W_0^{\mathrm{h}})\to S^{\mathrm{h}}(W_1^{\mathrm{h}})$，因此，$K^0\to K^1$。企业 l 和企业 h 的外部融资规模分别变为 $|W_0^{\mathrm{l}}\ K^1|$、$|W_0^{\mathrm{h}}\ K^1|$，且 $\left|W_0^{\mathrm{l}}K^1\right|=\left|W_0^{\mathrm{h}}K^1\right|$，但 $\left|W_0^{\mathrm{l}}W_0^{\mathrm{h}}\right|>\left|W_1^{\mathrm{l}}W_1^{\mathrm{h}}\right|$。企业净值与从银行获得外部融资比例无关，但与从银行获得的外部融资规模成反比。类似地，当企业净值变为 K^2 和 K^3 时，结论也是一致的。根据上述分析，我们得到命题 11-1。

命题 11-1：在图 11-3 所给出的理论假设下：第一，由于无法募集到足够的资金，无论是哪类企业，均不会选择进行转型投资；第二，企业净值与企业获得的外部融资占总的外部融资比例无关；第三，无论哪类企业，净值增加均能降低总的外部融资价格，反之，则会提高总的外部融资价格。

我们依次对命题 11-1 的三点研究结论进行解释。第一点的经济含义很直观，仅依靠市场力量无论哪种类型的企业均很难获得足够的资金用来进行转型，所以，正常情况下，企业大多不会进行转型投资，只会选择进行增量投资或不投资。现实中的情况也是如此，如图 11-4 所示，按照鄢萍（2012）基于 2005~2007 年工业企业数据库计算的工业企业投资率，高达 35%的企业投资率等于或者接近 0，换言之，大多数企业不会主动进行大幅的投资调整。由于工业企业数据库包含了规模以上私营企业和所有的国有企业，所以具有较强代表性。

命题 11-1 的第二点表明，由于没有考虑政府，企业资金来源就只有内部融资和外部融资。内部融资规模是外生给定的，所以可得出如下结论：第一，总的外部规模是固定的；第二，两类企业的资金供给曲线斜率共同决定了各自获得外部融资的比例。按照 FHP 模型假设，在不考虑金融抑制的情况下，资金供给曲线

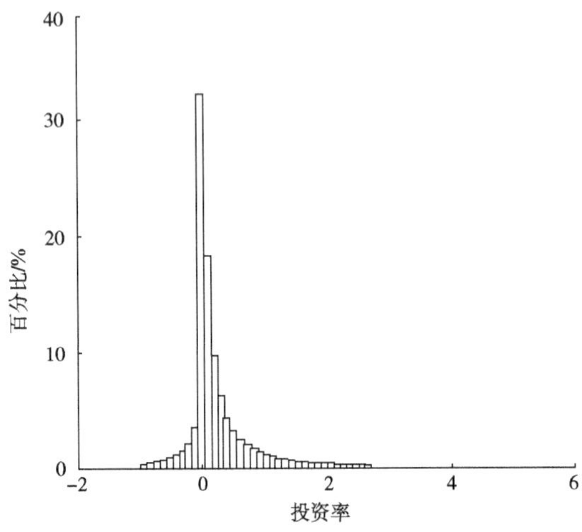

图 11-4　2005~2007 年规模以上企业投资率

斜率完全是由信息不对称水平决定的，也就是说，哪类企业与银行间的信息不对称水平越低，则哪类企业的资金供给曲线斜率就越小，就能够获得更高比例的资金。由于中国金融市场是由银行主导的，每家银行均拥有一批保持长期联系的客户群。无论是大型股份制商业银行还是城市商业银行，一旦企业成为银行的固定客户，随着双方的业务往来，企业与银行之间的信息不对称水平会逐渐降低。因此，我们在理论假设中所给出的两条资金供给曲线斜率是相同的。

命题 11-1 的第三点表明，给定某类企业净值水平，则另外一类企业的净值越高，所有企业所需募集的外部融资规模就越小。因为一旦给定企业进行转型所需的投资规模，企业内部融资规模的增加意味着资本供给曲线向外平移，这将导致外部融资规模减小。所以，除了资金供给曲线斜率以外，企业净值是决定外部融资分配比例 K^0 的另一个重要因素。

2. 企业进行转型投资的实现条件

按照命题 11-1 的研究结论，由于仅依靠内部融资和外部融资任何企业都无法获得合意融资，所以，最终均衡是所有企业都不会进行转型投资。我们对上述情况进行拓展，在原有假设基础上引入政府。为了简化讨论过程，本节引入一个重要假设，即政府能够观察到所有企业转型所需的合意融资水平。这是一个不太符合现实的理论假设。由于在专业知识、市场运营等诸多方面企业与政府之间存在信息不对称，所以政府在对企业补贴过程中往往会产生大量信息租金，但这属于政府补贴效率范畴，与所关注的核心问题无关。

仍然借助图 11-3，假设净值为 W_0^1 和 W_0^h 的两类企业 h 与 l 完成内部融资及外部融资之后，在 0 状态下达到均衡点 K^0 。按照之前我们对命题 11-1 的讨论，很

容易得到企业融资之和与合意融资水平之间的差距，如果政府要推动企业转型的话，这就是政府所应提供的补贴额度。以企业 l 为例，W_0^l 是企业 l 的内部融资水平，$\left|W_0^l K^0\right|$ 是企业 l 的外部融资规模，进行转型的合意融资规模为 $\left|W_0^l W_0^h\right|$，$\left|W_0^h K^0\right|$ 就是政府为促进企业 l 转型向其提供的补贴规模。不难发现，这也是企业 h 获得的外部融资水平。根据对偶原则，企业 h 获得的外部融资水平就是企业 l 进行转型所获得的政府补贴水平。按照边际优化原则，企业 i 自发进行转型投资的条件为

$$\psi^i = \frac{\mathrm{MP}_r^i}{r^*} = \frac{\mathrm{MP}_t^i}{t^i} \tag{11-1}$$

其中，MP_r^i 和 MP_t^i 分别为企业 i 转型之后形成的新生产函数中外部融资与政府补贴的边际产出；而 r^* 和 t^i 分别为市场利率与对企业 i 进行政府补贴的价格，式（11-1）表示在企业新生产函数中，不同类型资金来源的边际贡献与其价格的比例相同，ψ^i 是每一单位资金的边际产出，在企业 i 自发进行转型投资的条件下，包括企业内部融资、外部融资和政府补贴在内的每单位资金均实现了产出最大化。上述过程分为以下两步：第一步，给定企业 l 与企业 h 的净值，确定 K^0、利率 r^* 以及 ψ^i；第二步，政府对企业进行补贴，使得

$$\psi^i = \frac{\mathrm{MP}_t^i}{t^i}$$

这里需要指出的是，ψ^l 是否等于 ψ^h 取决于企业生产函数，如果两类企业的生产函数相同，则 $\psi^l = \psi^h$，此时企业 i 均达到自发进行转型投资的条件，且不存在套利条件，两类企业的生产函数不相同时，则 $\psi^l \neq \psi^h$，此时企业 i 各自达到自发进行转型投资的条件，且仍然存在套利条件。通过上述分析，得到命题 11-2。

命题 11-2：在图 11-3 所描述的理论假设下，异质性企业 i（$i \in \{h, l\}$）自发进行转型投资的条件为

$$\psi^i = \frac{\mathrm{MP}_r^i}{r^*} = \frac{\mathrm{MP}_t^i}{t^i}$$

3. 金融抑制对异质性企业转型投资决策的影响

在引入政府因素并得到企业自发进行转型投资的条件之后，我们进一步放松关于金融抑制的假设，重点讨论金融抑制对企业自发进行转型投资条件的影响。假设净值较小的企业 l 面临金融抑制，资金供给曲线为 $S^l(W_0^l) \to S^l(W_0^l)'$，不难发现，企业 l 面临的资金供给曲线更为陡峭（图 11-5），这说明获得同样规模外部融资耗费的成本更高，而企业 h 没有变化，外部融资均衡点为 $K^0 \to K^1$。在新

均衡点 K^1 下，企业 1 的内部融资没有变化，但外部融资 $\left|W_0^1K^1\right|$ 规模减小，达到合意融资所需的政府补贴 $\left|W_0^{\mathrm{h}}K^0\right|$ 变大，外部融资价格增加。根据对偶原则，企业 h 所获得的外部融资规模变大，所需的政府补贴规模变小。企业 1 自发进行转型投资的条件为

$$\psi^{1\prime}=\frac{\mathrm{MP}_r^{1\prime}}{\gamma}=\frac{\mathrm{MP}_t^{1\prime}}{t^i} \tag{11-2}$$

其中，γ 表示引入金融抑制约束之后所产生的影子价格，且 $\gamma>r^*$；ψ' 表示引入金融抑制之后，资本配置达到均衡时的比例。通过上述分析，可以得到命题 11-3。

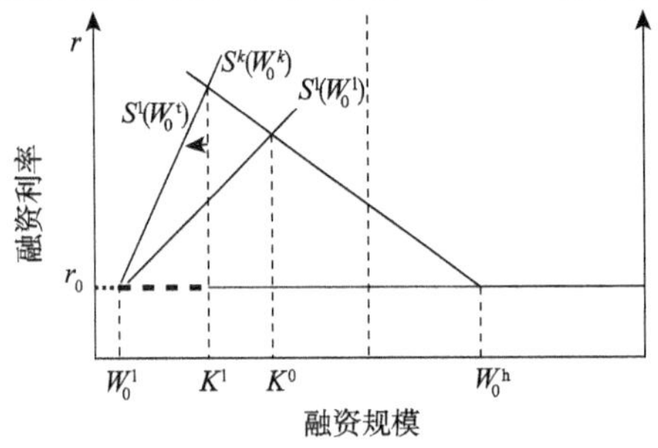

图 11-5　存在金融抑制下的信息不对称与异质性企业投资

命题 11-3：在图 11-5 给出的假设下：第一，金融抑制导致更高的融资价格；第二，金融抑制会对企业获得的外部融资占总的外部融资比例产生影响，导致企业 1 获得的外部融资规模减小，达到合意融资所需的政府补贴增加，相应地，企业 h 获得的外部融资规模增加，达到合意融资所需的规模减小；第三，异质性企业 i（$i\in\{\mathrm{h},\mathrm{l}\}$）进行转型投资的条件为

$$\psi^{i\prime}=\frac{\mathrm{MP}_r^{i\prime}}{\gamma}=\frac{\mathrm{MP}_t^{i\prime}}{t^i}\text{，}\gamma>r^*$$

4. 现实中的常见情况

如果政府通过补贴推进企业转型，根据命题 11-3，金融抑制会导致对企业 1 的补贴增加，而对企业 h 的补贴减少。然而，现实与命题结论是相反的，政府补贴同样存在扭曲。为了对上述情况进行讨论，本节将分析现实中的一种常见情况，即规模较小且面临转型压力的私营企业无法从银行中获得融资。如图 11-6 所示，企业 1 面临一条垂直的资本供给曲线，表明企业 1 无法获得外部融资，只能靠政府补贴达到合意融资水平，相应地，企业 h 只依靠外部融资便可达到合意融资水平。两个企业的转型投资条件变为

$$\psi_e^{\mathrm{l}} = \frac{\mathrm{MP}_t^{\mathrm{l}}}{t^{\mathrm{l}}}，\ \psi_e^{\mathrm{h}} = \frac{\mathrm{MP}_r^{\mathrm{h}}}{\gamma^{\mathrm{h}}} \tag{11-3}$$

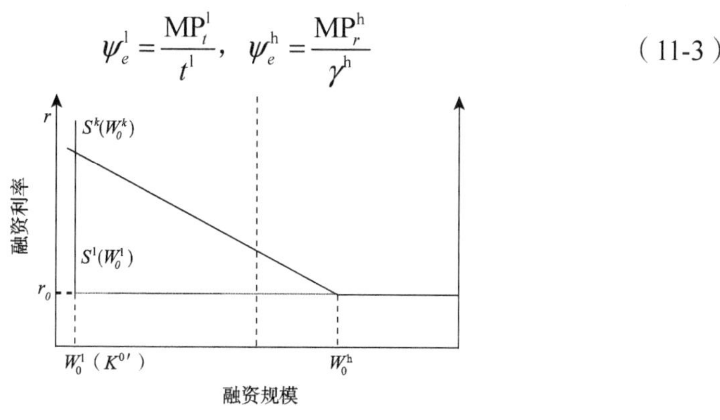

图 11-6　现实中的常见情况

命题 11-4：在图 11-6 所给出的理论假设下，企业进行转型投资的条件分别为$\psi_e^{\mathrm{l}} = \frac{\mathrm{MP}_t^{\mathrm{l}}}{t^{\mathrm{l}}}$和$\psi_e^{\mathrm{h}} = \frac{\mathrm{MP}_r^{\mathrm{h}}}{\gamma^{\mathrm{h}}}$，且$\psi_e^{\mathrm{l}} \neq \psi_e^{\mathrm{h}}$。

根据命题 11-4 的结论，由于无法从银行获得外部融资，企业 l 转型只能完全依靠政府补贴，而企业 h 的情况恰恰相反，只需外部融资便可达到合意融资水平，从而进行转型。

5. 关于资本误配置的进一步讨论

如果不考虑非正规金融系统对资本配置效率的提升，1998 模式所展现出的经济增长速度与资本配置能力并不匹配。根据之前的讨论，未能给出中国式“金融发展”悖论的经济解释是由于 La Porta 等学者的理论忽略了混合所有制经济这一重要特征，并且未能意识到“规模换效率”路径暂时降低了资本配置效率对经济增长的重要性。因此，从资本误配置视角出发，1998 模式是在特定所有制经济结构约束下，以次优解而非最优解为目标形成的，“非正规金融系统-私营经济部门”和“正规金融系统-国有经济部门”两组体系均衡之间存在割裂。这里存在一个明显的帕累托改进，即促使 1998 模式中原本流向国有经济部门的廉价资金，转而流向私营经济部门。上述讨论表明，1998 模式是一个由计划经济向市场经济转换过程中出现的合意收敛过程，而非最终均衡。1998 模式对资本配置扭曲所蕴含的风险内生于混合所有制经济发展过程当中，一旦混合所有制经济发展遇阻，资本误配置所产生的弊端便会显现，反过来影响经济增长。国际金融危机之后，国民经济发展所遇到的一系列问题，如产能过程、环境污染和投机泛滥等，所释放的信号就是中国经济增长模式在向市场经济制度收敛过程中已度过合意期，特别是原有资本配置方式所造成的扭曲已经很难不被重视。那么，通过之前分析所得到的理论命题，1998 模式的资本配置方式究竟是如何扭曲效率，并且进一步影响私营企业转型投资决策的呢?

首先，根据命题 11-1 和命题 11-3，当企业存在净值区别且不存在金融抑制时，不同企业获得的外部融资规模是一样的，而在引入对净值较小企业的金融抑制之后，两者的比例便出现了变化，没有面临金融抑制的企业所获得的外部融资规模上升，而面临金融抑制的企业所获得的外部融资规模下降，表明金融抑制导致净值较小的企业在面临转型时更加难以从市场中获得资金，增加了这部分企业进行转型的难度。现实中，净值较小的企业往往是私营企业，并且面临来自正规金融系统的金融抑制。更重要的是，企业面临金融抑制的原因并非是生产率或利润率等市场因素，而是非市场因素，结合林毅夫（2002）、林毅夫和李志赟（2005）等关于国有企业与金融市场的讨论不难发现，1998 模式下的金融抑制主要是由政府干预及资本配置方式造成的，这是 1998 模式对资本配置效率扭曲最直接的体现。因此，一些学者（方军雄，2006，2007；白重恩等，2006）通过实证研究发现推进市场化改革能够有效纠正金融市场扭曲，从而提升实体经济资本配置效率。

其次，除了外部融资之外，政府在推动私营企业转型过程中发挥着至关重要的作用。由于这里所讨论的是企业转型投资，带有非凸性质，所以我们假设企业必须达到合意融资水平才会进行转型投资。按照命题 11-2 和命题 11-3，由于信息不对称和金融抑制的存在，企业不可能从金融市场中获得足够的外部融资用于转型，必须要依靠政府补贴。为了能将问题讨论集中在资本配置上，我们做出了政府与企业之间不存在信息不对称（即政府可以观察到企业转型所需的合意融资规模）这个很强的假设。但现实中，政府与企业之间存在的信息不对称程度要远高过银行与企业之间的程度，更重要的是，由于国有经济部门对经济命脉的掌握以及与政府之间千丝万缕的联系，当国有经济部门陷入经营困境时，政府具有很强的动机向其提供“非债非股”的政府补贴，而私营经济部门却很难享受这种待遇。因此，在政府补贴方面，私营经济部门面临比金融市场更严重的歧视。综上所述，现实情况与命题中的结论正好相反，获得外部融资较多的国有大型企业容易获得大量政府补贴，而外部融资较少的私营企业却很难获得政府补贴。结合命题 11-4 中所描述的情况，不难发现，政府补贴扭曲是导致私营经济部门转型缓慢的另外一个重要原因。

五、政策启示

本节通过对中国式“金融发展悖论”的经济解释以及一个简单的异质性企业投资模型论证，在产权、投资者保护等制度不完善以及正规金融系统与非正规金融系统分割的情况下，1998 模式存在较为严重的资本误配置问题，导致资本配置效率偏低，但私营经济部门持续扩张暂时缓解了经济增长对资本配置效率的要求。2008 年国际金融危机之后，私营经济部门扩张速度减缓，面临的转型压力增加，但受限于 1998 模式下的资本误配置，正规金融系统很难为其转型提供足够的资金支持，私营企业面临的融资约束趋紧，加上政府补贴存在的扭曲，私营经济部门转型变得更加困难。综合以上研究结论，按照推进金融市场化改革的紧迫性以及若干重要事项，可以得到以下一系列重要的政策启示。

（1）通过资本配置效率提升推进混合所有制经济发展是适应经济“新常态”的基本要求。

混合所有制是中国经济的基本制度。当前，能否在特定的外部环境下推动混合所有制经济发展是检验一项制度安排是否适用于中国最基本的标准。1998 模式成功的主要原因就在于资本配置方式符合当时混合所有制经济发展要求，而目前结构性经济转型的困难也在于固化的资本配置方式难以满足私营经济转型要求，影响了混合所有制经济发展。事实上，在 1998 模式中，资本配置方式的形成与混合所有制经济的发展是相互作用的过程。按照发展外向型经济与国有企业扭亏进而做大做强的生产要素配置要求，国有经济部门将低端制造业向私营经济部门剥离，转而向垄断行业集中，需要大量廉价资金，而承接低端制造业的私营经济部门更加依赖廉价劳动力，在不同的生产要素诉求下，1998 模式私营经济与国有经济两部门生产函数中的均衡比例是截然不同的。然而，在适应经济“新常态”的基本要求下，混合所有制经济出现的一个新特点是，无论是国有经济部门，还是私营经济部门，均需要通过资本深化实现进一步发展。换而言之，私营经济部门与国有经济部门生产函数中的 K/L 比例要求趋于统一，资本逐渐取代劳动力成为私营经济部门的基础要素。在货币供给水平给定的前提下，这无疑对资本配置效率提出了更高的要求。因此，围绕原有的资本配置方式，推动相关制度安排和经济结构调整，就成为经济“新常态”中需要解决的重点问题。

（2）推进金融市场化改革需要与推进国有企业改革相互协调。

按照 Song 等（2011）的研究，在市场享有无限劳动力资源的假设下，虽然国有企业面临宽松的融资约束，但其生产效率低于私营企业，因此，私营企业最终仍会利用效率优势将国有企业挤出市场。现实中，即使是中国这样的劳动力大国，劳动力资源也并非是无限的，上述结论显然并不成立，但是，国有企业依赖廉价资本与缺乏效率却是不争的事实。一旦中央政府推进金融市场化改革，资本配置方式将在主动和被动两个维度向市场化方向调整，势必较大幅度地提高国有经济部门资金使用成本，这将对整个国有经济部门产生系统性冲击，从而对混合所有制经济产生二重影响。为了应对上述情况，党的十八届三中全会通过的《中共中央关于全面深化改革若干重大问题的决定》中提出了新的国有经济改革思路，各地区也纷纷出台相关政策推动国有企业改革。然而，目前学术界与政府部门关于国有企业改革如何推进的争议仍然很大，根据以往经验，贸然推进国有企业改革会出现非常严重的后果，这在一定程度上会对金融市场化改革形成制约。综上所述，金融市场化改革应以国有企业改革作为前提，与其相互协调。事实上，无论是金融市场化改革，还是国有企业改革，其目的均是促进资源以更高效的方式配置，难点是在两者的改革进程如何匹配，消除由制度安排变化所产生的摩擦。

（3）破解私营经济部门融资难题的关键在于短期发展多样化的金融机构，长期推动相关制度建设。

根据 La Porta 等学者的理论与实证研究，产权、投资者保护等制度对于金融市场资金配置能力发挥具有非常重要的作用，这是发达国家金融市场强于发展中国家的根本原因。然而，目前中国在经济领域的法制建设已出现了明显滞后，很难满足推动经济增长的需求，阻碍了金融市场效率提升。因此，中央政府与全国人大应进一步加快推进社会主义经济法制建设，特别是要减少政府对金融市场的行政干预，转而通过法律手段进行管理，为金融市场化改革提供制度保障。这是推进金融市场改革所要完成的长期工作，也是破解私营经济部门融资约束的根本办法。

更为现实的是，按照上文的讨论，由于金融市场化改革的长期性和复杂性，只能采取渐进式改革。因此，我们仍然要寻求短期内缓解私营企业所面临的融资约束，推动私营经济部门转型。在这种情况下，放松监管与金融创新是比较好的解决办法。具体来说，第一，鼓励金融创新，发展多样化的金融机构，扶持发展一批专门服务于私营经济部门的民间中小商业银行以及具有较强实力与市场经验的城市商业银行；第二，放松金融监管，通过定向降低准备金以及利率优惠的方式，增加其服务私营经济部门的愿望，缓解私营经济部门的融资约束，增强金融市场对私营企业转型的支持力度。

（4）鉴于结构性经济转型的长期性，短期内仍要注重发挥投资稳定经济的作用，这是经济“新常态”的重要特征。

投资是 1998 模式成功的主要手段之一。2008 年国际金融危机对中国经济冲击是系统性的，这预示着未来中国经济增长模式的资本配置方式将更趋向于市场化规则。但这并不表示当前投资拉动经济增长的重要性被弱化。由“规模换效率”路径向“使市场在资源配置中起决定性作用”的转变将是一项长期工程，需要完成制度建设、人才储备、政府管理职能转变、产业结构调整等诸多艰巨工作，而稳定的经济增长是上述工作完成的重要保障，否则很可能出现社会不稳定而使之前的努力前功尽弃的情况。所以，在未来相当长的一段时间内，依靠投资来保持适度的经济增长速度仍是非常重要的。经济增长速度适宜也是经济“新常态”的重要特征。

最后需要说明的是，我们所提出的仅是一个基础性分析框架，目的是讨论

1998 模式的银行资本误配置及其如何影响私营经济部门转型投资决策。这一分析框架可以从多个维度进行拓展和细化，从而更加深入地讨论中国金融市场存在的资本误配置问题以及内在机理。一是引入更复杂的实物期权理论，对转型风险进行量化，讨论私营企业自发进行转型投资成功的实现预期与其投资决策之间的关系；二是引入投资调整成本与投资不可逆，讨论私营企业自发进行转型投资的条件；三是向经验研究进行拓展，对金融抑制情况下的企业转型投资决策行为进行实证分析。

第三节　本 章 小 结

本章在总结中国式“投机资本过剩–投资资本短缺”资本配置失衡现象的基础上，对资本配置失衡以及中国式“金融发展悖论”两个问题进行了全面分析，从理论层面全面讨论了两个问题的特征、微观机理及对宏观政策的影响等一系列问题。

2008 年国际金融危机之后，实体经济与资本收益间出现的利差所导致的经济虚拟化是中国式“投机资本过剩–投资资本短缺”资本配置失衡现象出现的直接原因，而深层原因则是 1998 模式下的资本配置方式自身弊端显现，这是由中国 1998 模式特有的驱动方式内生决定的，由此所产生的投资资本“短缺”与投机资本“过剩”的悖论将成为未来中国经济发展和转型升级面临的主要矛盾。更为严重的是，这一现象还会削弱宏观经济调控效果，加快财政政策传导路径异化过程，并导致货币政策对经济虚拟化的影响非线性。毋庸置疑，解决上述问题的根本在于改变经济增长方式，提高实体经济投资收益率并推进金融市场改革，提升资本配置效率，降低虚拟经济投机溢价。

随后，我们又通过对中国式“金融发展悖论”的经济解释以及一个简单的异质性企业投资模型论证了在产权、投资者保护等制度不完善以及正规金融系统与非正规金融系统分割的情况下原有发展模式存在的资本误配置问题。2008 年国际金融危机之后，私营经济部门扩张速度减缓，面临的转型压力增加，但受限于 1998 模式下的资本误配置，正规金融系统很难为其转型提供足够的资金支持，私营企业面临的融资约束趋紧，加上政府补贴存在的扭曲，私营经济部门转型变得更加困难。推动相关制度安排和经济结构调整，就成为经济“新常态”中需要解决的重点问题。因此，推进金融市场化改革需要与推进国有企业改革相互协调，并在长期推动相关制度建设。

参 考 文 献

白重恩，路江涌，陶志刚. 2006. 国有企业改制效果的实证研究[J]. 经济研究，8：4-13.

蔡明超，黄徐星，赵戴怡. 2011. 房地产市场反周期宏观调控政策绩效的微观分析[J]. 经济研究，（S1）：80-89.

昌忠泽. 2010. 房地产泡沫、金融危机与中国宏观经济政策的调整[J]. 经济学家，（7）：69-76.

陈斌开，杨汝岱. 2013. 土地供给、住房价格与中国城镇居民储蓄[J]. 经济研究，（1）：110-122.

陈长石，刘晨晖. 2013. 城市商业银行发展对地级市资本配置效率影响的实证研究[C]. 中国工业经济学会年会.

陈健，陈杰，高波. 2012. 信贷约束、房价与居民消费率——基于面板门槛模型的研究[J]. 金融研究，（4）：45-57.

陈抗，Hillman A L，顾清扬. 2002. 财政集权与地方政府行为变化——从援助之手到攫取之手[J]. 经济学，（1）：111-130.

陈彦斌，邱哲圣. 2011. 高房价如何影响居民储蓄率和财产不平等[J]. 经济研究，（10）：25-38.

陈燕嵩，余建国. 2002. 调整财税政策压缩金融泡沫[J]. 三峡大学学报（人文社会科学版），（1）：72-74.

褚玦海. 2001. 中国期货市场风险研究[M]. 北京：中国财政经济出版社.

戴园晨. 1999. “投资乘数失灵”带来的困惑与思索[J]. 经济研究，（8）：35-39.

邓富民，王刚. 2012. 货币政策对房地产价格与投资影响的实证分析[J]. 管理世界，（6）：177-179.

邓宏图. 2004. 转轨期中国制度变迁的演进论解释——以民营经济的演化过程为例[J]. 中国社会科学，（5）：130-140,208.

丁菊红，邓可斌. 2008. 政府偏好、公共品供给与转型中的财政分权[J]. 经济研究，（7）：78-89.

杜莉，沈建光，潘春阳. 2013. 房价上升对城镇居民平均消费倾向的影响——基于上海市入户调查数据的实证研究[J]. 金融研究，（3）：44-57.

杜兆瑜，吴奉刚. 2011. 当前我国房地产市场泡沫的成因、对策[J]. 广西财经学院学报，24（1）：63-67.

段忠东. 2012. 房地产价格与通货膨胀、产出的非线性关系——基于门限模型的实证研究[J]. 金融研究，（8）：84-96.

樊纲. 2000. 论体制转轨的动态过程——非国有部门的成长与国有部门的改革[J]. 经济研究，

（1）：11-21，61-79.
方军雄. 2006. 市场化进程与资本配置效率的改善[J]. 经济研究，（5）：50-62.
方军雄. 2007. 所有制，制度环境与信贷资金配置[J]. 经济研究，（12）：82-92.
丰雷，朱勇，谢经荣. 2002. 中国地产泡沫实证研究[J]. 管理世界，（10）：57-64，75，156.
高培勇. 2008. 中国财税体制改革 30 年研究——奔向公共化的中国财税体制改革[M]. 北京：经济管理出版社.
戈拉德 A，温爱莲. 2007. 金融化与世界经济[J]. 国外理论动态，（7）：14-21.
葛新权. 2005. 泡沫经济计量模型研究与应用[J]. 数量经济技术经济研究，（5）：67-78.
贡慧，陈建安. 2012. 日本政府财政支出的经济增长效应及启示[J]. 当代财经，（2）：43-50.
郭庆旺，贾俊雪. 2006. 地方政府行为、投资冲动与宏观经济稳定[J]. 管理世界，（5）：19-25.
国家计委综合司课题组. 1999. 90 年代我国宏观收入分配的实证研究[J]. 经济研究,（11）:3-12.
韩冬梅,刘兰娟,曹坤. 2008. 基于状态空间模型的房地产价格泡沫问题研究[J]. 财经研究,（1）:126-135.
韩立岩，王哲兵. 2005. 我国实体经济资本配置效率与行业差异[J]. 经济研究，（1）：77-84.
洪银兴. 1997. 地方政府行为和中国市场经济的发展[J]. 经济学家，（1）：41-49，126.
洪银兴，曹勇. 1996. 经济体制转型的地方政府功能[J]. 经济研究，（5）：22-28.
胡书东. 2002. 中国财政支出和民间消费需求之间的关系[J]. 中国社会科学，（6）：26-32，204.
怀仁，李建伟. 2014. 我国实体经济发展的困境摆脱及其或然对策[J]. 改革，（2）：12-27.
黄卫华. 2009. 国际游资流入的经济影响与应对策略[J]. 财经论丛，（3）：48-53.
姜春海. 2005. 中国房地产市场投机泡沫实证分析[J]. 管理世界，（12）：71-84，171-172.
姜德增. 2006-06-27. 警惕游资涌入催生经济泡沫[N]. 中国经济时报，第 4 版.
蒋昌力. 2014. 对我国虚拟经济与实体经济发展脱节的反思——基于日美泡沫经济破灭的启示[J]. 金融与经济，（7）：44-46.
蒋祥林，苗明. 2010. 基于 DSGE 的房地产市场结构与宏观经济波动关系的研究[C]. 第十届中国经济学年年会.
金雪军，张雪芳，李红坤. 2006. 国际游资流入对我国宏观经济冲击机制分析[J]. 浙江大学学报（人文社会科学版），（2）：112-121.
况伟大. 2008. 中国住房市场存在泡沫吗[J]. 世界经济，（12）：3-13.
况伟大. 2010. 预期、投机与中国城市房价波动[J]. 经济研究，（9）：67-78.
冷兆松，赵尚梅. 1997. 对游资宜以堵为主[J]. 经济学家，（4）：120-122.
李红坤. 2005. 国际游资流入效应及其防范[J]. 统计研究，（11）：43-47.
李宏舟. 2008. 日本资产价格泡沫发生机制研究[J]. 现代日本经济，（3）：11-15.
李捷瑜. 2008. 中国股市投机泡沫的膨胀与破裂：机制转换模型的应用[J]. 南方经济，（2）：30-40.
李青原，李江冰，江春. 2013. 金融发展与地区实体经济资本配置效率[J]. 经济学（季刊），（2）：

527-547.

李巍，张志超. 2011. 通货膨胀与房地产价格对实体经济的冲击影响——基于不同货币政策规则的 DSGE 模型分析[J]. 华东师范大学学报（哲学社会科学版），（4）：82-94.

李扬. 1998. 中国经济对外开放过程中的资金流动[J]. 经济研究，（2）：14-24.

梁若冰，汤韵. 2008. 地方公共品供给中的 Tiebout 模型：基于中国城市房价的经验研究[J]. 世界经济，（10）：71-83.

林毅夫. 2002. 发展战略、自生能力和经济收敛[J]. 经济学（季刊），（1）：269-300.

林毅夫，刘志强. 2000. 中国的财政分权与经济增长[J]. 北京大学学报（哲学社会科学版），37（4）：5-17.

林毅夫，李志赟. 2005. 中国的国有企业与金融体制改革[J]. 经济学（季刊），4（4）：913-936.

刘邦驰，耿虹，叶子荣. 2000. 现阶段我国“市场游资”的运行与监控[J]. 当代财经，（6）：29-34，80.

刘超. 2006. 我国社会游资绝对量与相对量分析[J]. 财经科学，（2）：9-15.

刘峰，李斌. 2011. 由我国分税制的实施看房地产市场泡沫[J]. 中国集体经济，(6)：119-120.

刘煜松. 2005. 股票内在投资价值理论与中国股市泡沫问题[J]. 经济研究，（2）：45-53.

刘志高. 1999. 当前我国社会游资问题研究[J]. 金融研究，（11）：78-81.

陆铭，欧海军，陈斌开. 2014. 理性还是泡沫：对城市化、移民和房价的经验研究[J]. 世界经济，（1）：30-54.

吕冰洋，郭庆旺. 2011. 中国税收高速增长的源泉：税收能力和税收努力框架下的解释[J]. 中国社会科学，（2）：76-90，221-222.

吕江林. 2010. 我国城市住房市场泡沫水平的度量[J]. 经济研究，（6）：28-41.

吕炜. 2001. 进入“后短缺时期”的中国经济[J]. 财经问题研究，（3）：3-11.

吕炜. 2003. 寻求积极财政政策难以淡出的体制性根源[J]. 改革，（4）：9-14.

吕炜. 2004. 体制性约束、经济失衡与财政政策——解析 1998 年以来的中国转轨经济[J].中国社会科学，（2）：4-17，204.

吕炜. 2006a. 现代公共财政的定位：一种分析框架[J]. 经济学家，（5）：91-98.

吕炜. 2006b. 转轨过程中的财政职能界定与实现——基于体制的评价与改革[J]. 世界经济，（11）：85-94.

吕炜. 2009. 中国式转轨：内在特性、演进逻辑与前景展望[J]. 财经问题研究，（3）：3-13.

吕炜，刘晨晖. 2012. 中国经济转轨中的游资规模变动：测度与解释[J]. 经济学动态，（6）：21-35.

吕炜，刘晨辉，陈长石. 2014. 游资变化，财政投资与房地产投机[J]. 经济学动态，（1）：63-72.

马才华，张金贵，方贵村. 1999. 中国股票市场中游资的分析[J]. 华东船舶工业学院学报，13（3）：55-59.

马光荣. 2014. 制度、企业生产率与资源配置效率——基于中国市场化转型的研究[J]. 财贸经济，（8）：104-114.
马洪潮. 2001. 中国股市投机的实证研究[J]. 金融研究，（3）：1-9.
马拴友. 2002. 积极财政政策：评价与展望[J]. 管理世界，（5）：8-21，152.
马亚明，刘翠. 2014. 房地产价格波动与我国货币政策工具规则的选择——基于 DSGE 模型的模拟分析[J]. 国际金融研究，（8）：24-34.
毛传新. 2001. 转轨中的地方政府行为主体：一种分析框架[J]. 上海经济研究，（12）：31-38.
毛寿龙. 1996. 中国政府功能的经济分析[M]. 北京：中国广播电视出版社.
尼斯坎南 W A. 2004. 官僚制与公共经济学[M]. 王浦劬，等译. 北京：中国青年出版社.
聂辉华，贾瑞雪. 2011. 中国制造业企业生产率与资源误置[J]. 世界经济，（7）：27-42.
潘爱民，韩正龙. 2012. 经济适用房、土地价格与住宅价格——基于我国 29 个省级面板数据的实证研究[J]. 财贸经济，（2）：106-113.
潘文卿，张伟. 2003. 中国资本配置效率与金融发展相关性研究[J]. 管理世界，（8）：16-23.
彭方平，胡新明，展凯. 2012. 通胀预期与央行货币政策有效性[J]. 中国管理科学，（1）：1-7.
皮建才. 2008. 中国地方政府重复建设的内在机制研究[J]. 经济理论与经济管理，（4）：61-64.
平新乔，白洁. 2006. 中国财政分权与地方公共品的供给[J]. 财贸经济，（2）：49-55，97.
瞿强. 2001. 资产价格与货币政策[J]. 经济研究，（7）：60-67，96.
邵学峰. 2007. 日本“泡沫经济”破裂后的税收政策评析[J]. 现代日本经济，（1）：40-43.
史永东，陈日清. 2006. 信息不对称、羊群行为与房地产市场中的居民破产[J]. 财经问题研究，（12）：211-230.
唐志军，徐会军，巴曙松. 2010. 中国房地产市场波动对宏观经济波动的影响研究[J]. 统计研究，（2）：15-22.
王朝才，封北麟. 2008. 中国完全可以避免重蹈日本泡沫经济覆辙[J]. 经济研究参考，（52）：2-18.
王成勇，艾春荣. 2010. 中国经济周期阶段的非线性平滑转换[J]. 经济研究，（3）：78-90.
王军. 2009. 中国财政制度变迁与思想演进（第一卷上）[M]. 北京：中国财政经济出版社.
王来福，郭峰. 2007. 货币政策对房地产价格的动态影响研究——基于 VAR 模型的实证[J]. 财经问题研究，（11）：15-19.
王立勇，张代强，刘文革. 2010. 开放经济下我国非线性货币政策的非对称效应研究[J]. 经济研究，（9）：4-16.
王少梅. 2013. 中国投机资本市场与投资资本市场失衡的实证研究——基于时间序列数据和面板数据的分析[J]. 宏观经济研究，（11）：27-36.
王世磊，张军. 2008. 中国地方官员为什么要改善基础设施？[J]. 经济学（季刊），7（2）：383-398.
王孝松，施炳展，谢申祥，等. 2014. 贸易壁垒如何影响了中国的出口边际？——以反倾销为例的经验研究[J]. 经济研究，49（11）：58-71.
王信. 2003. 近期我国短期资本流入的主要相关因素[J]. 国际金融研究，（3）：59-64.

王艺明. 2008. 房租资本化、模型误设与房地产投机泡沫：基于北京、上海和广州住房二级市场的研究[J]. 世界经济，（6）：59-68.

王永钦，包特. 2011. 异质交易者、房地产泡沫与房地产政策[J]. 世界经济，（11）：84-102.

翁士增. 2012. 浙江省社会游资总量框算、流向及监管路径设计[J]. 绍兴文理学院学报，（7）：101-106.

吴家曦，李华燊. 2009. 浙江省中小企业转型升级调查报告[J]. 管理世界，（8）：1-5.

吴立振. 2008. 金融开放背景下的国际游资问题研究综述[J]. 上海财经大学学报，10（3）：92-97.

吴群，李永乐. 2010. 财政分权、地方政府竞争与土地财政[J]. 财贸经济，（7）：51-59.

吴世农，许年行，蔡海洪，等. 2002. 股市泡沫的生成机理和度量[J]. 财经科学，（4）：6-11.

吴一平. 2008. 财政分权、腐败与治理[J]. 经济学，7（3）：1045-1060.

武锐，洪艳. 1997. 期货市场的过度投机现象及其防范[J]. 财贸研究，（3）：39-41.

夏斌，郑耀东. 1997. 中国社会游资变动分析[J]. 经济研究，（12）：14-17.

项怀诚. 2001. 中国：积极的财政政策[M]. 北京：中国财政经济出版社.

肖兴志，陈长石，齐鹰飞. 2011. 安全规制波动对煤炭生产的非对称影响研究[J]. 经济研究，（9）：96-107.

肖芸，龚六堂. 2003. 财政分权框架下的财政政策和货币政策[J]. 经济研究，（1）：45-53.

谢旭人. 2009. 中国财政 60 年[M]. 北京：经济科学出版社.

徐斌. 2003. 财政联邦主义理论与地方政府竞争：一个综述[J]. 当代财经，（12）：27-29.

徐现祥，王贤彬. 2010. 晋升激励与经济增长[J]. 世界经济，（2）：15-36.

徐现祥，李郇，王美今. 2007. 区域一体化、经济增长与政治晋升[J]. 经济学，6（4）：1075-1096.

徐迎军，李东. 2010. 基于马尔柯夫模型的商品房价格波动研究[J]. 统计研究，（6）：17-21.

徐忠，张雪春，邹传伟. 2012. 房价、通货膨胀与货币政策——基于中国数据的研究[J]. 金融研究，（6）：1-12.

鄢萍. 2012. 资本误配置的影响因素初探[J]. 经济学，（2）：489-520.

杨瑞龙. 1998. 我国制度变迁方式转换的三阶段论[J]. 经济研究，（1）：5-12.

杨帅，温铁军. 2010. 经济波动、财税体制变迁与土地资源资本化[J]. 管理世界，（4）：32-41.

姚洋. 2004. 泛利性政府——东亚模式的一个贡献[J]. 制度经济学研究，（4）：1-10.

姚洋. 2008. 作为制度创新过程的经济改革[M]. 上海：格致出版社，上海人民出版社.

叶祥松，晏宗新. 2012. 当代虚拟经济与实体经济的互动——基于国际产业转移的视角[J]. 中国社会科学，（9）：63-81.

易纲，王召. 2002. 货币政策与金融资产价格[J]. 经济研究，（3）：13-20.

易纲，林明. 2003. 理解中国经济增长[J]. 中国社会科学，（2）：45-60.

于蔚，汪淼军，金祥荣. 2012. 政治关联和融资约束：信息效应与资源效应[J]. 经济研究，（9）：125-139.

袁志刚，樊潇彦. 2003. 房地产市场理性泡沫分析[J]. 经济研究，（3）：34-43.
曾红霞，张岳君，曾向阳. 2004. 房地产泡沫的形成机理与防范[J]. 华中农业大学学报（社会科学版），（2）：62-64.
曾康霖. 2001. 财政货币政策的选择及效应评价[J]. 财贸经济，（7）：11-15.
曾五一，李想. 2011. 中国房地产市场价格泡沫的检验与成因机理研究[J]. 数量经济技术经济研究，（1）：140-151.
翟伟峰. 2008. 股票价格泡沫与财政政策[J]. 产业与科技论坛，（7）：128-129.
张璟，沈坤荣. 2008. 财政分权改革、地方政府行为与经济增长[J]. 江苏社会科学，（3）：56-62.
张军. 2007. 分权与增长：中国的故事[J]. 经济学，7（1）：21-52.
张军立. 2011. 论我国游资的法律监管[J]. 河北法学，（7）：170-173.
张利庠，张喜才，陈姝彤. 2010. 游资对农产品价格波动有影响吗——基于大蒜价格波动的案例研究[J]. 农业技术经济，（12）：60-67.
张莉，王贤彬，徐现祥. 2011. 地方官员合谋与土地违法[J]. 世界经济，（3）：72-88.
张明. 2011. 中国面临的短期国际资本流动：不同方法与口径的规模测算[J]，世界经济，（2）：39-56.
张明，徐以升. 2008. 全口径测算中国当前的热钱规模[J]，当代亚太，（4）：126-142.
张双长，李稻葵. 2010. “二次房改”的财政基础分析——基于土地财政与房地产价格关系的视角[J]. 财政研究，（7）：5-11.
张涛，王学斌，陈磊. 2007. 公共设施评价中的异质性信念与房产价格：中国房产泡沫生成的可能解释[J]. 经济学，7（1）：111-124.
张晓蓉，唐国兴，徐剑刚. 2005. 投机泡沫的混合理性正反馈模型[J]. 金融研究，（8）：85-98.
张晏，龚六堂. 2005. 分税制改革、财政分权与中国经济增长[J]. 经济学，5（1）：75-108.
张玉棉，苏昌胜，李守锋，等. 2008. 论日本财政政策对股市波动的影响[J]. 日本问题研究，（1）：18-22.
赵安平，范衍铭. 2011. 基于卡尔曼滤波方法的房价泡沫测算——以北京市场为例[J]. 财贸研究，（1）：59-65.
赵成根. 2000. 转型期的中央和地方[J]. 战略与管理，（3）：44-51.
赵进文，闵捷. 2005a. 央行货币政策操作效果非对称性实证研究[J]. 经济研究，（2）：26-34.
赵进文，闵捷. 2005b. 央行货币政策操作政策拐点与开关函数的测定[J]. 经济研究，（12）：90-101.
赵振全，于震，刘淼. 2007. 金融加速器效应在中国存在吗?[J]. 经济研究，（6）：27-38.
郑恒. 2004. 炒楼投机对房地产价格的影响分析[J]. 预测，（23）：41-44.
郑忠华，邸俊鹏. 2012. 房地产借贷、金融加速器和经济波动——一个贝叶斯估计的 DSGE 模拟研究[J]. 经济评论，（6）：25-35.
周彬，杜两省. 2010. “土地财政”与房地产价格上涨：理论分析和实证研究[J]. 财贸经济，

（8）：109-116.

周飞舟. 2006. 分税制十年：制度及其影响[J]. 中国社会科学，（6）：100-115.

周晖，王擎. 2009. 货币政策与资产价格波动：理论模型与中国的经验分析[J]. 经济研究，（10）：61-74.

周建军. 2007. 国际游资与中国房地产价格波动[J]. 社会科学战线，（3）：278-281.

周京奎，吴晓燕. 2009. 公共投资对房地产市场的价格溢出效应研究——基于中国30省市数据的检验[J]. 世界经济文汇，（1）：15-32.

周黎安. 2004. 晋升博弈中政府官员的激励与合作——兼论我国地方保护主义和重复建设问题长期存在的原因[J]. 经济研究，（6）：33-40.

周黎安. 2007. 中国地方官员的晋升锦标赛模式研究[J]. 经济研究，（7）：36-50.

周黎安. 2008. 转型中的地方政府：官员激励与治理[M]. 上海：格致出版社，上海人民出版社.

周立. 2003. 改革期间中国国家财政能力和金融能力的变化[J]. 财贸经济，（4）：44-51.

周业安. 2000. 中国制度变迁的演进论解释[J]. 经济研究，（5）：3-11.

朱恒鹏. 2004. 分权化改革、财政激励和公有制企业改制[J]. 世界经济，（12）：14-24.

朱孟楠，刘林，倪玉娟. 2011. 人民币汇率与我国房地产价格——基于Markov区制转换VAR模型的实证研究[J]. 金融研究，（5）：58-71.

朱轶，熊思敏. 2009. 财政分权、FDI引资竞争与私人投资挤出——基于中国省际面板数据的经验研究[J]. 财贸研究，（4）：77-84.

踪家峰，刘岗，贺妮. 2010. 中国财政支出资本化与房地产价格[J]. 财经科学，（11）：57-64.

Abraham J M，Hendershott P H. 1994. Bubbles in metropolitan housing markets[R]. National Bureau of Economic Research Working Paper，4774.

Abreu D，Brunnermeier M K. 2003. Bubbles and crashes[J]. Econometrica，71：173-204.

Ackert L F，Charupat N，Deaves R，et al. 2009. Probability judgment error and speculation in laboratory asset market bubbles[J]. Journal of Financial and Quantitative Analysis，44：719-744.

Allen F，Gorton G. 1991. Stock price manipulation，market microstructure and asymmetric information[J]. European Economic Review，36：624-630.

Allen F，Gale G.1999. Bubbles，crises，and policy[J]. Oxford Review of Economic Policy，15（3）：8-18.

Allen F，Qian J，Qian M. 2005. Law，finance，and economic growth in China[J]. Journal of Financial Economics，77（1）：57-116.

Allen F，Babus A，Carletti E. 2012. Asset commonality，debt maturity and systemic risk[J]. Journal of Financial Economics，104（3）：519-534.

Arrow K J，Kurz M. 1970. Optimal growth with irreversible investment in a ramsey model[J]. Econometrica：Journal of the Econometric Society，38（2）：331-344.

Avery C，Zemsky P. 1998. Multidimensional uncertainty and herd behavior in financial markets[J].

American Economic Review，88（4）：724-748.

Ayyagari M, Demirgüç-Kunt A, Maksimovic V. 2012. Firm innovation in emerging markets: the role of finance，governance，and competition[J]. Journal of Financial and Quantitative Analysis，46（6）：1545-1580.

Bacon D W K，Watts D G. 1971. Estimating the transition between two intersecting straight lines[J]. Biometrika，58：525-534.

Balke N S. 2000. Credit and economic activity：credit regimes and nonlinear propagation of shocks[J]. Review of Economics and Statistics，82：344-349.

Banerjee A. 1992. A simple model of herd behavior[J]. Quarterly Journal of Economics，107：797-817.

Barberis N，Shleifer A，Vishny R. 1998. A model of investor sentiment[J]. Journal of Financial Economics，49：307-343.

Barro R J. 1990. Government spending in a simple model of endogenous growth[J]. Journal of Political Economy，98（5）：103-125.

Benjamin J D, Chinloy P, Jud G D. 2004. Real estate versus financial wealth in consumption[J]. The Journal of Real Estate Finance and Economics，29（3）：341-354.

Bernanke B S. 2010. Monetary policy and the housing bubble[C]. Speech at the Annual Meeting of the American Economic Association，Atlanta，Georgia，January 3.

Bernanke B S，Gertler M. 2001. Should central banks respond to movements in asset prices? [J]. American Economic Review，91：253-257.

Binswanger M. 1999. Stock Markets，Speculative Bubbles and Economic Growth[M]. Cheltenham：Edward Elgar.

Black F. 1986. Noise[J]. Journal of Finance，41：529-543.

Blanchard O. 1979. Speculative bubbles，crashes and rational expectations[J]. Economics Letters，3（4）：387-389.

Blanchard O. 2000. Bubbles，liquidity traps，and monetary policy[A]// Mikitani R，Posen A. Japan's Financial Crisis and its Parallels to the US Experience[C]. Institute for International Economics Special Report 13.

Blanchard O J，Watson M W. 1982. Bubbles，rational expectations and financial markets[A]//Wachtel P. Crises in the Economic and Financial Structure[C]. Lexington：Lexington Books.

Blanchard O，Fischer S. 1989. Lectures on Macroeconomics[M]. Cambridge：MIT Press.

Bordo M D，Olivier J. 2002. Boom-busts in asset prices，economic instability and monetary policy[R]. National Bureau of Economic Research Working Paper，8966.

Bordo M，Jeanne O. 2002. Monetary policy and asset prices：does 'benign neglect' make sense?[R]. International Monetary Fund Working Paper，02/225.

Brandt L，Zhu X D. 2010. Accounting for China's growth[C]. Working Papers Tecipa-394，University of Toronto，Department of Economics.

Brandt L，Biesebroeck J，Zhang Y. 2009. Creative accounting or creative destruction? Firm-level productivity growth in Chinese manufacturing[C]. National Bureau of Economics Research. Working Paper，No.15152.

Calvo G A，Leiderman L，Reinhart C M. 1992. Capital inflows and real exchange rate appreciation in Latin America：the role of external factors[R]. Washington，IMF Working Papers.

Camerer C. 1989. Bubbles and Fads in Asset Prices[J]. Journal of Economic Surveys，3：3-41.

Case K E，Shiller R J. 1988. The behavior of home buyers in boom and post-boom markets[J]. New England Economic Review，11：29-46.

Case K E，Quigley J M，Shiller R J. 2005. Comparing wealth effects：the stock market versus the housing market[J]. Advances in Macroeconomics，5（1）：1-30.

Cecchetti S B，Genberg H，Lipsky J，et al. 2000. Asset prices and central bank policy[R]. International Center for Monetary and Banking Studies，London.

Chamley C. 1986. Optimal taxation of capital income in general equilibrium with infinite lives[J]. Econometrica，54（3）：607-622.

Chari V V，Kehoe P J. 2003. Hot money[J]. Journal of Political Economy，111：1262-1292.

Crompton J L. 2001. The impact of parks on property values：a review of the empirical evidence[J]. Journal of Leisure Research，33（1）：1-31.

Davoodi H，Zou H. 1998. Fiscal decentralization and economic growth：a cross-country study[J]. Journal of Urban Economics，43（2）：244-257.

de Bondt D，Werner F M. 1998. A portrait of the individual investor[J]. European Economic Review，42：831-844.

de Long B J，Shleifer A，Summers L H. 1991.Positive feedback investment strategies and destabilizing rational speculation[J]. Journal of Finance，45（2）：379-395.

Degryse H，de Goeij P，Kappert P. 2012. The impact of firm and industry characteristics on small firms capital structure[J]. Small Business Economics，38（4）：431-447.

Dickey D A，Fuller W A. 1981. Likelihood ratio statistics for autoregressive time series with a unit root[J]. Journal of the Econometric Society，49（4）：1057-1072.

Dollar D，Jin W S. 2007. Das（wasted）kapital：firm ownership and investment efficiency in China[C]. National Bureau of Economics Research. Working Paper，No.13103.

Dooley M P. 1997. A model of crises in emerging markets[R]. National Bureau of Economic Research，No. w6300.

Dore R. 2002. Stock market capitalism and its diffusion[J].New Political Economy，7(1)：115-120.

Dornbusch R. 1983. Real interest rates，home goods，and optimal external borrowing[R]. National

Bureau of Economic Research Working Paper，779.

Edison H，Reinhart C M. 2001. Stopping hot money[J]. Journal of Development Economics，66：533-553.

Elton E J，Gruber M J. 1970. Marginal stockholder tax rates and the clientele effect[J]. The Review of Economics and Statistics，52(1)：68-74.

Engelhardt G V.1996. House prices and home owner saving behavior[J]. Regional Science and Urban Economics，26（3）：313-336.

Espey M，Owusu-Edusei K. 2001. Neighborhood park and residential property values in Greenville，South Carolina[J]. Journal of Agricultural and Applied Economics，33：487-492.

Evstigneev I V，Hens T，Schenk-Hoppe K R. 2009. Evolutionary Finance[M]. North-Holland：Elsevier.

Fazzari S M，Petersen B C. 1993. Working capital and fixed investment：new evidence on financing constraints[J]. The Rand Journal of Economics，24：328-342.

Fazzari S M，Hubbard R G，Petersen B C，et al. 1988. Financing constraints and corporate investment[J]. Brookings papers on economic activity，（1）：141-206.

Feng L，Li W. 2011. Specification of housing bubbles based on Markov switching mechanism：a case of Beijing[C]. International Conference on Advances in Education and Management，Springer Berlin Heidelberg.

Filardo A. 2001. Should monetary policy respond to asset price bubbles? Some experimental results[R]. Federal Reserve Bank of Kansas City Working Paper，01-04.

Fischer S. 1975. The demand for index bonds[J]. The Journal of Political Economy，83(3)：509-534.

Fligstein N，Markowitz L. 1993. Financial reorganization of American corporations in the 1980s[J]. Sociology and the Public Agenda，10：185-206.

Flood R P，Garber P M，Scott L O. 1984. Multi-country tests for price level bubbles[J]. Journal of Economic Dynamics and Control，8（3）：329-340.

Galbraith J W. 1996. Credit rationing and threshold effects in the relation between money and output[J]. Journal of Applied Econometrics，11：419-429.

Garber P M. 1990. Famous first bubble[J]. Journal of Economic Perspectives，4（2）：35-54.

Garino G，Sarno L. 2004. Speculative bubbles in U.K. house prices：some new evidence[J]. Southern Economic Journal，70（4）：777-795.

Goldfeld S M，Quandt R E. 1972. Nonlinear Methods in Econmetrics[M]. Amsterdam：North-Holland Publishing Company.

Gong L，Zou H. 2003. Taxes，federal transfer，government accumulation，and endogenous growth[J]. Annals of Economics and Finance，4（1）：471-490.

Goodhart C，Hofmann B. 2001. Asset prices，financial conditions and the transmission of monetary policy[C]. Paper Presented at the Conference Asset Prices, Exchange Rates and Monetary Policy, Stanford University.

Goodman A C, Thibodeau T G. 2008. Where are the speculative bubbles in US housing markets?[J]. Journal of Housing Economics, 17（2）: 117-137.

Granger C W J, Terasvirta T. 1993. Modeling Nonlinear Economic Relationships[M]. Oxford: Oxford University Press.

Greenspan. 2004. Risk and uncertainty in monetary policy[J]. American Economic Review, 94: 33-40.

Grossman S J, Hart O D. 1986. The costs and benefits of ownership: a theory of vertical and lateral integration[J]. The Journal of Political Economy, 94（4）: 691-719.

Hamilton J D. 1989. A new approach to the economic analysis of nonstationary time series and the business cycle[J]. Journal of the Econometric Society, 57（2）: 357-384.

Hansen B E. 1992. The likelihood ratio test under nonstandard conditions: testing the Markov switching model of GNP[J]. Journal of Applied Econometrics, 7（S1）: 61-82.

Hansen B E. 1996. Inference when a nuisance parameter is not identified under the null hypothesis[J]. Econometrica, 64: 413-430.

Hansen B E. 1999. Threshold effects in non-dynamic panels: estimation, testing and inference[J]. Journal of Econometrics, 93: 345-386.

Herring R, Wachter S. 2003. Bubbles in real estate markets[J]. Asset Price Bubbles: The Implications for Monetary, Regulatory, and International Policies, 217（6）: 217-230.

Himmelberg C, Mayer C, Sinai T. 2005. Assessing high house prices: bubbles, fundamentals, and misperceptions[J]. Journal of Economic Perspectives, 19（4）67-92.

Hott C, Monnin P. 2008. Fundamental real estate prices: an empirical estimation with international data[J]. The Journal of Real Estate Finance and Economics, 36（4）: 427-450.

Hsieh C T, Klenow P J. 2009. Misallocation and manufacturing TFP in China and India[J]. The Quarterly Journal of Economics, 124: 1403-1448.

Hubbard R G. 1998. Capital-market imperfections and investment[J]. Journal of Economic Literature, 36: 193-225.

Hubbard R G, Kashyap A K, Whited T M. 1995. Internal finance and firm investment[J]. Journal of Money, Credit and Banking, 27: 683-701.

Hui E C, Shen Y. 2006. Housing price bubbles in Hong Kong, Beijing and Shanghai: a comparative study[J]. The Journal of Real Estate Finance and Economics, 33（4）: 299-327.

Jones L, Manuelli R, Rossi P. 1993. Optimal taxation in models of endogenous growth[J]. Journal of Political Economy, 101（3）: 485-517.

Judd K. 1985. Short-run analysis of fiscal policy in a perfect-foresight model[J]. Journal of

Policitical Economy, 93（2）：298-319.

Juster F T，Lupton J P，Smith J P，et al. 2006. The decline in household saving and the wealth effect[J]. Review of Economics and Statistics，88（1）：20-27.

Kahneman D，Riepe M. 1998. Aspects of investor psychology[J]. The Journal of Portfolio Management，24：52-65.

Kaldor N. 1939. Speculation and economic stability[J]. The Review of Economic Studies，7（1）：1-27.

Kaplan S N，Zingales L. 1997. Do investment-cash flow sensitivities provide useful measures of financial constraints[J]. Quarterly Journal of Economics，112（1）：169-215.

Kim S W，Bhattacharya R. 2009. Regional housing prices in the USA：an empirical investigation of nonlinearity[J]. Journal of Real Estate Finance and Economics，38（4）：443-460.

Kindleberger C. 1978. Manias，Panics and Crashes：A History of Financial Crisis[M]. NewYork：Basic Book.

Kindleberger C P，Manias P. 1989. Crashes：A History of Financial Crises （2nd ed. ）[M]. New York：John Wiley & Sons.

Koh W T，Mariano R S，Pavlov A，et al. 2005. Bank lending and real estate in Asia： market optimism and asset bubbles[J]. Journal of Asian Economics，15（6）：1103-1118.

Koop G，Pesaran M H，Potter S M 1996. Impulse response analysis in nonlinear multivariate models[J]. Journal of Econometrics，74（1）：119-147.

Krolzig H M. 1997. Markov-Switching Vector Autoregressions：Modelling，Statistical Inference，and Application to Business Cycle Analysis[M]. Berlin：Springer.

Krugman P. 1979. A model of balance payment crises[J]. Journal of Money，Credit， and Banking，11（3）：311-325.

Krugman P. 1998. Bubble，boom，crash：theoretical notes on Asia's crisis[R]. Working Paper，Cambridge，MA，MIT.

La Porta R，Lopez-de-Silanes F，Shleifer A，et al. 1997. Legal determinants of external capital[J].Journal of Finance，52（3）：1131-1150.

La Porta R，Lopez-de-Silanes F，Shleifer A，et al. 1998. Law and finance[J]. Journal of Political Economy，106（6）：1113-1155.

Lapavitsas C. 2008. Financialised capitalism：direct exploitation and periodic bubbles[EB/OL]. http://www.soas.ac.uk/economics/events/crisis/43939.pdf.

Leach J. 1991. Rational speculation[J]. Journal of Political Economy，99（1）：131-144.

Lengnick M，Wohltmann H W. 2010. Agent-based financial markets and New Keynesian macroeconomics：a synthesis[J]. Journal of Economic Interaction and Coordination，8（1）：1-32.

Lucas R，Stokey N. 1983. Optimal fiscal and monetary policy in an economy without capital[J]. Journal of Monetary Economics，12（1）：55-93.

McKinnon R I，Pill H. 1998. International overborrowing a decomposition of credit and currency risks[J]. World Development，26（7）：1267-1282.

Melitz J. 2002. Debt，deficits and the behaviour of monetary and fiscal authorities[A]//Buti M，von Hagen J，Martinez-Mongay C. The Behaviour of Fiscal Authorities[C]. Basingstoke：Palgrave.

Miller M H. 1986. Behavioral rationality in finance：the case of dividends[J]. Journal of Business，59（4）：451-468.

Mishkin F S. 2007.Housing and the monetary transmission mechanism[R]. Presented at the Federal Reserve Bank of Kansas City Symposium Housing，Housing Finance，and Monetary Policy，Jackson Hole.

Mishkin F S，White E N. 2002. US stock market crashes and their aftermath：implications for monetary policy[R]. National Bureau of Economic Research Working Paper，w8992.

Muth J F. 1961. Rational expectations and the theory of price movements[J]. Econometrica：Journal of the Econometric Society，29（3）：315-335.

Nofsinger J R，Sias R W. 1999. Herding and feedback trading by institutional and individual investors[J]. The Journal of Finance，54（6）：2263-2295.

North D C. 1990. A transaction cost theory of politics[J]. Journal of Theoretical Politics，2（4）：355-367.

Oates W. 1999. An essay on fiscal federalism[J]. Journal of Economic Literature，37（3）：1120-1149.

Olsen R. 2004. Editorial commentary：trust，complexity and the 1990s market bubble[J]. Journal of behavioral Finance，5：186-191.

Persson T，Tabellini G. 1996. Federal fiscal constitutions：risk sharing and moral hazard[J]. Econometrica，64（3）：623-646.

Piazzesi M，Schneider M，Tuzel S. 2007. Housing，consumption and asset pricing[J].Journal of Financial Economics，83（3）：531-569.

Piketty T. 2014. Capital in the twenty-first century[J].Business Economics，49（4）：284-287.

Rebelo S. 1991. Long-run policy analysis and long-run growth[J]. Journal of Political Economy，99（3）：500-521.

Renaud B. 1997. The 1985 and 1994 global real estate cycle：an overview[J]. Journal of Real Estate Literature，5：13-44.

Ribstein L E. 2003. Bubble laws[J]. Houston Law Review，40：77-97.

Richards A. 2005. Big fish in small ponds：the trading behavior and price impact of foreign investors in Asian emerging equity markets[J]. Journal of Financial & Quantitative Analysis，40：1-27.

Santoni G J. 1987. The great bull market of 1924—1987：speculative bubbles or economic fundamentals? [J]. Review，（11）：16-29.

Scholte J A. 2002. Governing global finance[C].Working Paper. Coventry：University of Warwick. Centre for the Study of Globalisation and Regionalisation，No.88.

Schwartz A. 2002. Asset price inflation and monetary policy[R]. National Bureau of Economic Research Working Paper，9321.

Shefrin H. 2000. Beyond Greed and Fear：Understanding Behavioral Finance and the Psychology of Investing[M]. Oxford: Oxford University Press.

Shiller R J. 1981. Do stock prices move too much to be justified by subsequent changes in dividends? [R]. National Bureau of Economic Research Working Paper No. 456（Also Reprint No. r0188），Issued in August.

Shiller R J. 1984. Stock prices and social dynamics[J]. Brooking Papers on Activity，2：457-498.

Shiller R J. 2000. Irrational Exuberance[M]. Princeton：Princeton University Press.

Shleifer A，Summers L H. 1990. The noise trader approach to finance[J]. The Journal of Economic Perspectives，4：19-33.

Simo-Kengne B D, Balcilar M, Gupta R, et al. 2013. Is the relationship between monetary policy and house prices asymmetric across bull and bear markets in South Africa? Evidence from a Markov-switching vector autoregressive model[J]. Economic Modelling，32：161-171.

Skinner J. 1989. Housing wealth and aggregate saving[J]. Regional Science and Urban Economics，19（2）：305-324.

Song Z，Storesletten K，Zilibotti F. 2011. Growing like China[J]. The American Economic Review，101：196-233.

Spahn P B. 1996. The Tobin tax and exchange rate stability[J]. Finance and Development，33（2）：24-27.

Stiglitz J E.1990. Symposium on bubbles[J]. The Journal of Economic Perspectives，4（2）：13-18.

Tibeout C M. 1956. A pure theory of local expenditures[J]. Journal of Political Economy，64（5）：416-424.

Tirole J J. 1982. On the possibility of speculation under rational expectations[J]. Econometrica，50：1163-1181.

Tirole J J. 1985. Asset bubbles and overlapping generations[J]. Econometrics，53(2)：1499-1528.

Tong H. 1990. Non-linear Time Series：a Dynamical System Approach[M]. Oxford：Clarendon Press.

Topol R. 1991. Bubbles and volatility of stock prices：effect of mimetic contagion[J]. The Economic Journal，101（407）：786-800.

Tschoegl A. 1993. Modeling the behaviour of Japanese stock indices[A]//Takagi S. Japanese Capital Markets：New Developments in Regulations and Institutions[C]. Oxford：Blackwell.

Weil P. 1987. Confidence and the real value of money in overlapping generation models[J]. Quarterly Journal of Economics，102（1）：1-22.

Werner I M. 1997. A double auction model of interdealer trading[R]. Stanford Business School Research Paper，1454.

Westerhoff F. 2008. The use of agent-based financial market models to test the effectiveness of regulatory policies[J]. Journal of Economics and Statistics，228：195-227.

Wong K Y. 2001. Housing market bubbles and the currency crisis：the case of Thailand[J]. Japanese Economic Review，52（4）：382-404.

Wurgler J. 2000. Financial markets and the allocation of capital[J]. Journal of Financial Economics，58（1）：187-214.

Zhang T，Zou H. 1998. Fiscal decentralization，public spending，and economic growth in China[J]. Journal of Public Economics，67（2）：221-240.

Zou H. 1994. Dynamic effects of federal grants on local spending[J]. Journal of Urban Economics，36（1）：98-115.